ERIC NEWBY

*EIN SPAZIERGANG
IM HINDUKUSCH*

*DIE
ANDERE BIBLIOTHEK*

---

*HERAUSGEGEBEN
VON HANS MAGNUS
ENZENSBERGER*

ERIC NEWBY

*EIN SPAZIERGANG
IM HINDUKUSCH*

Aus dem Englischen
von Matthias Fienbork

Eichborn Verlag
Frankfurt am Main 2002

ISBN 3-8218-4510-4
Copyright © Eric Newby 1985
The author asserts the moral right to be identified
as the author of this work.
Copyright © für die deutsche Ausgabe:
Eichborn AG, Frankfurt am Main, 2002

*Dieses Buch ist Hugh Carless
vom diplomatischen Dienst Ihrer Majestät gewidmet,
ohne dessen Entschlossenheit unsere Reise
nicht hätte stattfinden können.*

»Il faudrait une expédition bien organisée et pourvue de moyens matériels puissants pour tenter l'étude de cette région de haute montagne dont les rares cols sont à plus de 5000 mètres d'altitude.« *L'Hindou Kouch et le Kaboulistan*
RAYMOND FURON

VORWORT

Mr. Eric Newby ist nicht mit dem englischen Autor gleichen Nachnamens zu verwechseln. Die Lektüre von *Ein Spaziergang im Hindukusch* begann ich in dem Glauben, es handle sich um das Werk seines Namensvetters, den ich seit langem schätze. Entdeckt habe ich etwas völlig anderes, jedoch ebenso Amüsantes.

Mr. Eric Newby ist, wie ich mittlerweile erfahren habe, der Autor von *The Last Grain Race*. Darin schildert er, wie er als Achtzehnjähriger auf dem finnischen Viermaster *Moshulu* anheuerte und als einziger Engländer an Bord beide Kaps umsegelte, auf der historischen, obsoleten Route jener Windjammer, die mit Getreide von Australien nach England unterwegs waren. Mr. Newbys Militärzeit war heroisch und romantisch. Die Unterschrockenheit und Ausdauer, die er als Seemann bewiesen hatte, stellte er in den Dienst des Königs. Nach dem Krieg wandte er sich ausgerechnet der Modebranche zu. Es bedarf schon einiger Phantasie, sich diesen jungen Abenteurer als Verkäufer in einem Modehaus vorzustellen. Dieser Schwierigkeit entheben uns seine herrlich witzigen Schilderungen, die den Leser der ersten Kapitel von *Ein Spaziergang* sofort fesseln. Man kann das eigentümliche Bedürfnis, das Mr. Newby von Mayfair in die wilde Bergwelt Afghanistans trieb, nur mit dem abgedroschenen Begriff vom »Ruf der Wildnis« charakterisieren. Er war kein Seemann, als er auf der *Moshulu* anheuerte, und kein Bergsteiger, als er beschloß, den Hindukusch zu besteigen. Ein paar Tage Kletterei in Wales, hier köstlich beschrieben, waren seine einzige Vorbereitung. Es war nicht die Bergsteigerei, die ihn lockte – für derlei Mühsal bieten die Alpen unzählige Gelegenheiten. Es war die romantische Sehnsucht der meisten Engländer, in Gegenden abseits der touristischen Sehenswürdigkeiten zu reisen – einfach so, völlig frei von wissenschaftlichen, politischen oder kommerziellen Interessen.

Ein amerikanischer Kritiker fand das Buch »zu englisch«. Es ist in der Tat sehr englisch, auch wenn es zum größten Teil an wildfremden Orten spielt und in einer ungezwungenen, frischen, alles andere als »gestelzten« Sprache geschrieben ist. Dem Engländer gefällt es, und für jene, die etwas über den eigentümlichen Charakter der Engländer erfahren wollen, dürfte es zumindest informativ sein. Es zeigt beispielhaft den traditionellen (mancher wird sagen: beklagenswerten) Sportsgeist der Engländer. Seit mehr als zweihundert Jahren ziehen die Engländer nun durch die Welt, einzig und allein zu ihrem Vergnügen, überall als Spione verdächtigt und zum großen Unmut unserer offiziellen Vertreter. Die Schotten haben große Anstrengungen im Interesse des Handels unternommen, die Franzosen im Interesse der Ausweitung der Macht oder der Verbreitung des Evangeliums. Nur die Engländer haben sich fast (und manche tatsächlich) umgebracht, einfach um in der Welt herumzukommen. Mr. Newby ist der jüngste, aber (hoffentlich) nicht der letzte in dieser Schar von Verrückten. Sein Buch besitzt all die Eigenschaften seiner nicht völlig absurden Vorgänger – Understatement und Selbstironie, das Interesse am Fremdartigen des Fremden, die völlig unlarmoyante Art, selbstverschuldete Schwierigkeiten zu schildern, und schließlich die formelle, dabei unausgesprochen selbstbewußte Zurückhaltung im Zusammentreffen mit dem Fachmann, das seine faszinierende Geschichte vielleicht doch etwas zu abrupt beschließt. Alle diese Eigenschaften erfreuen das Herz eines Mannes, der früher selbst durch die Welt gereist ist und seine Landsleute in der Fremde heutzutage allzuoft durch andere, neue und leider Gottes auch ordinärere Typen vertreten sieht.

Wenn Sie, verehrte Leser, noch etwas übrig haben für die Eigenheiten unserer rauhen Insulanernation, wird Ihnen dieses wunderbare Werk großes Vergnügen bereiten.

Evelyn Waugh, 1958

*EIN SPAZIERGANG
IM HINDUKUSCH*

*Vierundzwanzig Aufnahmen
von Eric Newby.*

Am Bosporus.

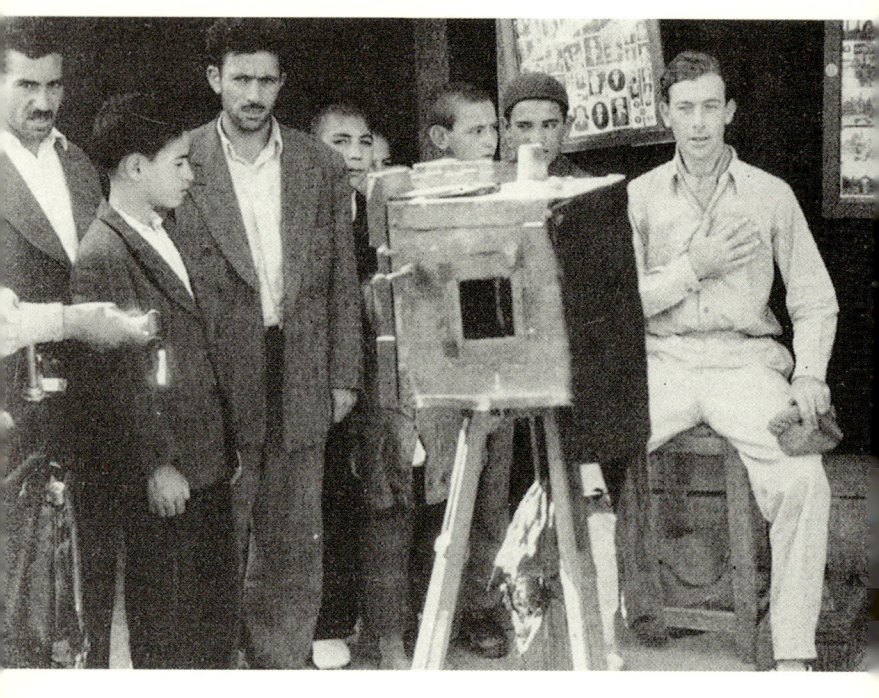

Hugh Carless am Stand eines Fotografen in Meschhed.

Abdul Ghiyas wird rasiert.

Unser Publikum in Omarz.

Maulbeerernte im Panjschir-Tal.

Schäfer mit Herde, unterwegs nach Kabul.

Mir Samir von Westen.

Die Carless-Newby-Expedition unterwegs zum Gipfel.

Der Autor.

Aufstieg zum Ostkamm.

Hugh auf dem Ostkamm.

Mir Samir – der Gipfel.

Grauenhaftes Erwachen auf dem Steinbocksims.

Aruk, einer der Butterträger, unterwegs nach Puschal.

Colonel Alexander Gardner – ein früher Reisender in Nuristan?

Nuristani eilen herbei, um zwei Engländer zu begrüßen.

Überquerung des Chamar.

Sang Neweschteh – Timurs Felsen.

Der Autor mit Badar Khan (links).

Nuristanische Schönheit.

Schir Muhammad auf dem Weg zum Maulbeersammeln.

Der Mullah von Gadval führt uns in sein Dorf.

Der Arayu-Paß.

Am Ende eines gescheiterten Unternehmens.

I

IN DER MODEBRANCHE

Der Anproberaum, in dem alle Lampen brannten und die Tür wegen des entsetzlichen Zugs auf der Hintertreppe geschlossen war, glich einem verspiegelten Backofen. Vier Personen drängten sich darin: Hyde-Clarke, der Modeschöpfer, das Mannequin Milly, ohne die üblichen Rundungen durchaus zeitgemäß, die mürrisch dreinblickende Schneiderin, in deren Werkstatt das Kleid angefertigt wurde, und Newby.

Die Dinge standen nicht zum besten. Es war die Woche vor der Frühjahrsmodenschau 1956, eine Zeit, in der die Damen hinter ihren creme- und goldfarbenen Verkaufstischen hockten und eifrig kritzelten und die Direktoren durch die weiten, leeren Vorführräume stürzten und in einem Anfall von Sparsamkeit Lichter ausmachten, so daß ganze Gebäudeteile in Dunkelheit versanken. Es war eine Zeit endloser Anproben und Überstunden für die Mädels in den Werkstätten. Korsettmacherinnen, Stickerinnen, Kürschnerinnen, Hutmacherinnen, Näherinnen und Zuschneiderinnen, sie alle kämpften mit Katastrophen, bekamen sie in den Griff, waren mittlerweile aber wie durchgedreht.

Dieses eine Kleid war eine Katastrophe, die niemand in den Griff bekommen würde. Sein offizieller Name, der an der Wand des Anproberaums stand, angepinnt mit einem Fähnchen und einem Stück Stoff, lautete *Royal Yacht*, doch wir nannten es nur *Grand Guignol*.

Ich hatte eine Materialliste dabei, auf der jedes einzelne Teil eingetragen wurde, das im Laufe der Anfertigung aus dem Magazin angefordert worden war. Die Liste füllte schon ein ganzes Blatt. Das Kleid war nicht nur scheußlich, es verschlang auch Geld wie verrückt.

»Sehr merkwürdig. Laut Liste hat *Grand Guignol* neun Reißverschlüsse. Irgendwas stimmt da nicht.«

Hyde-Clarke war in die Hocke gegangen und einer Nietmaschine gleich drückte er Stecknadeln in *Grand Guignol*.

»Dieses Kleid ist hoffnungslos. Ich weiß es. Mist, ich hab eine Nadel verschluckt! Stecknadeln, schnell, Stecknadeln!«

Die Schneiderin, eine dünne Frau, die an eine Justizbeamtin im Old Bailey erinnerte und menschlichem Leid mit ähnlich gleichgültiger Miene begegnete, hielt Hyde-Clarke das samtige Nadelkissen hin, das sie wie eine Armbanduhr am mageren Unterarm trug. Hyde-Clarke nahm drei und stieß sie bösartig in den Stoff.

Milly schimpfte laut. »Passen Sie doch auf mit Ihren Scheißnadeln! Glauben Sie, ich bin ein Yoga oder was?«

»Stillhalten, Kindchen! Diese Zappelei bringt doch nichts«, sagte Hyde-Clarke.

Er erhob sich schwer atmend und zündete sich eine Zigarette an. Langes Schweigen, nur das Zähneknirschen der Schneiderin war zu hören.

»Was halten Sie jetzt davon, Mr. Newby?« fragte er. »Sie müssen es schließlich verkaufen.«

»Sehr viel schlechter, Mr. Hyde-Clarke.« (Es bereitete uns diebisches Vergnügen, einander mit Nachnamen anzureden.) »Sieht aus wie eine dieser Fahnenstangen in der Mall, die bei der Heimkehr der Queen aufgestellt werden.«

»Finde ich nicht. Sie sieht eher wie ein Druide aus, einer dieser schniefnasigen alten Männer, die beim *Eisteddfod* in Bettüchern herumlaufen. Was kostet es inzwischen?« Ich sagte es ihm.

»Ausatmen, Kindchen. Vielleicht siehst du ohne Luft ja besser aus. Ich muß sagen, es gibt nichts Grauenhafteres als weißen Jersey, der nicht sitzt.« »Kindchen« atmete aus, woraufhin ihr das Kleid bis zu den Knöcheln herunter rutschte. Sie verschränkte die Arme über der Brust und guckte enerviert zur Decke, so daß man das Weiße ihrer Augen sah.

»Es gibt keinen Grund, so schnippisch zu sein«, sagte Hyde-Clarke. Er zog sich schon den Mantel über. »Um zwei machen wir weiter. Ich gehe zum Luncheon.« Er wandte sich an mich. »Kommen Sie mit?«

Wir gingen zum »Luncheon«. Hyde-Clarke drückte sich gern etwas altmodisch aus – Bier und Sandwiches im Pub hießen bei ihm »Luncheon«, und zu seinem klapprigen Sportwagen sagte er »Automobil«.

An diesem Tag waren es Sandwiches. Während wir uns in der Mount Street durch einen Schneesturm kämpften, brüllte ich Hyde-Clarke ins Ohr, daß ich aus dem Modebetrieb aussteigen wolle.

»Ich habe heute vormittag mit den Direktoren gesprochen.«

»Oh. Was haben sie gesagt?«

»Daß ich bis auf weiteres bleiben kann, daß sie mir für die Zukunft aber nichts versprechen.«

»Und was haben Sie geantwortet?«

»Daß ich gerade einen Verlag für ein Buch gefunden habe und bis auf weiteres bleibe, für die Zukunft aber nichts versprechen kann.«

»Wirklich? Ich kann mir gar nicht vorstellen, daß Sie etwas schreiben.«

»Das hat der Verleger anfangs auch gesagt. Und jetzt will ich auf eine Expedition gehen.«

»Sind Sie nicht ein bißchen alt dafür?«

»Hier bin ich genauso alt. Gibt es etwas Aufreibenderes als dieses Leben hier? In ein paar Jahren werde ich mir die Haare färben.«

»In ein paar Jahren werden Sie keine Haare mehr zum Färben haben«, sagte Hyde-Clarke.

Nach dem »Luncheon«, während Hyde-Clarke bei einem piekfeinen Fleischer Rippchen kaufte, gab ich im Postamt Mount Street ein Telegramm an Hugh Carless auf, einen Freund von mir an der britischen Botschaft in Rio de Janeiro.

KANNST DU JUNI REISEN NURISTAN?

Zehn Jahre hatte ich gebraucht, um zu erkennen, was alle Beteiligten mir immer wieder erklärt hatten – die Modebranche war nichts für mich.

II

TOD EINES MODE-VERKÄUFERS

Die Generalprobe war für Dienstagnachmittag vier Uhr angesetzt. Am Dienstagvormittag um elf wurde ich ans Telefon gerufen. Es war der Londoner Agent eines der großen New Yorker Kaufhäuser.

»Miss Candlemass möchte sich heute nachmittag Ihre Kollektion ansehen.«

»Heute nachmittag findet die Generalprobe statt. Die Präsentation ist morgen.«

»Miss Candlemass hat einen vollen Terminkalender.«

(Am liebsten hätte ich gute Besserung gewünscht.)

»Sie ist auf der Rückreise aus Paris. Sie möchte gern was einkaufen.«

»Wir würden uns sehr freuen, wenn sie zur Probe kommt. Die findet um vier Uhr statt.«

»Sie kann nur um halb zwei. Verlegen Sie es auf halb zwei, aber bitte PÜNKTLICH. Sie hat es nicht gern, wenn man sie warten läßt.«

Er meinte noch, daß Miss Candlemass nur an Tweedkostümen interessiert sei und daß der Stoff ein bestimmtes Gewicht aufweisen und resistent sein müsse gegen Mottenfraß, Verfärbungen und all die anderen natürlichen und unnatürlichen Verfallserscheinungen.

Ich unterrichtete den Geschäftsführer. Er gab sich unbeeindruckt. Ich unterrichtete die Chefverkäuferin, und es war nur natürlich, daß sie fuchsteufelswild war. Wir gaben den Schneidereien Bescheid, daß sie zweieinhalb Stunden weniger Zeit hätten für die letzten Änderungen an den Kostümen, woraufhin eine der Frauen, die einen hysterischen Anfall bekommen hatte, sich auf die Erste-Hilfe-Couch legen mußte; wir sagten den Mannequins, daß sie ihren Lunch in der Kantine einnehmen müßten, alle vier hatten sich schon verabredet. Der Portier wurde instruiert, sich zu postieren, die Buchhaltung angewiesen, sich ab dreizehn Uhr zur Beantwortung eventueller komplizierter Versand- und Zollfragen bereitzuhalten. Ich unternahm per Taxi eine Tour zu den Londoner Stoffgeschäften, um Muster von Stoffen zu besorgen, wie sie von Miss Candlemass gewünscht wurden. Dann fuhr ich zurück und kalkulierte die Kollektion neu.

Um halb zwei herrschte gespannte Atmosphäre. Der Portier war auf seinem Posten, die Chefverkäuferin war bereit, Miss Candlemass zu empfangen, die Mannequins standen mit den ersten Kostümen in der Tür des Umkleideraums wie Rennpferde vor dem Start. Ich hatte gerade drei Programmzettel mit Dollarangaben versehen. Einzig Hyde-Clarke fehlte.

»Ich habe nicht die Absicht, wegen einer Staatsbürgerin der Vereinigten Staaten alte Gewohnheiten umzustoßen«, erklärte er und ging zu seinem Luncheon.

Es zeigte sich, daß er als einziger von uns die Situation richtig eingeschätzt hatte.

Miss Candlemass traf um halb vier ein. Selbst wenn sie es mit keinem Wort erwähnt hätte, was sie während ihres kurzen Aufenthalts bei uns aber unentwegt tat – es war sonnenklar, daß sie im *Claridges* gespeist hatte.

Die Gruppe bestand aus dem Schuheinkäufer desselben Kaufhauses, der an seinen braunen Krokodillederschuhen leicht zu erkennen war; dem Agenten, der, normalerweise lebhaft und durchsetzungsstark, in Gegenwart von Miss Candlemass nur noch unterwürfig daherplapperte, sowie Miss Candlemass. Alle drei hatten leicht gerötete Gesichter. Ich gestehe, daß ich sie in meiner lunchlosen Verfassung beneidete. Die Chefverkäuferin, eine Schottin von Charakter, nahm die drei einfach nicht zur Kenntnis, wofür ich sie zutiefst bewunderte, und so fiel es mir zu, sie an ihre Plätze zu führen.

Miss Candlemass war ungefähr zweisiebzig groß und versteckte sich hinter einer getönten Brille mit malvenfarbigem Gestell, das mit Halbedelmetall beschlagen war. Sie war sehr dünn, fast ungesund dünn, hatte lange Beine, war aber sehr hygienisch, roch gut und trug fabelhafte Schuhe und Strümpfe. Mit ihrer dunkel getönten Brille hatte es den Anschein, als beobachte sie vom Mond aus eine Erdfinsternis.

Sie kam nicht bis zum Vorführraum. Während sie durch die Eingangshalle stöckelte, erregte der Parfümstand ihr Interesse. Sie stürzte sich auf die größte Flasche, die wir dort hingestellt hatten, einen Riesenflakon, groß wie eine Portweinkaraffe, und schaute entzückt.

»Nimm es doch, Minnie!« sagte der Mann mit den Krokodillederschuhen, der mir von Anfang an äußerst unsympathisch gewesen war.

»Ja, warum nicht. So was von himmlisch, dieses Parfüm!« Sie öffnete eine riesige schwarze Reisetasche und ließ den Flakon hineinfallen.

Sobald sie Platz genommen hatten, kamen die Mannequins in unseren wunderschönen neuen Kostümen hereingeströmt. Ich reichte Miss Candlemass den Programmzettel mit meinen handschriftlichen Anmerkungen und einen Karton, auf dem die Früchte meiner vormittäglichen Bemühungen hübsch arrangiert waren.

Miss Candlemass war überhaupt nicht bei der Sache. Sie lieferte dem Agenten, der statushalber mit der Sitzbank hinter dem Fahrer hatte vorliebnehmen müssen, eine ausführliche, ekstatische Beschreibung des Herzogs von York, der mittags am Nebentisch gesessen hatte.

»Wie finden Sie sie, Miss Candlemass?« Sechzehn Kostüme waren an ihr vorbei defiliert.

»Eine wunderbare Familie. Und so alt.«

»Ja, aber die Kostüme?«

»Kostüme! Ich brauche keine Kostüme. Ich bin eingedeckt mit Kostümen. Ich will Kleider sehen.«

»Aber Miss Felsheim kauft doch Kleider ein.«

»Stimmt, Lulu kauft die Kleider ein, aber ich sehe mir einfach gern Kleider an. Wissen Sie, dieses tolle Parfüm hat mich in die richtige Stimmung für Kleider versetzt.«

Wir führten die Kleider vor. Zu guter Letzt tauchte *Grand Guignol* auf. Ziemlich verändert, aber es war noch immer grauenhaft. Miss Candlemass gefiel es. Sie versicherte, sie wolle Miss Felsheim davon erzählen. Milly wirbelte ein letztes Mal herum, und bevor sie in Richtung Umkleideraum davonrauschte, steckte sie mir noch zwei Briefumschläge zu. Der eine enthielt die ausgesprochen horrende Rechnung für das Parfüm, die die Damen von der Buchhaltung in fieberhafter Eile ausgefertigt hatten. Der andere enthielt ein Telegramm. Ich las es. Es war von der britischen Botschaft in Rio de Janeiro, adressiert an »Eric Rubey, Shammersmith« (ich wohnte in Hammersmith), was die leichte Verspätung erklärte. Daß es mich überhaupt erreicht hatte, war mir ein Rätsel.

Zwei Wörter standen darauf:

SELBSTVERSTAENDLICH HUGH.

Der ohnehin große Vorführraum wurde auf einmal noch größer. Ich verstand, was Sassoon mit dem Satz »Plötzlich sang jeder los« gemeint hatte.

Miss Candlemass sagte gerade: »Ich fürchte, es ist nichts dabei, Mr. Newby.«

»Sehr schön, sehr schön.«

»Mit Raymond Beale ging es sehr viel besser. Er beobachtet den amerikanischen Markt wirklich genau.«

»Mr. Beale aber ist inzwischen pleite, dideldum-dideldum.«

Zum Schluß überreichte ich dem Agenten die Parfümrechnung.

»Miss Candlemass betrachtet das bestimmt als kleine Aufmerksamkeit der Geschäftsführung.«

»Den Eindruck habe ich auch, wir sind da sehr penibel, dadadamm-dadadamm, sehr korrekt.«

»Ich glaube nicht, daß ihr das gefällt, Mr. Newby. Es könnte zu Komplikationen führen.«

»Sie kann es sich doch von der Schuhabteilung bezahlen lassen, tralala.«

»Wenn Sie darauf bestehen, gebe ich Ihnen natürlich einen Scheck. Für jemanden, der nichts verkauft hat, sind Sie aber ziemlich gut gelaunt. Sind Sie immer so?«

»Nein, eigentlich nie. Ich habe nur gerade eine sehr gute Nachricht bekommen.«

Er schrieb einen Scheck aus. Nachdem sie gegangen waren, gab ich ihn Madame Fifi, der älteren Chefin der Parfümabteilung.

»Gut gemacht!« krächzte sie und tätschelte mir die Wange. »Das war eine Attrappe mit gefärbtem Wasser.«[*]

Hugh Carless, der genau im richtigen Moment auf mein Telegramm geantwortet hatte, war 1950 in den diplomatischen Dienst eingetreten. Als Sohn eines pensionierten Beamten der indischen Kolonialregierung, eines ungewöhnlich gebildeten Mannes, hatte er, wie so viele Engländer, eine enge Beziehung zu Asien. An der School of Oriental Studies hatte er Persisch gelernt. Dann das Foreign Office, aus dem er häufig zu Besichtigungen von Industrieanlagen verschwand. Einmal fuhr er in ein Kohlebergwerk, und als ihm sogar der Besuch eines Modehauses vorgeschlagen wurde, wandte er sich an mich. Dieses Vorhaben hatte immerhin einen gewissen Bildungswert, zumindest entsprach es sehr viel eher meinen Vorstellungen von höhe-

[*] Zum Glück war das bloß ein Scherz.

rer Diplomatie (denen ein ausführliches Studium der Werke von E. Phillips Oppenheim zugrunde lag) als Visiten in Atommeilern und Computerfabriken, die der Geist der Epoche verlangte.

Da Hugh fließend Persisch sprach, war es ein Glücksfall, daß er an die britische Botschaft in Kabul versetzt wurde, wo er seine Fähigkeiten tatsächlich nutzen konnte.

Von Zeit zu Zeit schrieb er mir lange Briefe, die ich neiderfüllt in den Provinzhotels las, in denen ich auf meinen »Reisen« abstieg. Es waren keine Briefe der Sorte, wie sie junge Attachés meist schreiben, mit ausführlichen Beschreibungen des Botschaftsgebäudes, mit dem neuesten Klatsch, mit Geschichten von Cocktailpartys und durchreisenden Gästen. Statt dessen schrieb er von langen, beschwerlichen und für mich faszinierenden Reisen, die er mit Pferden und mysteriösen »tadschikischen Treibern« in das Landesinnere unternahm.

Von Nuristan war zum erstenmal Anfang 1952 die Rede.

»Ich habe neulich mit Herrn von Dückelmann, einem österreichischen Forstexperten, zu Abend gegessen«, schrieb er. »Er war drei- oder viermal in Nuristan. Die Ernährungssituation ist dort sehr schwierig, sagt er, und obwohl er ein schlanker, zäher Bursche ist, hat er während einer zehntägigen Tour in das Landesinnere zwölf Pfund abgenommen.« Etwas später schrieb er:

»Ich bin gerade von einer Expedition bis zu den Grenzen Nuristans *(Land des Lichts)* zurückgekehrt. Das wäre genau das Richtige für Dich. Nuristan liegt im äußersten NO von Afghanistan, grenzt an Chitral und ist eingeschlossen vom Zentralmassiv des Hindukusch. Bis 1895 hieß das Gebiet Kafiristan *(Land der Ungläubigen)*. Wir haben es nicht bis ins Landesinnere geschafft, aber das war auch nicht unsere Absicht, denn die Pässe liegen alle über 4500 Meter, und wir hatten keine Genehmigung. Meines Wissens ist seit Robertson 1891 kein Engländer mehr dort gewesen. Die letzten Europäer, die diese Gegend bereist haben – von Herrn v. Dückelmann einmal abgesehen – waren die Teilnehmer einer deutschen Expedition 1935, und die Nordwestecke hat vielleicht noch nie jemand gesehen. Ich bin mit Bob Dreesen von der US-Botschaft gereist.«

Von Dreesen hatte ich schon gehört. Er gehörte zu der Gruppe von Amerikanern, die das Konsulat in Urumchi vor den nach Turkestan vorrückenden chinesischen Kommunisten geräumt hatten und per Lastwagen nach Kaschgar und anschließend mit Pferden über das Karakorum-Gebirge nach Indien geflohen waren. Hugh sprach dann von einem großen Berg, einem Sechstausender, den zu besteigen sie versucht hatten, und daß einer der Leute von einem großen Stein am Kopf getroffen worden war. Für mich war das seinerzeit alles unglaublich fern gewesen, und dann war Hugh nach Rio de Janeiro versetzt worden, doch die Saat war gesät.

Auf Hughs Telegramm folgte eine wahre Flut von Briefen, die sich nun nach London ergoß, jeder mindestens vier Seiten lang, eng und sauber getippt – und an manchen Tagen kamen sogar zwei. Sie ließen deutlich erkennen, daß er innerlich sehr viel weiter mit der Reisevorbereitung war als ich. Es schien, als besäße er die Fähigkeit, die ganze Sache auf geheimnisvoll telepathische Weise vorwegzunehmen.

»Zeitlich könnte es etwas eng werden«, schrieb er. »Ich bin nach Teheran versetzt worden und hoffe, daß ich hier am 12. Mai wegkomme. Ich fliege via New York, wo ich für fünf Tage mit jemandem verabredet bin. (Das Geschlecht dieses Jemand wurde nicht verraten, aber die beiden haben später geheiratet.) »Wir könnten uns am 20. Juni in Istanbul treffen und am 1. Juli in Kabul sein. Ich habe von meinem Botschafter in Teheran gehört – er hofft, daß ich im August dort bin. Mit Ende August wäre er wohl auch einverstanden.«

Meine unausgesprochene Frage, wie ich am 20. Juni in Istanbul sein soll, beantwortete er anschließend.

»Ich habe ein Auto bestellt, das am 25. Mai in Brighton ausgeliefert werden soll (warum Brighton, überlegte ich), und zwar einen Kombi, in dem zwei Personen schlafen können. Außerdem ist er mit einem Radiogerät und zwei Ersatzrädern ausgestattet.« Es war typisch Hugh, daß er, ohne es direkt so zu formulieren, ein Autoradio mit allen Attributen eines Funkgeräts versehen konnte. »Du müßtest am 1. Juni abreisen – ob Du nun nach Istanbul fährst oder in Genua oder Triest das Schiff nimmst.«

Das war schon ziemlich stark, doch dann änderte sich ganz plötzlich der Tonfall seiner Briefe.

»Ich glaube, daß wir unsere Absicht, nach Nuristan zu reisen, nicht publik machen sollten. Mir erscheint es sinnvoller, sich eine *Bergexpedition* genehmigen zu lassen. Es gibt drei sehr schöne und noch nicht bestiegene Sechstausender, alle in Nuristan. Einen (Mir Samir, 6059 m) habe ich 1952 mit Bob Dreesen in Angriff genommen (siehe meinen Brief vom 20.9.52). Wir kamen bis zu einigen Gletschern und erreichten einen Punkt tausend Meter unterhalb des Gipfels. Wegen eines kleines Mißgeschicks mußten wir umkehren.«

Hugh hatte sich den Bergsteigerjargon schon zu eigen gemacht. Bei erneuter Lektüre des erwähnten Briefes stellte ich fest, daß das kleine Mißgeschick ein Postskriptum war. Ein Mitglied der Gruppe, hatte Hugh geschrieben, sei von einem Felsen an der Schulter getroffen worden. Wer, hatte er nicht gesagt.

Gnadenlos fuhr er fort: »So hätten wir die Möglichkeit, uns wegen der Ausrüstung an das War Office zu wenden [ich hatte voreilig ein Reserveregiment erwähnt, dem ich verbunden war] und an die Everest-Foundation wegen eines Zuschusses. Das Unternehmen ist seriös, ehrenvoll und realistisch, und wenn wir nur einen Teilerfolg erzielen, können wir es im *nächsten Jahr* noch einmal probieren.«

Mich beschlich ein unangenehmes Gefühl. Auf dem Papier sind sechstausend Meter nichts Besonderes. Von Jahr zu Jahr brechen immer mehr Expeditionen zu Gipfeln von siebeneinhalbtausend und mehr auf. Sechstausender gelten im Himalaja als Hügelchen, mit denen man sich gar nicht erst abgibt. Aber ich war noch nie im Gebirge geklettert. Gewiß, ich hatte einige Bergwanderungen unternommen und war mit meiner Frau in den Dolomiten ein bißchen herumgekraxelt, doch jedesmal waren wir Damen mit Regenschirm begegnet, die doppelt so alt waren wie wir. Nie hatte ich Stellen erreicht, wo ein Seil auch nur im entferntesten nötig gewesen wäre.

Es hatte keinen Zweck, meine Besorgnisse weiter zu verheimlichen. Ich schrieb Hugh eine nachdrücklich formulierte Absage und erhielt postwendend eine Liste mit Ausrüstungsgegenständen, die ich beschaffen sollte. Von vielen der aufgezählten Sachen hatte ich noch nie gehört – zwei Horeschowsky-Eispickel, drei Dutzend Simond Fels- und Eishaken; sechs Oval-Karabiner (Mindestbelastbarkeit 1000 kg), fünf 30-m-Nylonseile, sechs Abseilschlingen, Gletscherbrillen, zehnzackige Steigeisen, ein Hochgebirgszelt, ein Höhenmesser, Yukon-Rucksäcke – die Liste war endlos. »Du brauchst außerdem Stiefel. Am besten kümmerst du dich sofort darum. Eventuell müssen sie angefertigt werden.«

Ich erzählte meiner Frau Wanda davon.

»Ich glaube, er ist verrückt«, sagte sie. »Er spinnt einfach. Was ist, wenn du nein sagst?«

»Habe ich schon, aber er geht nicht darauf ein. Schau, hier schreibt er, wenn wir nicht als Bergsteiger gehen, bekommen wir keine Genehmigung.«

»Hast du in der Firma schon gesagt, daß du aufhören willst?«

»Ja.«

»Dumme Situation für dich. Für uns alle. Also, wenn du fährst, komme ich mit. Ich will diesen Berg sehen.«

Ich schrieb Hugh. Seine Antwort, in der er meine eigenen Bedenken aussprach, kam prompt wie das Echo in einem Steinbruch.

»Ich glaube, ihr macht euch keinen Begriff davon, wie es in Nuristan aussieht. Die Leute sind erst vor kurzem zwangsweise zum Islam übergetreten; Frauen sind der letzte Dreck. *Für weibliche Reisende ist das Land nicht eingerichtet.* Ich verweise auf den *Imperial Gazetteer of India*, Band Afghanistan, Seite 70, Zeile 37 ff. Ist schon ein bißchen alt, aber an der Situation dürfte sich im Prinzip bis heute nichts geändert haben.«

Ich fand den Band in einem verstaubten Winkel der London Library.

»Was steht da?« rief Wanda. »Lies vor!«

»Einige Gegenden in Kafiristan sind Rückzugsgebiet für Mörder von Stammesangehörigen.«

»Da steht ›Stammesangehörige‹, und außerdem dachte ich, ihr wollt nach Nuristan. Hier ist von Kafiristan die Rede.«

»Keine Spitzfindigkeiten. Das Gebiet hieß bis 1895 Kafiristan. Es geht noch weiter. Hör zu: ›Kafir-Frauen sind, da sie als Haushaltsgegenstände gekauft und verkauft werden, faktisch Sklavinnen.‹«

»Als deine Ehefrau bin ich auch eine Sklavin. Faktisch.«

»Die meisten jungen Frauen führen einen lockeren Lebenswandel. Kafir-Ehen werden ohne viel Aufhebens geschlossen. Wenn ein Mann sich ein Mädchen ausgeguckt hat, schickt er einen Freund, der sich beim Vater nach ihrem Preis erkundigt. Sobald ein Preis vereinbart ist, begibt sich der Mann zum Haus des Mädchens, es wird eine Ziege geschlachtet, und fortan gelten die beiden als verheiratet. Der Toten entledigt man sich auf eigentümliche Weise.«

»Abgesehen von der Ziege klingt es wie in London. Außerdem räumt er ein, daß das alles veraltet ist. Ich komme so weit mit, wie es eben geht.«

»Und die Kinder?«

»Die Kinder können bei meiner Mutter in Triest bleiben.«

Ich hatte an allen Fronten zu kämpfen: mit Spezialisten für Bergsteigerausrüstung, die merkwürdigerweise nie ahnten, mit was für einem Laien sie es zu tun hatten; vielleicht konnten sie sich einfach nicht vorstellen, daß jemand eine solche Ansammlung von Gegenständen erwirbt, ohne zu wissen, wie man damit umgeht. Mit Konsuln von sechs Ländern und einem Bulgaren, mit dem ich in einer Kneipe in South Kensington eine unauflösliche Entente schloß. Sein mächtiger Schnauzbart und das dichte schwarze Haar ließen ihn wie den Bulgaren schlechthin aussehen.

»Hier, ein Worthington, Mr. Kolaroff!«

»Sehr schön.« Er warf den Kopf zurück und leerte das Glas in einem Zug.

»Gut?«

»Nicht stark genug. Ich werde einen Cognac trinken, dann ein Worthington und vielleicht noch einen zweiten Cognac, vielleicht fühle ich mich dann besser.«

Etwas nüchterner mit dem Foreign Office, denn Hugh benötigte für eine Reise nach Afghanistan das Plazet des Botschafters in Kabul. Ich selbst wurde von einem Beamten der Asien-Abteilung befragt, in einem tristen Zimmer mit Roßhaarsofas und lädierten Regenschirmen, das für Personen wie mich gedacht ist, unbedeutenden Wesen, die von draußen hereinschneien und nur stören. Wir saßen uns an einem großen Mahagonitisch gegenüber. Wie alle solche Gespräche war auch das unsere unersprießlich.

»Wir haben dem Botschafter ein langes Telegramm geschickt.«

»Aber das ist doch schon einen Monat her.«

»Die Sache ist nicht so einfach, wie Sie sich das denken.« Es gelang ihm, ziemlich direkt anzudeuten, daß ich überhaupt nie dachte. »Sie können uns kaum einen Vorwurf machen, wenn Sie einen solchen Antrag erst in letzter Minute stellen, und außerdem hindert Sie niemand daran, nach Afghanistan zu reisen, das Telegramm bezieht sich nur auf Carless.«

»Grrr.«

Und mit der Herbstkollektion. Es war inzwischen die zweite Maiwoche. In vierzehn Tagen wollte ich abreisen. Zu allem Überfluß bekam ich einen Brief von Hugh. Der Inhalt war außerordentlich beunruhigend. Ich las ihn Hyde-Clarke vor.

»Diese drei Gipfel sind aus bergsteigerischer Sicht gewiß nichts Besonderes. Aber wir brauchen natürlich einen erfahrenen Mann, der mitkommt.«

»Mir war, als hätten Sie gesagt, er sei ein erfahrener Bergsteiger.«

»Das habe ich auch. Aber weiter. Passen Sie auf: ›Wie wäre es mit Arnold Brown? Er ist inzwischen in Indien, Direktor einer Schule in Begumpet.‹ An dieser Stelle mußte Hyde-Clarke lachen.

»Er war Chef der Bergsteigerschule in Eskdale und besitzt eine Menge alpinistische Erfahrung. Wir waren zusammen in Trinity Hall. Ich habe ihm ein Telegramm geschickt und ihn gebeten, nach Kabul zu fliegen und mit uns eine fünfwöchige Tour zu drei Sechstausendern zu machen, aber es könnte sein, daß er gerade Urlaub hat. Seine Londoner Anschrift ist V/C (WRATH) W.C.1.«

»Sehr passend, aber was für ein schreckliches Telegramm.«

»Das ist erst der Anfang. Hören Sie zu: ›Es ist natürlich möglich, daß er nicht mitkommen kann. In dem Fall müssen wir uns anderswo umsehen. Der Mann, den wir brauchen, sollte meiner Meinung nach nicht nur Bergerfahrung und Führungsqualitäten haben, sondern ganz andere Interessen mitbringen, die die Gruppe bereichern.‹«

»Hört sich an wie die Formel für ein tödliches Gas.«

»Seien Sie still! Ich finde das nicht komisch.«

»Vielleicht ein walisischer Bergarbeiter oder ein Biologe oder ein junger schottischer Arzt. Jemand mit einem völlig anderen Hintergrund, der eine andere Sichtweise...«

»Zum erstenmal«, sagte Hyde-Clarke, »bin ich ein kleines bißchen neidisch. Ich würde gern hören, wie Sie in einem dieser winzigen Zelte übereinanderliegen und über Ihre Sichtweisen diskutieren.«

»Warum kommen Sie nicht mit? Ich wüßte nicht, warum nur Hugh seine Freunde einladen darf.

›Alle vernünftigen Expeditionen haben einen gewissenhaften Organisator, der sich nachts um alles kümmert, damit es in London pünktlich losgehen kann, und dann in den Hintergrund tritt.‹«

»Das mit dem Hintergrund gefällt mir.«

»Ich weiß, daß Du viel um die Ohren hast, aber könntest Du nicht jemanden finden?‹«

»Mit einem rotem Bart und einer stinkenden Pfeife?«

»Captain Foulenough?«

»Warum wenden Sie sich nicht an Beachcomber?«

Ausgelassen spannen wir diese Phantasie noch eine Weile weiter.

»›Hast Du schon bei der Everest Foundation vorgesprochen? Ihre Aufgabe ist es, kleinen Gruppen wie uns zu helfen.‹«

»Unternehmungen wie die Ihre dürften wohl nicht ganz in Frage kommen«, sagte Hyde-Clarke. »Ich würde es mit der Oxford Group versuchen. Rufen Sie in Brown's Hotel an.«

Bevor Hugh aus Rio abreiste, kam noch ein letzter Brief.

»Wenn du ein Faltboot mitnimmst, könntest du ab Jelalabad den Kabul-Fluß entlangfahren, durch die Grenzschlucht im Gebiet der Mahsuds, nördlich vom Khaiber-Paß, vorbei an Peshawar und Nowshera nach Attock, wo Kabul und Indus durch einen eindrucksvollen Engpaß fließen. Dort, auf den Felsen, hat sich Jelaluddin, der junge Herrscher von Buchara und Samarkand, ein letztes Mal den Mongolenhorden entgegengestellt. Und als er sah, daß er die Schlacht verloren hatte, jagte er sein Pferd über den Abgrund (in meiner Erinnerung geht es dort fünfzig Meter in die Tiefe), durchschwamm den Fluß, ritt nach Delhi und errichtete dort ein neues Königreich.«

III

GEBURT EINES BERG-STEIGERS

Zehn Tage später sollte Hugh aus New York eintreffen. Ich fuhr hinaus nach Heathrow, wartete in der Ankunftshalle, die zwölf Jahre nach Kriegsende dem Reisenden noch immer den Eindruck vermittelte, er betrete eine heimgesuchte Festung, und überlegte, welche Überraschungen Hugh wohl präsentieren würde.

Nachdem wir uns begrüßt hatten, fragte er sofort, ob ich von Arnold Brown gehört habe.

»Nichts.«

»Das ist schlecht«, sagte er.

»Aber keine Katastrophe. Immerhin hast du Bergerfahrung. Ich werde es schnell lernen. Wir müssen eben nur vorsichtig sein.«

Er sah blaß im Gesicht aus. Ich schob es auf den Flug. Dann sagte er: »Weißt du, ich habe noch nie einen Berg richtig bestiegen.«

Ich brauchte eine Weile, das zu verdauen.

»Aber das mit dem Berg. Du und Dreesen...«

»Na ja, im Grunde war es nur ein Vorgeplänkel.«
»Und diese Bestelliste. Woher wußtest du, was man alles braucht?«
»Ich habe viele Bücher gelesen.«
»Aber du hast gesagt, ihr hattet Träger.«
»Nicht Träger – Treiber. Es ist anders als im Himalaja. In Afghanistan gibt es keine Sherpas. Von der Bergsteigerei hat dort niemand Ahnung.«
Langes Schweigen, während wir die Great West Road hinunterfuhren.
»Vielleicht sollten wir es auf nächstes Jahr verschieben«, sagte er.
»Sehr witzig, ich habe gerade meinen Arbeitsplatz gekündigt!«
Hugh schob das Kinn vor. Bei ihm, der ohnehin sehr entschlossen wirkte, sah das geradezu furchterregend aus. »Es ist halt nicht zu ändern«, sagte er. »Wir müssen ein paar Stunden nehmen.«
Wanda und ich wollten am 1. Juni in Richtung Istanbul aufbrechen. Hugh und ich blieben gerade mal vier Tage Zeit, um Bergsteigen zu lernen.

Am nächsten Abend, nach einigen lebhaften Telefongesprächen, fuhren wir zum Klettern nach Wales, und zwar in dem nagelneuen Kombi, den Hugh von Südamerika aus geordert und in Brighton abgeholt hatte. In Hammersmith erregte das tropenfarbig lackierte Ding beträchtliches Aufsehen. Bald war es umringt von Scharen kleiner Jungen und Mädchen, deren Mütter mit verschränkten Armen dastanden und den Wagen stumm betrachteten.

Wanda und ich hatten das Wohnzimmer leergeräumt, um Platz für die Ausrüstung zu schaffen. Unsere Sitzgarnitur stand abgedeckt im Garten. Das Wohnzimmer sah aus wie das Vorratslager einer Untergrundarmee. Hugh war sichtlich beeindruckt.

»Und wie lange wohnt ihr schon so?«

»Seit ich mich erinnern kann. Es ist aber noch nicht alles da. Der Proviant fehlt.«

»Welcher Proviant?« fragte Hugh irritiert.

»Sechs Kisten Armeerationen in Bastverpackung. Sollen morgen geliefert werden.«

»Wir können das Zeug ja hierlassen. Ich weiß nicht, wie du das siehst, aber Essen interessiert mich nicht. Wir können uns vor Ort verpflegen.«

Ich dachte an Dückelmann, diesen robusten österreichischen Forstmenschen, der kein Gramm Fett am Leib hatte und nach zwei Wochen Nuristan zwölf Pfund abgenommen hatte.

»Wenn wir etwas dalassen, dann bestimmt nicht den Proviant.«

»Na ja, wir können das Zeug ja verschenken.« Er klang fast schockiert, so als hätte er zum erstenmal einen schweren moralischen Defekt an mir bemerkt. Es war ein historischer Moment.

Mit unverhohlener Freude sah meine Frau zu, wie wir daran gingen, einen Teil der Kletterausrüstung in das Auto zu packen.

»Wir sollten nicht alles mitnehmen«, sagte Hugh. »Sonst fragen die sich, warum wir soviel Klamotten dabei haben, wenn wir nicht einmal wissen, wie man damit umgeht.«

Auch mir war dieser Gedanke in der letzten Zeit öfter durch den Kopf gegangen.

»Was ist mit dem Zelt?«

Das Zelt war am Vormittag eingetroffen. Die Herstellerfirma hatte es mir gegenüber als »hochgebirgstauglich« bezeichnet. Mit dem eingearbeiteten Isolierboden und den speziellen Laschen, die für das Festhalten mittels Felsbrocken gedacht waren, machte es mir eindringlicher als irgendein anderer Teil unserer Ausrüstung klar, daß wir uns in großen Höhen bewegen würden. Es war besonders geeignet für die klimatischen Verhältnisse, die uns im Hindukusch erwarteten.

»*Das* würde ich an eurer Stelle nicht mitnehmen«, sagte meine Frau mit ominösem Nachdruck. »Die Kinder wollten es nach dem Mittagessen aufbauen. Es gibt keine Löcher für die Stangen.«

»Wirklich?«

»Ganz bestimmt. Es hat doch diese V-förmigen Stangen, die man in eine Art Halterung schiebt. Der Hersteller hat aber die Halterungen vergessen, also könnt ihr es nicht aufbauen.«

»Gut, daß du das bemerkt hast. Auf dem Mir Samir hätten wir ziemlich dumm dagestanden.«

»Ihr werdet auch so ziemlich dumm dastehen. Ich wäre nicht überrascht, wenn bei euren Schlafsäcken das gleiche passiert ist.«

»Hast du mit dem Hersteller telefoniert?«

»Das bringt doch nichts. Wenn du das Zeug zurückschickst, siehst du es nie wieder. Ich habe die kleine Frau gebeten, die meine Kleider macht. Sie will morgen vormittag vorbeikommen.«

Wir diskutierten noch weiter, was wir nach Wales mitnehmen sollten.

»Ich würde dein Faltboot mitnehmen«, sagte Hugh. »In der Nähe des Gasthofs gibt es bestimmt einen See. Das wäre doch eine gute Gelegenheit, es auszuprobieren, *bevor du zur Schlucht kommst.* Die Stromschnellen dort sind unglaublich.«

Ich hatte nicht vorgehabt, zu ertrinken oder mich von den Mahsuds rituell verstümmeln zu lassen. Ich erklärte Hugh, daß ich kein Faltboot besaß.

»Ich war mir ziemlich sicher, ich hätte dir von dem Faltboot geschrieben. Schade. Jetzt haben wir natürlich keine Zeit mehr.«

»Stimmt«, sagte ich.

Es war fast Mitternacht, als wir endlich loskamen. Unser Ziel war ein Gasthof im wilden Caernarvonshire. Hugh hatte mit dem Wirt telefoniert und ihm jenen speziellen Zustand von Ahnungslosigkeit geschildert, in dem wir uns befanden. Es war ja sinnlos, um den heißen Brei herumzureden. Hugh hatte ihm nichts verschwiegen. Der Mann war nicht nur ein erfahrener Bergsteiger, sondern auch Chef der Bergwacht. Ich werde es ihm nie vergessen, daß er bereit war, uns zu helfen, statt zu erklären, daß er kein Zimmer mehr frei habe, wie es vermutlich jeder normale Mensch getan hätte.

Nachdem wir die ganze Nacht gefahren waren, kamen wir am nächsten Morgen um sechs Uhr an, doch aus einem Kamin stieg schon Rauch auf.

Das erste, was wir beim Betreten des Hotels sahen, war linkerhand eine Tür mit der Aufschrift EVEREST

Room. Das Zimmer war wie eine Alpenhütte eingerichtet, holzgetäfelt und mit massiven Sitzbänken an den Wänden, überall Zeugnisse der großen Bergsteiger – Seile, Rucksäcke, Lieblingsanoraks und Stiefel. Es war kein Museum, ähnelte eher einer VIP-Lounge. Sir John und Sir Edmund konnten jeden Moment auftauchen. Vermutlich waren sie irgendwo im Hotel.

»Ich weiß nicht, was wir hier alles tun werden, aber im *Everest Room* werden wir bestimmt nicht viel herumsitzen«, sagte Hugh, als wir andächtig die Tür schlossen. »Zum erstenmal wird mir klar, daß wir wirklich keinen blassen Schimmer haben.«

»So ist es.«

In diesem Moment kam uns ein bemerkenswert gesund aussehendes Mädchen entgegen.

»Die meisten Gäste haben schon gefrühstückt, aber es wird noch serviert«, sagte sie.

Im Frühstückszimmer saß außer uns nur ein gedrungener Mann von etwa fünfundvierzig, der sich durch die Sorte Frühstück arbeitete, die ich seit zehn Jahren nicht mehr herunterbrachte. Er trug einen eindrucksvollen Pullover, der aus bäuerlicher Heimarbeit stammte. Der Mann war offensichtlich Bergsteiger. Übertrieben gutgelaunt wie Soldaten vor der Schlacht, versuchten wir, witzige Bemerkungen über ihn zu machen, was aber nicht ganz einfach war, denn er hatte überhaupt nichts Komisches an sich, sondern war ganz einfach kompetent.

»Er sieht wirklich unglaublich gesund aus.« (Seine Gesichtsfarbe erinnerte an alte Möbel.)

»Hier sehen alle gesund aus, nur wir nicht.«

»Ich glaube nicht, daß die Farbe echt ist.«

»Vielleicht dreht er einen Film über eine Rettung aus Bergnot.«

»Sehr passend.«

»Vielleicht engagiert er uns ja als Komparsen, als Leichen.«

Nach dem Frühstück stellte uns der Wirt diesem geheimnisvollen Mann vor.

»Das ist Dr. Richardson«, sagte er. Wir schämten uns sofort in Grund und Boden. »Er hat sich freundlicherweise bereit erklärt, Ihnen die Grundlagen des Bergsteigens beizubringen.«

»Sind Sie schon mal geklettert?« fragte der Doktor.

Es schien mir nicht der rechte Zeitpunkt zu sein, meine Kraxeleien in den Dolomiten zu erwähnen, geschweige denn Hughs Abenteuer am Fuß des Mir Samir.

»Nein«, sagte ich mit fester Stimme, »keiner von uns hat irgendwelche Erfahrungen.«

Um sieben waren wir angekommen, um neun saßen wir schon wieder im Kombi und fuhren zur Nordwand des Tryfan.

»Halten Sie hier«, sagte der Doktor. Hugh stellte den Wagen an einem Meilenstein mit der Aufschrift *Bangor X Miles* ab. Abseits der Straße stand ein eindrucksvoller Fels, der »Milestone Buttress«.

»Dort werden Sie jetzt raufklettern«, sagte der Doktor. »Er hat praktisch alles, was Sie in dieser Phase brauchen.«

Es schien unmöglich. Wie betäubt folgten wir dem Mann über eine Mauer und durch das Farngestrüpp.

Bergschafe beobachteten uns und machten Geräusche, die sich verdächtig nach Gelächter anhörten.

Schließlich erreichten wir den Fuß des Felsens. Aus der Nähe war er nicht mehr ganz so ehrfurchtgebietend. Die Wand war von den Nagelstiefeln unzähliger Kletterer völlig zerkratzt.

»Das hier ist so eine Art Umgehungsstraße«, sagte der Doktor. »In der Hauptsaison bilden sich hier lange Warteschlangen. Wir haben Glück, daß wir ganz allein sind.«

»Wenn es etwas gibt, was wir nicht gebrauchen können, dann sind es Zuschauer.«

»Zuerst müssen Sie die Handhabung des Seils kennenlernen. Bergsteigen ohne Seil ist Selbstmord. Chris hat mir von Ihrem Vorhaben erzählt. Wenn Ihnen dort unten etwas passiert, kommt es wohl nicht in die Zeitung, und jedenfalls wird niemand sein Leben riskieren, um Sie zu retten, falls etwas schiefgeht. Wenn ich den Eindruck hätte, daß Sie leichtsinnig sind, wäre ich heute nicht mit Ihnen hergekommen.«

Er zeigte uns, wie man sich anseilte, er zeigte uns die entsprechenden Knoten, den Sackstich für den ersten und letzten, den doppelten Achterknoten für den Mann in der Mitte; er zeigte uns, wie man das Seil hielt und wie man es aufrollte, damit man es ausgeben konnte, ohne daß es sich verhedderte, und wie gesichert wurde.

»Man macht keinen Schritt, ohne sich vorher richtig gesichert zu haben. Ich klettere los, bis ich ein Stück Fels finde, das zur Sicherung geeignet ist. Ich nehme einen Karabiner« – er holte einen dieser D-förmigen Stahlringe mit Schnapper heraus – »und befestige eine

Schlinge an dem Stück Seil, das um meine Hüfte liegt. Ich muß dann nur noch die Schlinge über die Felsschuppe legen und das Seil unter die eine Schulter und über die andere legen. Wenn möglich, stützt man sich mit den Füßen gegen den Fels. So kann man die wirklich große Belastung aufhalten, wenn der Hintermann abrutscht. Wenn der zweite auf der Höhe des Seilersten angekommen ist, löst dieser den Karabiner, an dem die Schlinge hängt, und der zweite befestigt sie an seiner Hüfte. Jetzt ist er gesichert. Der zweite gibt seine eigene Schlinge dem ersten, der nun die nächste Seillänge hochsteigt. Und wo weiter.«

»Ich verstehe nur nicht«, flüsterte ich Hugh zu, »was passiert, wenn der Seilerste auf dem ersten Stück herunterfällt. Wenn ich richtig verstanden habe, hat er keine Chance.«

»Der erste darf einfach nicht fallen.«

»Erinner mich später daran, daß ich dir die Führung überlasse.«

Als nächstes schickte uns der Doktor – unangemessen vertrauensvoll, wie ich fand – auf einen kleinen, vielleicht sechs Meter hohen Felsen, auf dem ein arg mitgenommenes Bäumchen wuchs. »Sie tun jetzt so, als wären Sie der Seilerste«, sagte er zu Hugh. »Sie sichern sich mit Schlinge und Karabiner an dem Bäumchen. Ich werde mich beim Aufstieg nach hinten fallen lassen, und zwar unangekündigt. Sie müssen mich halten.« Er kletterte los.

Er erreichte die obere Kante und war schon im Begriff, sich darüber zu schwingen, als er sich plötzlich, ohne Warnung, hintenüber in die Tiefe fallen ließ.

Und dann passierte das versprochene Wunder, denn das Seil war straff, und Hugh hielt ihn, nicht durch die Sicherung, sondern durch das Seil, das unter der einen Schulter und über der anderen Schulter lief. An der Schlinge um Hughs Hüfte entstand überhaupt kein Zug, sein Körper funktionierte wie ein Federmechanismus. Ich war tief beeindruckt – zum erstenmal wurde mir klar, welches Vertrauen Bergsteiger zueinander haben müssen.

»Jetzt Sie«, sagte der Doktor.

Mir fiel jener denkwürdige Tag von 1939 ein, als ich vom vorderen Toppsegel eines Viermasters stürzte, nur daß ich diesmal damit rechnete, von Hugh gerettet zu werden. Und er rettete mich tatsächlich. Ausgelassen übten wir dieses neue Spiel, bis der Doktor nach einer Weile auf seine Uhr schaute. Es war 11.30 Uhr.

»Wir sollten jetzt zusehen, daß wir auf den Fels kommen. Normalerweise wäre das noch nicht dran, aber wir haben so wenig Zeit, und das mit dem Anseilen scheinen Sie ja verstanden zu haben. Also los! Wir nehmen die *Ordinary Route*. Sie glauben vielleicht, es ist nichts Besonderes, aber seien Sie nicht leichtsinnig. Ich klettere voran. Es sind insgesamt knapp siebzig Meter. Wir fangen in diesem Kamin an.« Er zeigte auf eine ungeeignet aussehende Felsspalte.

Sie schien viel zu eng für einen Menschen, doch der Doktor verschwand mühelos darin. Er trug Nagelstiefel, genau wie ich, nicht diese neumodischen Dinger mit Gummiprofilsohlen. Ich hörte, wie er unter lautem Scharren Halt am Fels suchte. Keuchend und stöhnend verschwand er aus dem Blickfeld.

Dann stieg Hugh ein. Für ihn war es einfacher, denn er war sehr dünn.

Schließlich war ich an der Reihe. Wie eine Boa constrictor, die ein Huhn bei lebendigem Leib verschlingt, wand ich mich hinauf und gelangte mit zerschundenen Knien schließlich ins Freie.

»Und jetzt fangen wir an«, sagte der Doktor.
»Wenn das eben nicht der Anfang war, was dann?«
»Das war der Start. Dies hier ist der Anfang.«
»Sehr verwirrend.«

Besonders unangenehm war der »Hops über die Gartenmauer«, wie der Doktor es nannte. Man mußte sich dabei um eine Felsnase schwingen, die über einen Abgrund hinausragte, und dann auf einer Rampe in eine Nische steigen.

»Wenn er bloß Stiefel mit Gummisohlen tragen würde«, sagte ich zu Hugh, als der Doktor mit grauenhaft kreischenden Eisenbeschlägen über der Mauer verschwand. »Das Klettern ist ja nicht so schlimm, aber dieses entsetzliche Geräusch.«

Es folgte ein sieben Meter hoher Kamin mit einem Baum darin, an dem wir uns vorbeiquälten, doch schließlich kamen wir oben an, lagen keuchend da und bewunderten den atemberaubenden Blick. Ich war sehr beeindruckt und stolz. Es war nichts Großes, aber ich war doch zum erstenmal richtig geklettert.

»Als was würden Sie das hier bezeichnen?« fragte Hugh vorsichtig. »Leicht, schwierig oder irgendwo dazwischen?«

»Mäßig schwierig.«
»Wie geht die Skala? Ich hab's vergessen.«

»Leicht, mäßig schwierig, ziemlich schwierig, schwierig, sehr schwierig, außerordentlich schwierig, extrem schwierig.«

»Oh.«

Während wir unsere Sandwiches aßen, erklärte uns der Doktor das »freie Abseilen«, wie er es nannte. Mehr als ein Jahr ist vergangen, seit ich zum ersten und letzten Mal diese überaus schmerzhafte Technik ausprobiert habe. Noch jetzt schaudert es mich, wenn ich daran zurückdenke. Genau wie die Handhabung des Bajonetts mußte man das lernen und, wenn möglich, ein für allemal vergessen.

»Sie zuerst«, sagte der Doktor. Der Nachteil für uns war, daß er uns all diese Dinge nicht gegen ein anständiges Honorar beibrachte. Er opferte vielmehr seinen Urlaub, damit wir eine halbwegs akzeptable Überlebenschance hatten.

»Legen Sie eine Schlinge um den Baum und führen Sie das doppelt genommene Seil hindurch, führen Sie es um den rechten Oberschenkel, zwischen die Beine, dann den Rücken hinauf, über die linke Schulter, so daß es Ihnen über die Brust fällt. So ist es richtig. Jetzt gehen Sie rückwärts zur Felskante, halten Sie das Seil dabei straff, die Beine gestreckt, und in dieser horizontalen Haltung gehen Sie rückwärts hinunter.«

Ich ging hinunter. Es wäre perfekt gewesen, wenn die Felswand nur eben gewesen wäre. Leider war sie etwas ausgehöhlt, so daß ich Mühe hatte, die Beine im rechten Winkel gegen die Wand zu stemmen. Ich rutschte aus und schwang wie ein Pendel, quer zur Felswand, und das Seil schnitt sich in meinen Schritt ein.

»Also, eine Lektion hast du gelernt«, rief Hugh fröhlich, als ich unten ankam, nachdem ich mich vom Seil befreit hatte und auf herkömmliche Weise heruntergestiegen war.

»Wenn ich vor der Wahl stünde, das gleiche noch einmal oder von den Mahsuds kastriert zu werden, würde ich mich für die Mahsuds entscheiden. Meine Lende hält das nicht aus.«

»Scheinst ja sehr empfindlich zu sein«, sagte Hugh. »Viele Mädchen machen das.«

»Ich bin aber kein Mädchen. Es muß eine andere Möglichkeit geben. In dünnen Hosen ist so etwas unmöglich.«

Nach einem ausgiebigen und altmodischen Tee mit *crumpets* und gekochten Eiern im Gasthaus wurden wir zum Eckenstein Boulder gefahren. Oscar Eckenstein war ein bekannter Bergsteiger, der sich vor allem durch die Entwicklung der Klettertechnik einen Namen gemacht hat. Der Felsen, an dem er als Jugendlicher herumkraxelte und der später nach ihm benannt wurde, soll, obwohl eher klein, vielleicht nur so groß wie ein Lieferwagen, all die fundamentalen Schwierigkeiten geboten haben, die das Herz des Bergsteigers höher schlagen lassen, für uns aber ein Alptraum waren.

Diesmal durften wir Turnschuhe anziehen.

Den Bauch voller *crumpets* und Eier, klammerten wir uns wie Schmeißfliegen an den Felsen, während der Doktor uns aus sicherer Entfernung ermutigende Worte zurief. Gelegentlich fiel einer von uns herunter und landete mit einem schmerzhaften Bums auf dem Hinterkopf.

»Sie dürfen nicht fallen! Stellen Sie sich vor, unter Ihnen ist ein dreihundert Meter tiefer Abgrund!«

»Das stelle ich mir schon die ganze Zeit vor, trotzdem kann ich mich nicht festhalten.«

Im Gasthof gab es dann ein heißes Bad, reichlich Bier, ein gewaltiges Abendessen, und dann fielen wir augenblicklich in ein Koma. Seit mehr als vierzig Stunden hatten wir kaum geschlafen. »Gute Vorbereitung«, murmelte Hugh noch.

Die Serviererinnen im Gasthof fanden diesen forcierten Reifungsprozeß mittlerweile sehr interessant. Alle drei waren erfahrene Bergsteigerinnen, die vor allem deswegen hier arbeiteten, um Job und Vergnügen verbinden zu können. Jetzt führten sie unsere Ausbildung fort.

Sie arbeiteten in Schichten, vormittags und nachmittags, so daß wir die ganze Zeit kletterten. Menschen wie ihnen waren wir wirklich noch nie begegnet. Beim Frühstück am letzten Tag erklärte Judith, ein patentes Mädchen mit rotbraunem Haar, deren Vater 1933 den Everest bestiegen hatte, was sie beabsichtigte. »Pamela und ich haben heute nachmittag frei; wir nehmen uns die Spiral Stairs in Dinas Cromlech vor. Ist 'ne interessante Tour.«

Sobald wir fertig gefrühstückt hatten, schlugen wir im Bergführer »Snowdon District« (Teil 6) nach.

»Dinas Cromlech«, stand da, »ist der wohl eindrucksvollste Felsen nördlich des Llanberis Pass. Mit seinen massiven Quarztrachytspitzen sieht er wie eine Trutzburg aus ... Alle Routen weisen überraschende steile Partien auf ... der Felsen ist insgesamt stabil, *auch wenn es auf den ersten Blick nicht so aussieht.«*

Spiral Stairs wurde als »sehr schwierig« eingestuft, das erste Teilstück als »eindrucksvoll und recht exponiert«. Auf der Rückseite war ein haarsträubendes Foto des Cromlech, auf dem die verschiedenen Routen eingezeichnet waren. Neben den Spiral Stairs gab es den Cenotaph Corner, Ivy Sepulchre und Sexton's Route. Es schien ein netter Ort zu sein.

»Schade, daß wir nicht den Castle Gully nehmen. Hier steht: ›Eine angenehme Strecke mit Pflanzenbewuchs.‹«

»Sie hätten auch Ivy Sepulchre nehmen können«, sagte Hugh. »Hör dir das an. Siebzig Meter. Extrem schwierig. Außerordentlich anstrengende, komplizierte Route... Lockere Felsüberhänge... Hier ist ein Vorwärtskommen nur in gestreckter Hängehaltung möglich, und *gelegentlich* erscheint ein etwas fragwürdiger Haltegriff. Hier steht nicht, was man macht, wenn er nicht auftaucht.«

»Wie sieht gestrecktes Hängen aus?«

»So wie in der Situation, als du vom Eckenstein Boulder runtergefallen bist.«

»Das ist erst der Anfang, es kommt noch schlimmer. ›Hier geht es etwas weniger steil weiter...‹«

»Etwas weniger steil ist gut«, sagte ich.

»... ›bis man eine kleine Nische unter dem Überhang erreicht; nicht sichern; der Überhang wird per Brücke angegangen. Dieser Punkt ist besonders schwierig, anstrengend und exponiert.‹ Und so weiter und so weiter. ›Eine kurze Rinne führt zum Fuß einer altersschwachen Stechpalme, und nachdem man diesen und den Spalt dahinter erreicht hat, bietet sich links ein guter Haltegriff an.‹«

»Warum muß es eigentlich immer mit so einem alten Baum aufhören?«

Wir beschlossen, uns einen ruhigen Vormittag zu gönnen. Genau in diesem Moment tauchten, schwer beladen mit Ausrüstung, die anderen beiden Mädchen auf.

»Auf geht's!« riefen sie. »Wir müssen um halb eins wieder da sein. Wir nehmen uns The Gauge vor. Der Doktor sagt, ihr habt euch ziemlich dumm angestellt. Und ihr übernehmt die Führung.«

An diesem Nachmittag, als wir hinter Judith über das Geröllfeld zum Fuß von Dinas Cromlech stapften, ahnten wir schon, daß uns das Bergtourenbuch, trotz seiner düsteren Warnungen, nicht auf die Realität vorbereitet hatte. Der Felsen sah aus, als hätte ein Gigant einen aufgeschütteten Zementberg mit einer Maurerkelle glattgestrichen und dann irgendwann die Geduld verloren und mittendrin aufgehört. Am eindrucksvollsten war eine breite, senkrecht aufragende Wand, feucht und anscheinend ganz glatt.

»Cenotaph Corner«, sagte Judith. »Vierzig Meter. Wenn ihr das schafft, seid ihr wahre Kletterer.«

Es war unmöglich.

»Joe Brown ist diese Wand 1952 mit Belshaw hochgeklettert. Joe ist Klempner von Beruf, lebt in Manchester. Er verbringt jeden freien Moment hier. Erinnert ihr euch noch an den grauenhaften letzten Winter, als überall die Wasserleitungen platzten? Mitten in dieser Aufregung hat er einen Zettel an die Haustür gepinnt: Bin Bergsteigen gefahren, Joe Brown. Die Leute sind fast ausgeflippt.«

»Und wo ist er jetzt gerade?«

»Im Himalaja.«

Ehrfürchtig betrachteten wir die Wand, die er hochgeklettert war.

Drei Leute waren schon in Spiral Stairs. Jetzt sah ich, was das Buch unter »recht exponiert« verstand. Einer arbeitete sich in diesem Moment um die linke Kante von Cenotaph Corner.

»Dieses Stück finde ich immer am aufregendsten«, sagte Pamela, das andere Mädchen. »Schade. Warten ist sinnlos. Ich schlage vor, wir nehmen uns Ivy Sepulchre vor.«

»Pamela, bist du sicher? Es ist vielleicht zu viel für die beiden.«

Sie sprach über uns, als wären wir zwei Invaliden, die auf der Strandpromenade einen kleinen Spaziergang machen wollen. Doch es war nicht die Zeit für eigensinnigen Stolz. Ich fragte Hugh, ob das die Route war, von der wir am Frühstückstisch gelesen hatten. Er bejahte.

»Ich glaube, Judith hat recht«, sagte ich. »Es ist vielleicht zu viel für uns.« Abwartend standen wir im kühlen Schatten des Cenotaph. Judith erklärte uns die bevorstehende Aktion.

»Das erste Stück ist ziemlich unangenehm wegen dieser Pfütze. Die Schuhe werden naß und rutschig, obwohl man dringend trockene Sohlen braucht. Wir klettern in zwei Gruppen. Pamela und Hugh, und wir beide. Das erste Stück ist gut zwanzig Meter, die Kante ist exponiert, ihr werdet merken, wie windig es ist. Du steigst erst los, wenn ich rufe und am Seil ziehe. Dann bin ich gesichert. Selbst wenn du ausrutschst, wirst du nicht sehr tief fallen.«

»Was ist, wenn jemand ausrutscht? Man kann ihn doch nicht einfach hängen lassen.«

»Ruft die Feuerwehr«, sagte Judith.

Die Mädchen scharrten mit ihren Stiefeln an dem Felsen wie Federgewichtboxer. Dann war Pamela verschwunden, und Hugh folgte ihr wenig später.

Nach einer halben Ewigkeit war Judith an der Reihe. Ich sicherte sie, aber in dieser Phase nützte das nicht viel. Ich erinnerte mich an die Warnung des Doktors: »Der erste darf nicht fallen.« Dann war sie verschwunden. Ich gab unentwegt Seil aus. Es entstand eine längere Pause, und dann hörte ich Judith von weitem rufen, und das Seil straffte sich.

Es ging überhaupt nicht anders, als sich mindestens einen nassen Schuh zu holen.

Ganz langsam arbeitete ich mich in die Ecke des Sepulchre vor. Bald gelangte ich zu der exponierten Stelle, die Pamela so aufregend fand, und hangelte mich über einem tiefen Abgrund weiter, während der Wind mir die Haare ins Gesicht blies.

Noch zwei Seillängen, dann waren wir oben. Ich war wie euphorisiert. Dort, auf einem Felsen, saß ein pfeiferauchender Mann mit Melone und weißem Kragen.

»In Caernarvon machen die Geschäfte heute früher zu«, sagte Judith.

»Ich finde, er sieht wie ein Bestattungsunternehmer aus.«

»Wir müssen uns beeilen, Pamela hat heute Dienst.« Wir stiegen eine breite Rinne hinunter und rannten über das Geröllfeld zum Auto. Die anderen warteten schon auf uns. Die Mädchen waren vergnügt und wir auch. Nur der Mann mit Melone ging mir nicht aus dem Sinn. Ich fragte Hugh, ob er ihn gesehen hatte.

»Welchen Mann? Wir haben keinen Mann gesehen.«

»Jetzt komme ich mir vor wie ein Lehrer in Versailles.«

»Wir haben die andere Gruppe gesehen, einen Mann mit Melone haben wir nicht gesehen.«

Zum Abschied schenkte Judith mir für Sixpence eine kleine illustrierte Broschüre, in der die verschiedenen bergsteigerischen Techniken erläutert wurden.

»Wir hatten ja keine Zeit mehr, euch etwas über Schnee und Eis beizubringen«, sagte sie, »aber da könnt ihr nachlesen, wie man es macht. Wenn ihr auf eurer Reise irgendwas Verschneites findet, würde ich es versuchen, sofern ihr Gelegenheit dazu habt.«

»Schade, daß wir nicht mitkommen können«, fügte sie hinzu. »Dann würden wir aufpassen, daß euch nichts passiert.«

»Ja, schade«, sagten wir, und es war ehrlich gemeint. Alle kamen heraus, um sich von uns zu verabschieden. Es war ein bewegender Moment.

»Weißt du noch, dieser ältere Herr, der dir ein Paar Kletterstiefel geliehen hat?« sagte Hugh, während wir in der Abendsonne in Richtung Capel Curig fuhren.

»Du meinst Mr. Bartrum?«

»Wußtest du, daß er Mitglied des Bergsteigervereins ist? Er hat der Everest Foundation über uns geschrieben. Er hat mir den Brief gezeigt.«

Ich fragte Hugh, was darin stehe.

»Er schreibt: Ich habe einen vorteilhaften Eindruck von Charakter und Entschlossenheit der Herren Carless und Newby gewonnen und schlage daher vor, die von ihnen geplante Hindukusch-Expedition finanziell zu unterstützen.«

IV

HOTEL PERA PALACE

Wanda und ich trafen elf Tage später in Istanbul ein. Gegen Ende der letzten, langen, schlaglochübersäten Etappe tauchte plötzlich das Marmara-Meer vor uns auf, grün und windzerzaust und leer bis auf einen Kaik, der einsam mit geblähtem Segel in Richtung Bosporus unterwegs war. Bei dem Gedanken, Istanbul im Sonnenuntergang zu sehen, hob sich unsere Stimmung, doch als wir den Stadtrand erreichten, war es schon dunkel. Wir hatten uns vorgestellt, die Stadt durch das Goldene Tor an der Küstenstraße zu betreten, das erschien uns romantisch und passend, und hatten uns während der Fahrt quer durch ganz Europa daran hochgehalten, ohne zu wissen, daß das Tor schon vor Jahrhunderten zugemauert worden war. Statt dessen kamen wir auf einer endlosen Umgehungsstraße heraus, die von Lichterreklame für Banken und Rasierklingen gesäumt war. Von der Theodosianischen Mauer war nichts zu sehen.

Es war der angemessene Abschluß einer unkomfortablen Reise.

Wir ließen das Auto im Hof der ehemaligen Botschaft stehen, wechselten bei einem der Wärter Geld und erkundigten uns nach einer Unterkunft.

»Star *Oteli*, sauber *Otel*, billig *Otel*, gut *Otel*, gehört Bruder.«

»Ist es weit?«

»Nischt so weit. Fahren Taxi, immer nur fahren Taxi. Hier nischt gut, wenn dunkel, Mann und Mädschen sehr schlescht.«

»Rufen Sie ein Taxi.«

Er rief etwas Unverständliches. Wie durch ein Wunder erschien sofort ein Taxi, am Steuer ein bulliger, kahlgeschorener Typ, neben ihm ein etwas kleinerer Mann. Die beiden waren ein sinistres Pärchen.

»Was will denn der andere?«

»Nischts wollen. Er Bruder.«

»Wie Brüder sehen die beiden aber nicht aus.«

»Ist von andere Frau.«

Das Taxi donnerte los. Nach fünfzig Metern blieb es stehen, und der Bruder riß den Schlag auf.

»Star *Oteli*.«

Mit unguten Gefühlen stiegen wir hinter ihm eine fast senkrechte Treppe hinauf zur Rezeption. Ich betete, das Hotel möge voll sein, aber umsonst. Wir gingen einen hell erleuchteten Korridor entlang, der Bruder des Torwächters voran, der Bruder des Taxifahrers hinterher, um eventuelle Rückzugsmanöver zu verhindern. Die Türen standen offen, so daß man in die Zimmer hineinsehen konnte. Bei den Gästen schien es sich ausnahmslos um Männer zu handeln, die angekleidet auf den Betten lagen und an die Decke starrten. Und aus allen Ecken drang der unvergeßliche Geruch orientalischer Aborte.

»Zimmer mit Bett für zwei«, sagte der Hotelbesitzer am Ende des Korridors und stieß eine Tür auf. Nach seinem Tonfall zu schließen, mußte das Zimmer ziemlich unappetitlich sein. Es war noch viel schlimmer.

Es war ein Alptraum. Es war das Zimmer eines Drogensüchtigen oder eines Epileptikers oder beider. Es wurde von einer Vierzig-Watt-Birne beleuchtet und lag zu einer schwarzen Mauer, an der sich irgend etwas Schlieriges emporrankte. Das Bett hing durch. Unter der Matratze standen alte Gamaschenstiefel. Das Bettzeug war annähernd sauber, aber man sah deutlich, daß jemand darauf gelegen hatte, und es war noch warm. In der Ecke gab es ein Waschbecken, in dem ein langes rotes Haar lag. Ein Hahn tropfte. Irgendwo in der Nähe wärmten sich die Lautsprecher eines Vergnügungsparks für eine ausgelassene Nacht auf. Im Zimmer roch es genauso wie auf dem Flur, aber es kamen noch ein paar undefinierbare Duftnoten hinzu.

Das war uns zuviel nach all den Strapazen der Reise. Deprimiert stiegen wir wieder in das Taxi. Der Fahrer grinste.

»Pera Palace!«

Wir fuhren abschüssige, hohlwegartige Straßen hinunter, schlingerten über Trambahngleise, während sich die beiden Brüder ständig umdrehten und uns in ein ermüdendes Gespräch verwickeln wollten.

»Pera sehr gut.«

Noch nie hatte mich eine Stadt so unendlich melancholisch gestimmt.

»Nein.«

»Istanbul sehr gut.«

»Taxi sehr gut.« Wir rasten auf eine Straßenbahn zu, die sich bergauf quälte, zwängten uns aber wohlbehalten auf der falschen Seite an ihr vorbei.

Ich fragte, ob es eventuell Verkehrstote gab. »Viele, viele, jeden Tag.«

»Wie viele?«

»Zwei Millionen.«

Im *Pera Palace* nahmen wir ein großes Zimmer. Ursprünglich hatte man wohl einen grandiosen Blick auf das Goldene Horn, doch jetzt lag ein großes Gebäude dazwischen. Wir gaben unsere Sachen in die Wäscherei und gingen schlafen.

In der Botschaft hatten wir keine Nachricht von Hugh vorgefunden, doch bevor wir in einen komaartigen Schlaf sanken, schickten wir noch einen Stoßseufzer zum Himmel, Hugh möge verspätet eintreffen.

Am nächsten Morgen hämmerte er an unsere Tür. Er kam direkt vom Flughafen und war grauenhaft fit und sauber, zwischen den Zähnen eine Dunhill-Pfeife, in der ein exquisiter Tabak brannte, unter dem Arm ein Stapel Landkarten und Listen, die Kleidung elegant bis verwegen, in genau der richtigen Mischung. Hugh war der junge Forschungsreisende in Person. Wir wußten, was er sagen würde. Es war ein Satz, den wir in den nächsten Wochen mit wachsendem Widerwillen hören sollten.

»Wir müssen sofort abfahren.«

»Geht nicht, das Auto muß erst in die Werkstatt.«

»Das habe ich schon veranlaßt. Mittag ist es fertig.«

Durchgerüttelt von der bulgarischen Landstraße (die der Vorkriegsreiseführer als »Nebenstrecke« bezeichnet hatte), zitterten wir noch immer wie die Überlebenden eines Artilleriebeschusses.

»Es war eine ziemlich lange Fahrt.« Wir zählten die Strapazen auf, denen wir ausgesetzt gewesen waren, berichteten von jugoslawischen Zöllnern, die uns gefilzt hatten, von taubeneiergroßen Hagelkörnern, von Überschwemmungen, Erdrutschen, Moskitos, von all den enervierenden Pannen. Doch in unserem herrlichen Bett erregten wir offensichtlich kein Mitleid.

»Ich fahre. Ihr könnt euch derweil ausruhen.«

»Dir scheint nicht klar zu sein«, sagte ich, »daß man sich in diesem Wagen nicht ausruhen kann, so vollgepackt ist er. Wir haben schon bald darum gekämpft, wer ans Steuer darf. Und außerdem wollen wir uns Istanbul anschauen, verdammt.«

»Istanbul könnt ihr euch ein andermal anschauen. Die Stadt gibt es schon seit zweitausend Jahren.«

»Du meinst, *du* kannst sie dir ein andermal anschauen.«

Widerwillig sah er auf seine Uhr.

»Wie lange braucht ihr?«

Nur Wanda hatte den Mut, ihm zu antworten. »Drei Tage«, sagte sie.

Allmählich fühlten wir uns wohl im *Pera Palace*. Die Betten hatten große Messingknäufe und waren wirklich bequem. Unser Zimmer sah aus wie das Bühnenbild für eine lächerliche Komödie, die sogleich beginnen würde. Wahrscheinlich war das Stück schon viele Male aufgeführt worden. Man konnte sich gut einen bärtigen Minister des Sultans Abdulhamid vorstellen, der ein fettes Girl in schwarzen Seidenstrümpfen und Strapsen durchs Zimmer jagte und sich an den Kanten des Mobiliars stieß. Die Wanne im Badezimmer besaß die erstaunliche Fähigkeit, von ganz allein vollzulaufen. Man brauchte den Hahn gar nicht aufzudrehen, das Wasser kam aus dem Abfluß. Fasziniert beobachteten wir dieses Schauspiel.

»Ich glaube, es passiert immer dann, wenn im Bosporus starke Strömung ist.«

»Das kann nicht sein. Das Wasser ist warm.«

»Probier doch mal, wie es schmeckt!«

»Ich weiß nicht mehr, ob das Bosporuswasser salzig ist oder nicht. Außerdem hat es manchmal eine sehr merkwürdige Farbe.«

Wanda entdeckte schließlich des Rätsels Lösung. Ich sah, wie sie ein Ohr an die Wand preßte.

»Es ist nebenan. Der Mann hat gerade gebadet. Jetzt hat er den Stöpsel rausgezogen. Da kommt es schon.«

Zum zweiten Mal an diesem Tag lief die Badewanne ganz leise voll.

Im Gegensatz dazu waren die Hotelangestellten meist sehr alt und sehr melancholisch. Wir begegneten auch keinen anderen Gästen, einmal abgesehen von unserem Freund im Nachbarzimmer. Im Restaurant, in dem es totenstill war, nahmen wir endlose Mahlzeiten ein. Es war das Hotel unserer Träume.

Drei Tage später verließen wir Istanbul. Der Nachtportier des *Pera Palace* sollte uns um Viertel vor vier wecken. Da ich wußte, daß er das nicht tun würde, nahm ich mir fest vor, um halb vier von allein aufzuwachen. Ich wachte auch tatsächlich auf, sank aber sogleich wieder in einen tiefen Schlaf. Eine Stunde später kam Hugh aus seinem modernen *Oteli* herüber, geduscht und rasiert und gefrühstückt, und das Auto hatte er auch schon abgeholt. Es war kein verheißungsvoller Beginn unseres Unternehmens. Hugh machte uns das klar.

Wir mußten ewig auf die Fähre nach Skutari warten, und als sie schließlich eintraf, ging die Einschiffung nur langsam voran. Von einem dringenden Bedürfnis geplagt, wandte ich mich hilfesuchend an den Hafenkapitän, der mich höflich in sein wunderbar ausgestattetes Büro bat, wo ich in eine köstliche Trance fiel. Als ich – nur einen Moment später, wie mir schien – wieder aufwachte, sah ich die Fähre mit dem Auto und meinem Billett in Richtung kleinasiatisches Ufer verschwinden. In dem Gewühl an der Sperre entwendete mir einer von drei gutaussehenden Gepäckträgern meine Brieftasche. Der Hafenkapitän eskortierte mich persönlich auf das nächste Schiff, »*pour tirer d'embarras notre client distingué*«, wie er ironisch meinte. Zum zweiten Mal in meinem Leben verließ ich Europa ohne einen Penny.

Die Karte zum »Spaziergang im Hindukusch«.
Faksimile aus der Erstausgabe von 1958.

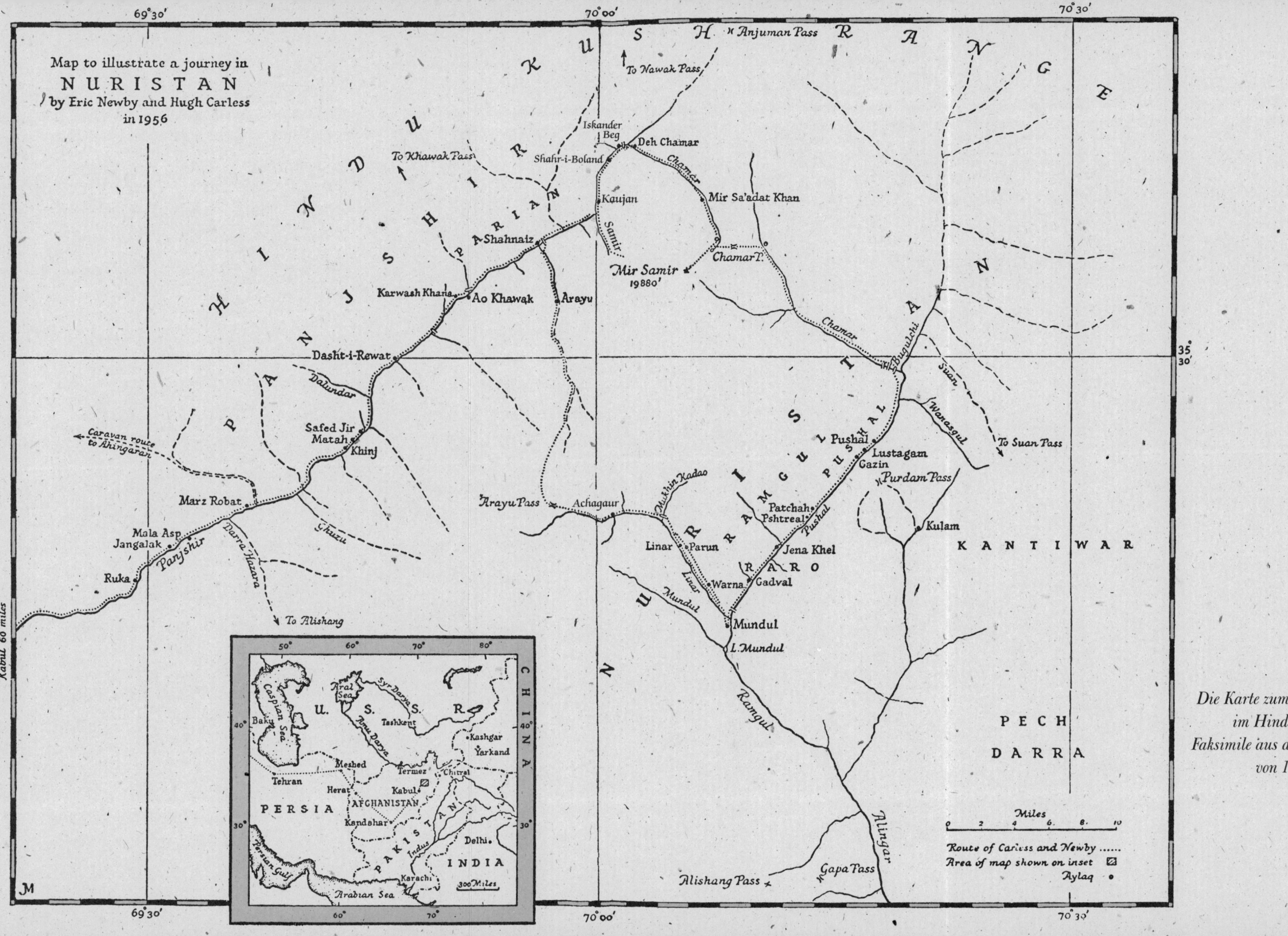

Die Karte zum »Spaziergang im Hindukusch«. Faksimile aus der Erstausgabe von 1958.

V

DER STERBENDE NOMADE

In Armenien wurden wir durch eine Reihe unglücklicher Umstände aufgehalten. In Horasan, einer kleinen Ortschaft am Aras, donnerte Hugh geradeaus weiter, statt rechts in Richtung Agri und persische Grenze abzubiegen. Lange Zeit ging es bergan, dann wieder in Spitzkehren bergab durch eine rot, silbrig und grün schimmernde Felsschlucht, die von einer Burg bewacht wurde, bis hinunter in ein Dorf. Dort, unter den Bäumen, war es kühl, Frauen stampften in einem Fluß auf irgend etwas herum. Dann ging es eine Weile ohne Steigung weiter, unter einem Felsüberhang, an dem eine Arbeiterkolonne Steinlawinen auf ein Schmalspurgleis regnen ließ. Rechts schoß noch immer derselbe Fluß dahin.

Wir waren müde und unbeschreiblich dreckig. Im letzten Sonnenlicht gingen wir über eine grüne Wiese und nahmen an einer unbewegten Stelle des Flusses ein Bad. Das Wasser war eiskalt.

»Welcher Fluß mag das wohl sein?« Gebadet und rasiert, setzten wir uns auf die Wiese und zogen frische

Socken an. Wanda wusch sich hinter einem Felsen weiter flußabwärts die Haare.

»Das ist der Aras.«

»Der Aras fließt aber nach Osten, dieser hier fließt nach Westen.«

»Sehr merkwürdig. Was schließt du daraus?«

»Daß es nicht der Aras sein kann.«

Mit einbrechender Dunkelheit fuhren wir weiter, parallel zum Bahngleis, über eine Holzbrücke, die unter unserem Gewicht rumpelte und schwankte, durch ein halb verfallenes Dorf, das aus großen Steinquadern gebaut war, zwei Männer waren gerade dabei, sich gegenseitig totzuprügeln, während die Frauen, in schwarzen Kleidern und weißen Kopftüchern, ihren eigenen Geschäften nachgingen, dann kamen wir durch eine Schlucht, das Bahngleis immer zu unserer Linken, durch Kiefernwälder, durch die ein herbstlich blaues Licht schimmerte – Hemingwaysches Partisanenland, düster und verschwiegen – vorbei an einem verrammelten Haus, die ganze Zeit plärrte Hughs fürchterliches Radio, lauter und lauter, bis uns plötzlich dämmerte, daß es ein russischer Sender war, klar und deutlich und mit jeder Minute stärker. Hugh hielt an, machte Licht, wir beugten uns über die Karte, die Wanda schon seit längerem im Schein einer Taschenlampe studiert hatte.

»Weißt du, wo wir sind?« fragte er sehr ernst.

»Ungefähr sechzig Kilometer vor Kars«, sagte sie.

»Dann haben wir uns verfahren. Kars liegt an der russischen Grenze.«

»Nicht ganz. Die Grenze verläuft hier« – Wanda zeigte auf die Karte – »am Fluß, weit hinter Kars.«

»Wie lange weißt du das schon?« Noch nie hatte ich Hugh so nervös erlebt.

»Seit unserem Bad im Fluß. Das Wasser floß in die falsche Richtung. Ich dachte, dir sei das auch klar gewesen.«

Zuerst glaubte ich, er würde ihr eine scheuern. Schließlich sagte er mit heiserer Stimme: »Wir müssen sofort umkehren.«

»Wieso das denn? Schau, es gibt eine Straße am türkischen Ufer, südlich von Argatsch und nördlich des Ararat. Ist doch eine prima Möglichkeit. Bei einer Kontrolle brauchen wir bloß zu sagen, daß wir uns verfahren haben.«

»Für dich ist das alles nicht so schlimm. Aber ist dir eigentlich klar, in welcher Lage *ich* mich befinde? Ich bin britischer Diplomat, habe aber kein Diplomatenvisum für die Türkei. In unseren Pässen steht, daß wir auf der kürzestmöglichen Strecke durch Anatolien fahren müssen. Und in unserem Auto sind mehrere Fotoapparate, einer davon mit Teleobjektiv, ein Fernrohr, Prismenkompasse, ein Höhenmesser und mehrere Landkarten.«

»Die sind alle von Afghanistan.«

»Glaubst du, bei einer Straßensperre erkennen die das? Sogar ein halbes Dutzend Messer haben wir dabei.«

»*Meine* Idee war es nicht. Ich habe immer gesagt, daß Messer verrückt sind.«

»Darum geht es nicht. Du hast selbst gesehen, wie die Türken in Erzerum waren. Man wird uns verhaften. Vielleicht sogar erschießen. Ich ahne schon, zu welchen

Komplikationen es kommen wird. Und du bist nicht einmal Engländerin.«

»Doch, angeheiratete«, sagte Wanda. »Aber ich finde, du übertreibst. So schlimm ist es doch gar nicht.«

Wir diskutierten mit ihm, machten sogar Witzchen über ihn, aber umsonst, er konnte nicht einmal mehr lachen. Sein Gesicht hatte einen Ausdruck, den ich noch nie an ihm gesehen hatte. Hugh war von einer unerschütterlichen Selbstsicherheit, wie jemand, der unter Drogeneinfluß steht. Wie der Maulwurf in *Wind in den Weiden,* der seinen alten Bau am Geruch erkennt, so stand Hugh in direktem Kontakt mit dem Foreign Office, London S.W.1, und der Geruch war eindeutig.

Es dauerte eine Weile, bis mir einfiel, wo ich diese geradezu aberwitzige Selbstsicherheit schon einmal erlebt hatte – bei dem denkwürdigen Gespräch mit dem Mann der Asien-Abteilung.

Wir waren neunzig Kilometer hinter Horasan. Hugh erklärte sich schließlich bereit, bis zur nächsten Stadt (Sarikamisch) zu fahren und am folgenden Tag umzukehren.

Doch der nächste Tag endete mit einer katastrophalen Tragödie. Gegen Abend waren wir in Bayazid eingetroffen. »Garnisonsstadt an der persischen Grenze, unweit des Ararat, an der alten Karawanenstraße von Täbris nach Erzurum gelegen.« Im alten Reiseführer hatte sich das alles sehr romantisch angehört, doch der Glanz der Karawanenstraße war verschwunden, und nach mehreren Erdbeben und zahllosen Massakern hatte sich Bayazid in eine deprimierend verwahrloste und gesichtslose Stadt verwandelt, bevölkert von Soldaten, die in schweren Stiefeln herumstapften, und dumpfen Männern in zerschlissenen westlichen Anzügen und Schiebermützen.

Fest entschlossen, in Persien zu übernachten, fuhren wir in halsbrecherischem Tempo weiter in Richtung Osten. Es dämmerte, die Straße war leer. Wir kamen durch eine trockene Ebene, rechts niedrige Berge, davor schwarze Nomadenzelte. Den ganzen Tag hatten wir sie in der Ararat-Hochebene gesehen, in Gruppen waren sie unterwegs gewesen, die Ochsen beladen mit Zeltstangen und gigantischen Kochtöpfen, bösartig aussehende Esel mit Packsätteln, viele Ziegen und Schafe, die Männer und Frauen zu Fuß, die Frauen in langen roten Röcken mit schwarzen Joppen und schwarzen Wollkappen, die jüngeren mit Pillbox-Hütchen und Zöpfen, die Jungen mit Lammfellmützen, die Kleinsten saßen auf weißen Kissen und schlanken kleinen Pferden. Alle bewegten sich in westlicher Richtung, parallel zur Telegrafenleitung, jede Familie eingehüllt in einer Staubwolke.

Etwa einen Kilometer vor der türkischen Zollstation sahen wir im letzten Licht des Tages etwas Dunkles auf der Straße vor uns liegen. Wanda schrie, doch Hugh trat schon auf die Bremse. Es würde einen Zusammenprall geben, und man würde dabei zusehen können. Ich fragte mich, ob Hugh das Steuer herumreißen und sich der Wagen dabei überschlagen würde. Hugh rief, wir sollten uns gut festhalten, die Räder blockierten schon, und dann ging es los, wir rutschten und schleuderten, die Hupe blökte, das Gepäck machte sich selbständig, drückte uns gegen die Windschutzscheibe, und alles passierte gleichzeitig, während wir auf den Zusammmenprall warteten, doch einen Meter vor dem Objekt, das auf der Straße lag, blieben wir schließlich stehen.

Stille, nur unterbrochen durch furchtbares Stöhnen. Wir fürchteten uns vor dem Anblick, der sich uns bieten würde, doch die Wirklichkeit überbot alle unsere Befürchtungen. Auf der Straße, mit dem Gesicht nach unten, lag ein formloses, schwarzes Bündel, staubbedeckt, einer der Nomaden, ein alter Mann von etwa siebzig, sonnengegerbt, mit grauen Stoppelhaaren. Irgend etwas hatte ihn von hinten erwischt, die Verletzungen waren schlimm, die Nase war fast völlig abgerissen, und auf dem Rücken sah man durch das zerrissene Hemd eine große weiche Beule. Doch er war bei Bewußtsein und keuchte wie ein Dampfmaschine.

Wir wickelten ihn in eine Decke, verbanden das, was früher die Nase gewesen war, stillten die Wunde am Hinterkopf und überlegten, was als nächstes zu tun wäre. Wir trauten uns nicht, ihn an den Straßenrand zu tragen, weil wir nicht wußten, ob er innere Verletzungen hatte, und konnten ihm auch kein Morphium geben, weil sein Gehirn bestimmt auch verletzt war.

Inzwischen kamen, angezogen vom Scheinwerferlicht, die Männer des Nomadenstammes angelaufen, gefolgt von den Kindern und schließlich den Frauen, unter denen sich auch die Frau des Mannes befand, ein zerzaustes, schwarzhaariges Geschöpf von etwa dreißig Jahren, das sich in den Staub warf, daß ihr Goldschmuck klingelte, und ein großes Wehgeschrei anstimmte. Die anderen standen im Halbkreis im Scheinwerferlicht und starrten uns schweigend an.

In diesem Moment kam ein besetzter Militärjeep. Einer der Insassen war ein Arzt, der Englisch sprach. Es war fast ein Wunder.

Der Arzt hob den Verband an und zuckte zusammen. Dann sah er die große blaue Schwellung, die immer größer wurde.

»Sie müssen ihn ins Lager bringen.« (Sieben Kilometer hinter uns an der Straße war ein Militärcamp.)

»Aber vielleicht stirbt er, wenn man ihn transportiert.«

»Er wird in jedem Fall sterben. Hier« – er zeigte auf die Schwellung – »Hämorrhagie! Er lebt vielleicht bis morgen. Er ist ein kräftiger Mann, aber er hat keine Chance.«

»Begleiten Sie uns?«

»Ich muß nach...« (Er nannte einen Ort, von dem wir noch nie gehört hatten.) »Sie müssen ihn selbst transportieren.«

Wir erklärten ihm, daß wir nach Persien wollten. Noch immer war uns nicht klar, in welcher Lage wir uns befanden. Dann kam es, wie ein Donnerschlag.

»Sie können nicht jemanden töten und einfach weiterfahren. Es wird eine Untersuchung geben.«

»Aber wir haben ihn nicht getötet. Wir haben ihn so gefunden. Schauen Sie, hier!« Wir zeigten ihm die Bremsspuren. Sie endeten gut zwei Meter vor dem Verletzten.

»Sie müssen sehr schnell gefahren sein.« Er zeigte auf den zerbeulten rechten Kotflügel, der nach Hughs

Begegnung mit einem Londoner Taxi geblieben war. »Aber keine Angst, *er* ist bloß ein Nomade. Meine Sympathie gilt *Ihnen*.«

Seine Leute halfen uns, den Verletzten auf den Rücksitz zu hieven. Nachdem er losgefahren war, fiel uns ein, daß wir nicht einmal seinen Namen wußten.

Im Camp, ein paar Baracken am Fuß des Berges, gab es keinen Arzt. Und niemanden, der Persisch, Französisch oder Deutsch verstand – alle sprachen nur Türkisch.

»Bayazid, Bayazid!« riefen sie und winkten uns weiter. Mit dem Stöhnen des Mannes in den Ohren und den herzzerreißenden Schluchzern seiner Frau, die hinten saß und ihn tröstete, fuhren wir die zwanzig Kilometer in die Stadt.

Die ganze Nacht saßen wir im Flur eines Militärkrankenhauses unter einer nackten Birne, rauchten Zigaretten, dösten vor uns hin, gingen in das Zimmer, in dem der Mann auf einem Feldbett lag, lauschten seinem Atem, der immer lauter ging. Er starb einen grauenhaften Tod am nächsten Morgen, als es hell wurde, umringt von Richtern und Staatsanwälten und Dolmetschern, die ihn anbrüllten, um herauszufinden, wie er überfahren worden sei, und anderen Amtspersonen, die die Familienangehörigen aus dem Zimmer drängten.

Anschließend begann der alptraumhafte Tag. In einem Fahrzeugkonvoi kehrten wir zum Unfallort zurück. In unserem Wagen saßen der Richter, der feindselig wirkte, ein junger Staatsanwalt, der unfeindselig wirkte, ein hochgewachsener Oberst mit lädierter Nase, der knallhart aussah, ein Hauptmann, der desinteressiert war, weder freundlich noch unfreundlich – einfach nichts, außerdem ein Dolmetscher, der so aussah, als hätte man ihn gerade aus einem Bordell geholt, und miserabelstes levantinisches Französisch der bombastischen Sorte sprach, einige wirklich übelriechende Polizisten sowie zwei, drei Soldaten. Der Staatsanwalt sprach ein paar Worte Französisch, wenn auch sehr mühsam, der Hauptmann nicht mehr als ein paar Brocken Englisch, aber er war zu nichts zu gebrauchen, und alle anderen, vom Dolmetscher abgesehen, nur ihre Muttersprache. Paradoxerweise war es der Staatsanwalt, der uns am ehesten Hoffnung machte. Am schlimmsten war der Dolmetscher, der es anscheinend darauf angelegt hatte, uns zu ruinieren.

»*Vous êtes Carless?*« fragte er hämisch, als ich in das Auto stieg, um zum Unfallort zu fahren. Da alle ranghöheren Leute in unserem Wagen saßen, der zu diesem Zweck leergeräumt worden war, schien es mir nicht ratsam, daß Hugh fuhr.

»*Non, M'sieur.*«
»*Il faut que Monsieur Carless conduit l'automobile.*«
»*Pourquoi?*«
»*Monsieur le Juge l'a dit.*«

Während der Fahrt ließen sie Hugh nicht aus den Augen. Es sah ziemlich schlecht für ihn aus. Auf der Schotterstraße zeichnete sich die lange, geschwungene Bremsspur ab, die praktisch dort aufhörte, wo der Mann gelegen hatte. Das kleine Stückchen dazwischen war von zahllosen Fußabdrücken aufgescharrt, aber wenn wir den alten Mann erwischt hätten, wäre er durch die Wucht des Aufpralls fast genau dort gelandet, wo wir ihn gefunden hatten.

Die Vernehmung zog sich durch die glühende Mittagshitze bis in den Abend hin. Etliche Male mußten wir den Unfall nachstellen, die Straße wurde abgemessen, die Nomadenkinder mußten Steine zum Markieren der wichtigsten Punkte herbeibringen, Skizzen wurden angefertigt, Aussagen zu Protokoll genommen. Wir konnten immer nur wiederholen, daß wir den Mann gefunden hätten und daß es keine anderen Zeugen gebe – die Nomaden seien mindestens anderthalb Kilometer entfernt gewesen. Es sei nicht unsere Schuld, sagten wir, man müsse uns glauben! Doch die Männer des Stammes schworen Meineide, beschrieben den Vorfall, schenkten dem Richter Blumen, während der Dolmetscher – der unsere Antipathie spürte, die zu verbergen wir uns eifrig bemühten – um so eifriger bestrebt war, uns zu schaden, indem er unsere Aussagen verfälschte. Und zu allem Überfluß wurde behauptet, daß unser Auto das einzige gewesen sei, das am Abend des Unfalls in Richtung türkische Zollstation unterwegs gewesen sei.

Hugh saß in der Klemme. Die einzige Hoffnung schien der Staatsanwalt zu sein, der die Züchtigung mehrerer Nomaden angeordnet hatte. »Sie lügen«, sagte er und sah einem Polizisten zu, der die Männer in der sengenden Hitze schlug. »Mich interessiert nur die Wahrheit. Und ich werde sie herausfinden.« Ein bemerkenswerter Mann. Doch als wir allein waren, drängten wir Hugh, nach Ankara zu telegrafieren. Er ließ sich nicht bewegen.

»Ich werde das allein durchstehen«, sagte er. »Sollte es zu einem Prozeß kommen, wird es jedenfalls einen Riesenskandal geben. Ganz gleich, ob ich verurteilt oder freigesprochen werde, irgend jemand wird die Sache schon publik machen. Ich muß ihnen nur klarmachen, daß ich es nicht war, und zwar jetzt, bevor Anklage erhoben wird. Außerdem, was wird mein Chef denken, wenn ich mit so einem Verdacht in Persien eintreffe?«

Erschöpft fuhren wir in die Stadt zurück. Unterwegs hatte einer der Polizeijeeps eine Panne. Der Richter befahl uns, weiterzufahren. Niemand hatte Mitleid, sie waren eine gefühllose Bande. Während die Polizisten uns in der Dunkelheit verzweifelt hinterher hupten, feixten die Soldaten.

Doch es gab genügend andere Polizisten. In Bayazid kamen sechs, sieben Mann aus der Wache gestürmt und umringten uns.

»Mein Gott, sie werden mich über Nacht einsperren.« Den ganzen Tag war Hugh bemerkenswert ruhig gewesen, jetzt ließ er zum erstenmal Anzeichen von Nervosität erkennen.

»*Malheureusement*«, sagte der Dolmetscher zu Wanda und mir und entblößte dabei ungesunde gelbe Zähne, »*Monsieur Carless doit rester ici, mais vous, vous êtes libres.*«

»Ich brauche keinen Polizisten«, rief Hugh. Ich hatte ihn noch nie so erregt gesehen. »Sie haben mein Wort. Ich werde nicht weglaufen.«

»Sie sind noch nicht verhaftet. Es ist nur zu Ihrem Schutz. Die Leute sind möglicherweise wütend.«

Während ein Polizist draußen vor dem Lokal die Passanten weiterscheuchte, aßen wir Reis und Kebab und sonderbare Gemüse und tranken eine ganze Flasche Raki. Wir waren völlig verhungert, da wir seit dem vorangegangenen Abend nichts mehr gegessen hatten.

Am Nachbartisch saß ein Arzt in Felduniform. Er war Armenier, sprachbegabt wie alle seine Landsleute. »Ich bin Niki«, sagte er. Nach dem Essen saßen wir mit ihm auf dem Dach unter einem rostfarbenen Mond. »Dies ist eine frauenlose Stadt«, sagte er und zeigte auf die Soldaten, die sich unten auf der Straße drängten. »Sehen Sie, Tausende. Sie werden alle noch verrückt, weil es hier nichts für sie gibt – genausowenig wie für mich«, fügte er nüchtern hinzu.

»Ist das Ihr Land?«

»Das war es einmal. Armenien gibt es nicht mehr. Die Geschäfte hier« – er zeigte auf die verrammelten und versperrten Läden – »alles armenisch – tot, tot, alles tot.« Und dann wandte er sich an Hugh: »Morgen wird entschieden, ob man Ihnen den Prozeß macht oder nicht. Wenn Sie mich brauchen, komme ich. Es wäre besser, Sie werden nicht angeklagt. Es soll hier einen Deutschen geben, einen Fernfahrer aus Teheran, der einem Kind den Fuß abgefahren hat. Seit drei Monaten wartet er auf seinen Prozeß. Man hat ihm die Hose weggenommen, damit er nicht weglaufen kann.«

Am nächsten Morgen machten wir besonders sorgfältig Toilette. Die hygienischen Einrichtungen unserer Herberge waren derart ekelhaft, daß Hugh und ich einen Blechkanister mit Wasser füllten und uns auf dem Dach rasierten, während die Leute zusammenströmten und gafften. Wanda, der ein öffentlicher Auftritt versagt war, mußte auf dem Zimmer bleiben. Zu guter Letzt machte sich ein Schuhputzer über unsere Schuhe her, ohne dafür Geld zu nehmen. Ich war beeindruckt, Hugh weniger.

»Im Old Bailey muß man doch auch nichts bezahlen.« Nichts konnte ihn aus seiner düsteren Stimmung reißen.

Um neun Uhr erschienen wir in unseren besten Sachen vor dem Gerichtsgebäude und reihten uns schweißgebadet in die Schar der anderen Delinquenten ein.

Nach kurzem Wartem wurden wir aufgerufen. Der Raum war schlicht, weiß getüncht, ein halbes Dutzend Stühle und ein Tisch für den Staatsanwalt. Auf dem Tisch stand ein Telefon, das wir sehnsüchtig betrachteten. Hinter dem Staatsanwalt lauerte sein böser Geist, der Dolmetscher.

Der Staatsanwalt begann zu sprechen. Es war klar, daß er eine Entscheidung getroffen hatte, so oder so. Er sei, sagte er, nur an Recht und Gesetz interessiert und daß er dem Gesetz Geltung verschaffen werde. Es sei bedauerlich für Monsieur Carless, daß er kein diplomatisches Visum für die Türkei besitze, denn in dem Fall könne man ihn nicht festhalten. Wir wußten nun, daß Hugh tatsächlich mit dem Schlimmsten rechnen mußte. Da Monsieur Carless' Visum nur für den Iran gelte, fuhr der Staatsanwalt fort, schlage er vor, die Verhandlung für eine Woche zu unterbrechen, damit er sich mit den Behörden in Ankara in Verbindung setzen könne.

»Malheureusement, c'est pas possible pour Monsieur Carless«, sagte der Dolmetscher genüßlich, *»mais vous êtes libres d'aller en Iran.«*

Zwei Stunden lang wurde gekämpft. Als Hugh erlahmte, schaltete ich mich ein, und schließlich übernahm Wanda. Argumente flogen wie Tennisbälle durch den Raum, es ging um diplomatische Immunität, um Kinder in Europa, die sich nach ihrer Mutter verzehrten, um verpaßte Schiffe und Flugzeuge, um das Scheitern von Expeditionen, um fehlende Zeugen.

»Gestern wurden mehrere falsche Zeugen mit Stockhieben verwarnt, ihre Aussagen sind nicht zulässig«, sagte der Staatsanwalt zwar, doch er schien distanziert, unbeeindruckt.

»Malheureusement, vous devez rester ici sept jours pour qu'arrive une réponse à notre télégramme«, sagte der Dolmetscher in seinem grauenhaften Französisch.

»Monsieur le Procureur a envoyé un télégramme?«

»Pas encore«, erwiderte der Dolmetscher und grinste dabei triumphierend. Ich hatte ihn noch nie so zufrieden gesehen.

Wir beschworen Hugh, nach Ankara zu telegrafieren. Er lenkte nicht ein, erklärte sich aber bereit, den armenischen Arzt rufen zu lassen. Es war nicht leicht, in einer Garnisonsstadt einen namenlosen armenischen Militärarzt aufzutreiben, doch nach einer Stunde kam er in einem Jeep an, rund und dick, aber für uns ein kampfbereiter Ritter. Der Dolmetscher wurde hinausgeschickt, und Niki begann, Satz für Satz zu dolmetschen, vom Englischen ins Türkische, vom Türkischen ins Englische. Hugh sprach von der NATO, was leises

Interesse erregte, vom gemeinsamen Engagement der beiden Länder in Korea, von den großen Leistungen der Türken, vom politischen Kapital, das die Russen aus der Affäre schlagen würden, sobald die Sache bekannt würde, und daß so etwas in England nie passieren würde. Schließlich erklärte er, daß er ein Telegramm schicken wolle. Wir wußten, wie schwer ihm diese Entscheidung gefallen sein mußte.

»Das ist sehr, sehr schwierig. Es gibt keine direkte Verbindung. Das Telegramm geht zuerst nach Erzerum.«

»Dann schicken Sie es eben nach Erzerum.«

»Das dauert drei Tage. Wollen Sie noch immer?«

»Ja.«

Hugh schrieb den Text. Auf dem Papier sah es furchtbar aus. Mir wurde klar, warum er so lange gezögert hatte.

»festgehalten bayazid en route teheran stop erwarte anklage wegen toetung zivilperson bei verkehrsunfall stop diplomatisches visum nur gueltig iran.«

Niki übersetzte ins Türkische, Der Staatsanwalt ging mit dem Papier hinaus. Bald kam er in Begleitung eines schnauzbärtigen Beamten in Hemdsärmeln zurück. Mehr als zehn Minuten diktierte er äußerst flüssig. Es wurde ein langes Schriftstück. Dann übersetzte Niki. Es war eine ausführliche Schilderung des Zwischenfalls. Hugh wurde als völlig unschuldig bezeichnet.

Ein letzter Stempel wurde auf das Papier geknallt, der Staatsanwalt klatschte in die Hände, man brachte Kaffee. Alles passierte so schnell, daß man kaum glauben konnte, daß es schon vorbei war.

»Aber wieso dieser plötzliche Sinneswandel?« Es war eine unglaubliche Kehrtwendung.

»Der Staatsanwalt läßt Ihnen mitteilen«, sagte Niki, »daß er beschlossen hat, die Sache nicht weiter zu verfolgen, weil Monsieur Carless sich in dieser Angelegenheit wie ein Gentleman verhalten hat, weil Sie sich alle« – er verneigte sich vor Wanda – »wie Gentlemen verhalten haben.«

VI

WILDE FAHRT

In Teheran trennte sich Wanda von uns und flog nach Europa zurück.

Am 30. Juni, elf Tage nach Istanbul, erreichten Hugh und ich Meschhed, die Hauptstadt der Provinz Chorasan im Nordosten Persiens. In der einsetzenden Dämmerung fuhren wir zum britischen Generalkonsulat, das seit Mossadeghs Staatsstreich und dem Abbruch der diplomatischen Beziehungen im Jahr 1953 geschlossen war.

Nach längerem Warten am Gartentor wurden wir schließlich von einem alten, graubärtigen Sepoy der Hazara-Pioniere eingelassen. Er hatte ein mongolisch geschnittenes Gesicht und trug eine saubere Uniform mit polierten Knöpfen. Hier wurden wir vom Hausmeister, einem Hindu, freundlich aufgenommmen.

Dieser Ort war eine Traumwelt hinter hohen Mauern, wie eine Villa im tiefen Süden der Vereinigten Staaten. Überall streckte üppige Vegetation lange grüne Arme aus, um zu zerstören, was ein halbes Jahrhundert Sorgfalt errichtet hatte. Die großen, massiv gemauerten

Bungalows verfielen, die Fliegengitter vor den Fenstern waren kaputt, und in den Badewannen stand seit Jahren das Wasser. In den Salons waren russische Öfen, die bis an die Decke reichten, schwarz und gußeisern wie eingemauerte Kanonenrohre, und zwei Räume auf einmal heizten. Ihr Betrieb mußte ganze Wälder verschlungen haben.

Das Konsulatsgebäude, aufgegeben und vergessen, lag im Schatten mächtiger Bäume, die vielleicht vor hundert Jahren gepflanzt worden und nun zu größter Pracht herangewachsen waren. Korinthische Säulen trugen einen baufälligen Balkon. Hinter den vergitterten Fenstern der Kanzlei standen die schweren grünen Tresore. Ich fragte Hugh, wie man sie wohl hierher transportiert hatte.

»Damals ging alles.«

»Aber sie wiegen bestimmt Tonnen, und es gibt hier keine Bahnverbindung.«

»Falls Curzon etwas damit zu tun hatte, wurden sie wahrscheinlich aus Indien hergeschleppt.«

In einem Zimmer hing eine mit vielen Buntstiftmarkierungen versehene Landkarte von Zentralasien. An einer Stelle etwa, tief auf russischem Territorium, irgendwo in der Karakum-Wüste, stand an einem sich windenden Fluß: »Captain X, Juli 84« und dahinter ein mysteriöses Fragezeichen.

»Das große Spiel«, sagte Hugh. Es war ein trauriger Moment für ihn, der fast ein Jahrhundert zu spät geboren worden war, um an dem Kampf teilnehmen zu können, der zwischen den beiden Großmächten im Niemandsland zwischen dem asiatischen Rußland und

Britisch-Indien stattgefunden hatte. – Im Konsulat war jeder davon überzeugt, daß die Briten zurückkehren würden. Als wir am nächsten Morgen dem alten Mann aus Chorasan begegneten, der in der Guides Cavalry, dem Jüngeren, der in einem Punjabi-Regiment gedient hatte, und dem uralten Mann, der für den Hausmeister kochte, stimmten mich ihre Fragen nach meiner Gesundheit und meinem Regiment traurig. Für sie schien die Indische Kolonialarmee, wie sie sie kannten, noch immer zu existieren.

»*Apka misaj kaisa hè, Sahib?*«
»*Bilkul tik hè.*«
»*Apka paltan kya hè?*«

Ich hatte sechzehn Jahre zuvor ziemlich schnell Urdu gelernt. Jetzt kam alles sehr schnell wieder, aber genauso schnell waren meine Kenntnisse erschöpft. Bald wußte ich nicht mehr weiter und konnte immer nur ja, ja sagen, »*haan, haan.*«

»Himmel, sag doch nicht immer *haan, haan*. Sie glauben bestimmt, daß du nicht ganz dicht bist.«

»Ich habe alles gesagt, woran ich mich erinnern kann. Was soll ich denn sagen, hm? Daß wir nie mehr zurückkehren?«

Bei all den vielen Sehenswürdigkeiten von Meschhed, die wir besichtigten, wurde es spät, als wir endlich aufbrachen. In Staubwolken und Dunkelheit gehüllt, schon weit hinter den Vororten, begann plötzlich der Anlasser zu qualmen. Unter dem Auto liegend, umgeben von Ameisen und jungen Skorpionen, und angesichts der vorbeidonnernden amerikanischen Lastwagen um unsere Füße fürchtend, entwickelte sich jene

Kameradschaft zwischen uns, wie sie nur in Krisensituationen entsteht.

Der Anlasser wurde von zwei unerreichbaren Schrauben gehalten, die ein Riese angezogen haben mußte. Es war ein Muster britischer Wertarbeit. Während die Ameisen über mich hinwegmarschierten, hielt ich eine tropfende Kerze, indes Hugh mit dem winzigen Schraubenzieher hantierte, der zum mitgelieferten »Reparaturzeug« gehörte.

»Was steht im Handbuch?«

In dieser Lage, mit der Nase auf der Erde, fiel mir das Lesen nicht ganz leicht.

»Der Anlasser ist werkseitig geschmiert und muß nicht gewartet werden.«

»Das ist der Abschnitt Wartung, aber wie kriegt man das Dings runter?«

Es war, als wollte man in einer vollbesetzten U-Bahn Zeitung lesen.

Ich stieß die Kerze um, so daß es einen Moment völlig dunkel war.

»Hier steht: Schrauben lösen und abziehen.«

»Wer das geschrieben hat, hat sich einen Platz in der Hölle verdient.«

»Vielleicht muß man zuerst den Motor ausbauen.«

Unverrichteterdinge kehrten wir nach Meschhed zurück, fuhren in die Shari Tehran, das Viertel der Automechaniker, und hämmerten an das Tor einer ehemaligen Karawanserei, bis der Nachtwächter mit Stab und Laterne kam und uns öffnete.

In dem großen Innenhof, umgeben von kaputten Droschken und den Skeletten deutscher Omnibusse, rollten wir auf dem ölverschmierten Boden neben unserem Auto die Schlafsäcke aus. Zum ersten Mal seit Istanbul würde sich nun Hughs Traum von einer »Nacht unter dem Sternenhimmel« erfüllen.

Am nächsten Morgen wurde im hinteren Teil des Hofes die Arbeit aufgenommen. Es war die Sorte Werkstatt, in der Motoren auseinandergenommen und nie wieder zusammengebaut werden. Die Wände waren bedeckt mit den Trophäen des Mißerfolgs, die mir, zusammen mit den riesigen, leblosen Skeletten im Hof, die gleichen eigentümlichen Gefühle von Faszination und Horror vermittelten, die ich heute noch bei den prähistorischen Monstern im Natural History Museum empfinde.

Chef Abdul, ein Teufelskerl, entwickelte eine leidenschaftliche Zuneigung zu Hugh. Wir saßen in einem der Busgerippe und tranken Kaffee, während sich sein Gehilfe, ein zehnjähriger Knirps, mit einem Schraubenschlüssel, der so groß war wie er selbst, über den Anlasser hermachte und ihn mit beschämender Mühelosigkeit abmontierte.

»O Caharless, Seele deines Vaters, du hast dein Auto mißhandelt«, rief er und schlug Hugh, der gerade von seinem Kaffee trank, freundschaftlich auf den Rücken.

»Urrggh!«

»Was sagst du, Caharless?«

Hugh wischte sich starken, schwarzen Kaffee von seiner letzten sauberen Hose.

»Ich sage nichts.«

»Und was soll ich sagen?«

»Woher soll ich das wissen.«

»Du zürnst mir. Komm, wir gehen in meine Werkstatt, dann mache ich dich glücklich.«

Er führte uns in die Werkstatt und verschwand. Bald darauf kehrte er mit einem kleinen, blinden Jungen zurück, der hübsch, aber irgendwie auch verdorben aussah. Abdul warf seinen Schraubenschlüssel auf die Erde und begann, an dem Knaben herumzufummeln.

»Caharless!« brüllte er und machte Hugh ein Zeichen.

»Nein!«

Nun drängte Abdul den Jungen in einen Wandschrank und schloß die Tür. Es folgten häßliche erstickte Geräusche, so daß wir fluchtartig die Werkstatt verließen.

Als wir später zurückkehrten, wurde Hugh mit großem Hallo begrüßt.

»Caharless, da bist du ja! Ich dachte, du bist für immer weg.«

»Mein Auto steht noch hier.«

Zu mir war er weniger demonstrativ, aber auch weniger höflich. Er riß mir die Pfeife aus dem Mund, klemmte sie sich zwischen seine scheußlichen Zähne und machte auf Engländer.

»Caharless, wenn du mich nach Englestan mitnimmst, werde ich Pfeife rauchen.«

Den ganzen Nachmittag arbeitete er wie besessen mit seinem zwergwüchsigen Gehilfen und beschwor Hugh alle paar Minuten, ihn nach England mitzunehmen. Nach zwei Stunden war die Reparatur fertig. Nun wollte er uns demonstrieren, wie er in vierzehn Stunden nach Teheran gefahren war, eine Strecke, für die wir zwei Tage und fast eine ganze Nacht gebraucht hatten. Wie ein Wahnsinniger brauste er durch die Straßen, daß die Reifen quietschten. Wir wollten einfach nur bezahlen und weiterfahren. Einem so schrecklichen Menschen, einem so selbstbewußten, siegessicheren Draufgänger wie Abdul waren wir noch nie begegnet.

»Was kostet es?«

»Caharless, o mein Herz, Caharless, o meine Seele, wirst du mich nach Englestan mitnehmen?«

»Ja, natürlich.«

»Wir werden zusammen fahren?«

Was für ein Paar würden die beiden auf der Regent Street abgeben!

»Ja, natürlich, Mistkerl (Letzteres auf Englisch). Sag schon, wieviel?«

Abdul überfuhr beinahe eine tief verschleierte ältere Frau, die einer Droschke entstieg, und hielt mit quietschenden Reifen vor einer Spelunke, in der zwielichtige Gestalten saßen, die alle aussahen, als hätten sie die Pocken.

»Caharless, ich bin dein Knecht. Ich fahre dich nach Teheran.«

»Gelobt sei Gott für deine Freundlichkeit (der Teufel soll dich holen). Die Rechnung!«

»Caharless, Seele deines Vaters, ich werde dir Wasser bringen. He, Mohammed Gholi! Bring Wasser für Caharless, meine Seele, meine Liebe. Er hat Durst.«

Er brüllte den Banditen etwas zu, woraufhin sie einen großen *chatti* (Wasserkrug) herausbrachten und ihn über Carless auskippten.

»Danke, das reicht.«

»Caharless, ich liebe dich wie meinen Sohn.«
»Die Rechnung ist hoch.«
Die Rechnung war hoch, aber vermutlich korrekt.

Kurz hinter Meschhed hielten wir in einem trostlosen Kaff vor der Polizeiwache, um uns nach dem Weg zur afghanischen Grenze zu erkundigen. Mir machten inzwischen die Darmprobleme zu schaffen, die unser Unternehmen bedrohten, ich war nur noch der Schatten jenes Mannes, der knapp einen Monat zuvor die Spiral Stairs von Dinas Cromlech hinaufgeklettert war. Hugh schien eine robustere Natur zu sein. Während er in der Polizeiwache war, saß ich im Auto und mampfte trübsinnig Sulfonamidtabletten und dachte an das infizierte Eis, das er in Qazvin, einer Stadt an der Straße Täbris–Teheran, unbedingt hatte kaufen müssen.

»Wir müssen unsere Körper daran gewöhnen«, hatte er gesagt und sich das Eis mit Wanda geteilt, die sich an überhaupt nichts gewöhnen mußte, denn ihre Rückkehr nach Italien stand ja unmittelbar bevor.

Die Bazillen waren dermaßen virulent gewesen, daß es Wanda quasi im nächsten Moment erwischte. Drei Tage hatte sie in Teheran mit hohem Fieber das Bett hüten müssen, ehe sie am Arm eines unwilligen Botschaftskuriers zum Flugzeug stolpern konnte. Ich selbst hatte das Eis dankend abgelehnt. Hugh hatte es gegessen und überlebt. Das war ungerecht. Ich haßte ihn. Jetzt überlegte ich, ob meine Frau vielleicht tot war und wer sich um meine Kinder kümmern würde.

Mich hatte es sehr viel später erwischt. In der fruchtbaren Ebene zwischen Nishapur und Meschhed hatten wir an einem *qanat* angehalten, um Wasser zu trinken. Der *qanat*, eine unterirdische Leitung, kam hier, in einem baumbestandenen Garten, an die Oberfläche. Es war ein zauberhaftes Fleckchen Erde, kühl und grün inmitten sonnenverbrannter Felder.

»Ist bestimmt gut«, sagte Hugh beim Anblick des kristallklaren Wassers. »*Qanat*-Wasser, kommt aus den Bergen.«

Es war köstlich. Nachdem wir ein paar Liter Wasser getrunken hatten, stellten wir fest, daß das Wasser nicht aus dem unterirdischen *qanat* kam, sondern aus einer oberirdischen Wasserleitung, die zu einem verwahrlost wirkenden Dorf in der Nähe führte.

»Ich verstehe nicht, warum du dich so aufregst«, hatte Hugh gesagt. »Mir macht es nichts aus.«

Und während ich nun draußen vor der Polizeiwache wartete und über diese mißlichen Dinge nachdachte, erhob sich auf der anderen Straßenseite Geschrei und Wehklagen, das sich dermaßen steigerte, daß ich schließlich neugierig wurde und hinüberging.

Um einen Brunnen oder Schacht, in dem das allerabscheulichste Wasser stand, hatten sich mehrere Gendarmen in ihren häßlichen hellblauen Uniformen versammelt und einige vollkommen hysterische Frauen, von denen eine lauter brüllte als die andere.

»Was ist los?«

»*Baba*«, sagte einer der Polizisten. Er zeigte auf die trübe Suppe, deutete mit den Händen die Größe eines kleinen Babys an und brach in Schluchzer aus. Vermutlich war er der Vater. Ich wartete einen Moment, aber niemand schien etwas unternehmen zu wollen.

Das war die Situation, die ich mein Leben lang erfolgreich vermieden hatte – den Kameraden retten, der unter feindlichem Beschuß liegt, den Mann, der sich von der Hammersmith Bridge stürzen will, das Handgemenge mit dem Verrückten mit dem Rasiermesser.

Geradezu krank vor Angst, tauchte ich den Kopf in die Brühe. Das Wasser war nur anderthalb Meter tief und warm, aber unvorstellbar, eine wahrhaft orientalische Kloake. Das erste, was ich zu fassen bekam, war etwas Kaltes und Festes, es war ein amerikanischer Blechkanister. Beim zweitenmal fand ich nichts. Spuckend und prustend und dem Erbrechen nahe tauchte ich wieder auf und sah in dem Moment, wie die Mutter einen fröhlichen fünfjährigen Knirps schlug, der die ganze Szene von seinem Versteck im nächsten Haus beobachtet hatte. Die Menge zerstreute sich bereits; der Polizist bot mir in der Wache Tee an, und ich konnte mich auch umziehen, aber der Geschmack im Mund und der Geruch blieben.

Fünf Kilometer hinter der Polizeiwache bogen wir nach links zur afghanischen Grenze ab. Die Straße führte durch ein ausgetrocknetes, steiniges Flußbett und vorbei an einem großen, fortähnlichen Gebäude auf einem flachen Hügel. Nach meiner sinnlosen Tauchaktion fror ich nun und klapperte mit den Zähnen. Es schien ein guter Grund zu sein, anzuhalten und sich ein wenig umzusehen. Nur ein Vorwand wie dieser konnte unsere verrückte Raserei unterbrechen, denn wer von uns beiden auch am Steuer saß, wir waren wie besessen von einem Dämon, der uns verbot, haltzumachen. Wie zwei Gefangene saßen wir in unserem Auto. Wir konnten die Landschaft sehen, sie aber nicht wirklich in uns aufnehmen, und das einzige, was wir rochen, waren die Abgase und Benzindämpfe im Innern des Wagens, sofern wir nicht gerade die Köpfe zum Fenster hinaushielten (was riskant war, wenn wir beide das gleichzeitig taten). Orte, bei denen wir länger verweilt hätten, wenn jeder für sich allein gewesen wäre, waren im Nu und unwiederbringlich verschwunden. Wenn es eine Möglichkeit gibt, weniger von einem Land mitzubekommen als in einem Auto, dann muß ich sie noch kennenlernen.

Das fortähnliche Gebäude war eine Karawanserei, verlassen und verfallen, aus dünnen flachen Backsteinen gebaut, die Mauern gut sechs Meter hoch, an der Vorderfront, rechts und links neben dem Tor, blinde Spitzbögen, an jeder Ecke ein glatter runder Verteidigungsturm, dessen oberer Rand bröckelte.

Dieser Ort, einsam in weiter Ödnis, hatte etwas Unheimliches. Der Wind pfiff durch die Scharten und Pechnasen, die das hohe Tor flankierten. Im Innern ein Labyrinth aus dunklen, hallenden Tunnels und Arkaden, die um einen freien Hof liefen, mit den gleichen Spitzbögen wie an der Außenmauer, doch hier führten sie in kleine Zellen, in denen die besseren Reisenden untergebracht worden waren. Im Bedarfsfall dürften hier tausend Mann mit ihren Pferden Unterschlupf gefunden haben.

Das Dach war mit Gras und wilder Erbse überwuchert, so daß die offenen Kaminlöcher, gefährlich wie Verliese, nicht zu sehen waren. Von der Brustwehr bot sich ein trostloser Blick.

Die Luft war stauberfüllt, und bei Sonnenuntergang war alles in ein blendendes Safrangelb getaucht. Nirgendwo ein Haus oder Dorf, nur ein weißgetünchter Grabstein auf einem Hügel, und in der Ferne suchten Männer mit Eseln einen Weg durch den grauen Kies des Flußbettes. Ob richtig oder falsch – hier fing für mich Zentralasien an.

Wir fuhren weiter und weiter, und ich fühlte mich immer elender. Schließlich erreichten wir Fariman. Ein orkanartiger Wind tobte durch den Ort und riß die Straßendecke auf. Bis auf zwei händchenhaltende Polizisten und einen lahmen Köter lag der Ort verlassen da. Zwischen zwei Übelkeitsschüben registrierte ich, daß Hugh vor einer Art Kaffeehaus gehalten hatte.

»Ich finde, wir sollten hier etwas essen.« In meinem geschwächten Zustand erschien er mir als ein einziges Energiebündel.

»Ich kann nicht mehr.«

»Du bist komisch. Dauernd redest du vom Essen, und jetzt willst du nicht.«

»Du vergißt, daß ich schon gegessen habe.«

Hugh verschwand kurz, dann sah ich ihn winkend in der Tür stehen. Mit allerletzter Kraft stolperte ich hinein. Es war ein langgestreckter Raum, hell, bis auf den Besitzer völlig leer. Der Mann hatte einen ungepflegten, grauen Haarkranz und trug ein wallendes Prophetengewand. Er selbst und sein Etablissement verströmten einen widerlichen Fettgeruch.

»*Ovis aries,* Fettschwanzschaf, sie speichern das Fett für den Winter im Schwanz.«

»Ich habe noch nie solche Schafe gerochen, tot oder lebendig.«

»Sie geben hervorragendes Fleisch«, sagte Hugh, bestellte aber dennoch Eier.

Ich nahm *mast,* eine Joghurtspeise, normalerweise ungefährlich, für den empfindlichsten Magen geeignet. Was ich bekam, war trocken und grau wie alter Kitt und stank.

Während ich mich draußen auf der Straße übergab, kam ein Mann herbei und gaffte. »*Schekam-dard* (Bauchschmerzen)«, sagte ich, zeigte, auf Mitgefühl hoffend, auf meinen Bauch und wandte mich dann wieder meiner Arbeit zu. Als ich das nächstemal in seine Richtung blickte, hatte er die Hose heruntergelassen und schnitt Grimassen. Mein neuerliches Interesse führte dazu, daß er sich völlig entkleidete, bis ein Angehöriger kam und ihn wegführte.

In dieser Nacht rollten wir unsere Schlafsäcke in einem ausgetrockneten Flußbett aus, das vor dem heulenden Wind Schutz bot, doch am nächsten Morgen fanden wir uns unter zwei Sandhügeln begraben wie zwei tote Goldsucher. Immerhin ging es mir besser: sechzehn Sulfonamidtabletten in sechzehn Stunden hatten gewirkt.

Sandverklebt fuhren wir zur Grenzstadt Tayabad. Es war erst acht Uhr morgens, aber die Hauptstraße glühte schon wie ein Backofen. Der Militärkommandant, ein sympathischer Oberst, bot uns in seinem Büro Scherbett an. Es war köstlich und schmeckte nach Honig. Hugh sprach mit ihm über den Opiumschmuggel. »Es ist wirklich schlimm«, sagte der Oberst. »Hier wird natürlich alles überwacht, aber in den entlegeneren Gebieten kann man den Schmuggel kaum verhindern.« (Die Beamten in der Zollstation waren schon jetzt in dicke Rauchschwaden gehüllt.) »Sie wollen nach Kabul. An welche Strecke hatten Sie denn gedacht?« Wir fragten ihn, welche seiner Ansicht nach die beste sei.

»Die nördliche Route ist sehr lang, die mittlere durch das Gebiet der Hazara ist sehr schwierig, die Straße über Kandahar sehr heiß. Wir warten noch immer auf den jungen Amerikaner, Winant. Er wollte die nördliche Route nehmen und im Mai wieder hier sein.«

»Aber heute ist schon der zweite Juli.«

»Eine schwedische Krankenschwester wollte ihn begleiten. Und er ist sehr religiös. Das ist eine gefährliche Kombination, ein schwerer Fehler. Wir werden ihn wohl nicht wiedersehen. Afghanistan ist in vielerlei Hinsicht ein unwirtliches Land. Wenn Sie nicht unbedingt fahren müssen, würde ich Ihnen empfehlen, im Iran zu bleiben. Es wäre mir eine Freude, Sie hier unterzubringen, Sie können so lange bleiben, wie Sie wollen. Für mich ist es hier sehr einsam.«

Wir berichteten ihm von unseren Plänen.

»Sie sind nicht bewaffnet? Sie haben ganz recht, das wäre nicht ratsam. Viele Reisende, vor allem Europäer, führen Waffen mit. Das erregt nur die Begehrlichkeit der Leute. Ich würde über Kandahar fahren. Ihre Sichtvermerke sind für Kandahar gültig, und das ist ohnehin die einzige Route, die man Ihnen gestatten wird. Das heißt, wenn es an der Grenze jemanden gibt, der lesen kann«, fügte er boshaft hinzu.

Nur ungern verabschiedeten wir uns von diesem liebenswürdigen Menschen und fuhren weiter, durch eine trostlose Ebene, bis wir zu einer Straßensperre in Form eines Baumstamms kamen, der quer über der Fahrbahn lag. Mitten in diesem Nichts, etwas abseits von der Straße, flatterte ein kleines Zelt traurig im Wind. Nach minutenlangem Hupen erschien ein Sergeant, der unendlich langsam den Baumstamm wegzog, so daß wir weiterfahren konnten, und wortlos in sein flatterndes Zelt zurückkehrte. Was immer sich der Oberst hatte zuschulden kommen lassen, daß er in einem Nest wie Tayabad gelandet war, verblaßte gegenüber den namenlosen Verbrechen, welche dieser Sergeant in seinem einsamen Zelt abbüßte.

Nach zehn Kilometern Niemandsland, vorbei an verfallenen Lehmfestungen und sonst nichts, kamen wir zu einer Ansammlung von Gebäuden, die so verlassen dalagen, daß sie wie ein vorgeschobener Posten aussahen, den man einfach aufgegeben hatte. Diesmal war der Baumstamm über der Straße weiß getüncht. Als Hugh sich anschickte, ihn beiseite zu räumen, ertönten wütende Rufe aus dem größten und baufälligsten Gebäude, und Soldaten in groben Filzuniformen, die aussahen, als seien sie aus alten Decken geschneidert, stürzten herbei und umringten uns. Als wir über das offene Gelände zum Gebäude marschierten, wehte ein Wind so heiß wie ein Haarfön und so stark, daß man sich gegen ihn lehnen konnte.

Im Innern der Zollstation hockten mehrere Pathanen in einem schummerigen Flur und rauchten gemeinsam aus einer undichten Wasserpfeife. Sie hatten semitische, feminine Gesichter, aber es waren wilde, aggressive Burschen in safranfarbenen Hemden und Sandalen, deren Sohlen aus amerikanischen Autoreifen gemacht waren. Ihren Chef, der einen blaugestreiften Pyjama und eine tellerförmige Kopfbedeckung trug, ignorierten sie. Er war es, der unsere Pässe formlos stempelte.

Der Wind rüttelte an der Zollstation und heulte so laut, daß man kaum sein eigenes Wort verstand.

»Ist das hier immer so?« brüllte ich in Hughs Ohr.

»Das ist der Bad-i-Sad-o-Bist, der Wind der hundertzwanzig Tage.«

»Ja«, sagte einer der Pathanen, »er weht hundertzwanzig Tage. Vor zehn Tagen fing es an. Er kommt von Nordwest, aber Gott allein weiß, wo er hingeht.«

Nach dem Halbdunkel im Innern blendete uns das gleißende Licht im Innenhof; überall eine dicke Schicht Staub, alt und bitter schmeckend, als läge er schon seit Ewigkeiten hier.

Wir waren in Afghanistan.

Die Landschaft wurde nun immer wilder, die Straße immer kurvenreicher, im Westen zeichnete sich im Flugsand des Bad-i-Sad-o-Bist vage ein kahler Bergzug ab. Die einzigen Menschen, denen wir begegneten, waren hin und wieder Straßenarbeiter, ausgedörrte, zerlumpte Heroen, die uns um Wasser anflehten. Wir fuhren in einer Staubwolke an ihnen vorbei und zeigten dabei auf den mächtigen Hari-Rud, der sich linkerhand breit durch die Wüste grub, doch sie streckten die Zunge heraus und schwenkten ihre leeren Wasserschläuche und riefen »*namak, namak!*«, bis uns klarwurde, daß der Fluß Salzwasser führte, woraufhin wir beschämt anhielten. Unseren Augen bot sich eine Fata Morgana. Der Fluß schien im Nichts zu versickern, doch dann wuchs er wieder zu einem großen See an, der sich wie Wackelpudding zwischen Himmel und Erde hin und her bewegte.

Bei Tirpul kommt man zu einer alten, sehr schönen Steinbrücke, die sich auf sechs Bögen über den Hari-Rud spannt. Dort, am Ufer, nahmen wir ein Bad, im Wasser schwammen Zweige, scharf wie Bajonette, die das Hochwasser angetrieben hatten. Es war trotzdem ein romantischer Ort. Die Luft war stauberfüllt, und der Wind fegte über die Brücke, peitschte gelbe Schaumkronen auf das Wasser, die sich in Regenbogenfarben auflösten. Weiter stromaufwärts stand eine Rinderherde im Fluß, dreißig Ochsen, berittene Hirten trieben die Tiere weiter. Etwas abseits vom Fluß lag Tirpul. Sonderbare Windmaschinen drehten sich dort auf Lehmtürmen, am Ortsrand schwarze Nomadenzelte und auf einem nahe gelegenen Hügel eine einsame Karawanserei.

Sobald man aus dem Wasser stieg, war man auch schon trocken und mit einer glitzernden Salzschicht überzogen. Hugh, der in seiner Pluderhose auf der Erde hockte, war eine sehr abenteuerliche Erscheinung, weit entfernt von der Welt des Foreign Office, wie sie der Mensch in der Asien-Abteilung verkörpert hatte. Hier war Hugh in seinem Element, am Ufer des Hari-Rud, der im Kuh-i-Baba-Gebirge entspringt und in der Karakum-Wüste schließlich versickert, die das Geheimnis und vielleicht auch die Knochen jenes rätselhaften Captain X birgt, dessen Name auf der Wandkarte des Konsulats in Meschhed verewigt ist.

Hundert Kilometer weiter östlich kamen wir nach Herat. Am Rand der Stadt, die von Alexander dem Großen erbaut und belagert und von nahezu jedem bedeutenden Herrscher in Zentralasien zerstört wurde, ragten Türme in den Himmel, die Gauharschad Begum, die ungewöhnliche Gemahlin von König Schah Rukh, dem Sohn Timur Lengs (Tamerlan), im fünfzehnten Jahrhundert hatte errichten lassen.* Von den lapislazuliblauen Fayencen, mit denen diese Gebäude einmal komplett verkleidet waren, sind nur noch wenige erhalten.

In der Stadt standen Polizisten auf Holzpodesten, die so massiv waren, daß sie einem Omnibus oder entlaufenen Elefanten standgehalten hätten, und dirigierten einen kläglichen Strom von Autos mit Trillerpfeifen und heftigen Armbewegungen wie Schiedsrichter.

Am östlichen Stadtrand, auf den piniengesäumten Alleen, die zum *Parq Otel* führten und so totenstill dalagen wie die Straßen rund um Bournemouth, wurde es richtig lächerlich. An jeder Kreuzung döste ein Polizist mit Tropenhelm vor sich hin, bis er, durch unser Auftauchen zum Handeln genötigt, wie elektri-

---

* Reste der Freitagsmoschee (erbaut 1417 bis 1448), mit vier jeweils 40 Meter hohen Minaretten, und eines Mausoleums mit fünf Minaretten. (A. d. Ü.)

siert aufsprang, kräftig in seine Trillerpfeife blies und den nicht vorhandenen Verkehr anhielt, damit wir passieren konnten.

Das *Parq Otel* war furchtbar. Die weitläufige Eingangshalle, die aus den dreißiger Jahren stammte und für Scharen lärmender Gäste gedacht war, präsentierte sich menschenleer. An den Wänden abwechselnd Chromgestellsofas, bezogen mit schwülstig rotem Plüsch, und unbequem eckige Stühle, genug für die vielen Gäste, die nach dreißig Jahren noch immer nicht gekommen waren. An der verwaisten Rezeption ein Telefonapparat, der nie klingelte, ein Brieffach ohne Briefe, in einer großen Glasvitrine mehrere klebrige Flecken, die einmal Konfekt gewesen waren, ein paar tote Fliegen und ein Kleiderbügel.

Außer uns wohnten nur noch zwei russische Ingenieure im *Parq Otel*. Wir begegneten ihnen, wie sie sich in ausgelatschten Pantoffeln von entlegenen Badezimmern den Korridor entlangschleppten. Sie waren fix und fertig. Kein Wunder.

Während Hugh sich in einem der versifften Badezimmer wusch, machte ich mich auf, die großen Türme zu fotografieren. Nervös gemacht von der gaffenden Menge und aus Sorge, etwas Verbotenes zu tun, fuhr ich von der Straße herunter und stellte das Auto auf einem Gelände ab, das wie eine Müllkippe aussah. Wie sich zeigte, war es der moslemische Friedhof. Er bot zwar einen ausgezeichneten Blick, aber der Filmtransport meiner Kamera funktionierte nicht, und während ich mich verzweifelt damit abmühte, ging die Sonne unter. Von allen Seiten strömten die Gläubigen herbei und umringten mich, empört über meine Schandtat. Mißmutig stieg ich wieder ein und fuhr davon.

Wir verließen Herat bei Dunkelheit. Die ganze Nacht fuhren wir auf holperigen Straßen, getrieben von einem furchtbaren Rückenwind, der den Sand vor uns zu einem undurchdringlichen Nebel aufwirbelte. Wir hätten uns bestimmt verfahren, wenn das gegangen wäre, doch es gab nur diese eine Straße.

Bis Mitternacht lösten wir uns jede Stunde ab, danach jede halbe Stunde. Man schaffte nur mit Mühe einen Durchschnitt von dreißig Stundenkilometern, und selbst dabei gelang es uns, zwei Stoßdämpfer zu ruinieren. Auch das Sprechen mit Sand im Mund war etwas mühsam, aber wir brabbelten vor uns hin, nur um uns wachzuhalten.

»Der Höhenmesser zeigt zweitausend Meter.«

»Ist mir egal, wie hoch wir sind, wenn nur diese Mücken nicht wären.«

»Wir haben sie in dem Teehaus eingefangen.«

»Wenn wir noch höher sind, gehen sie vielleicht ein.«

»Wenn sie in dieser Höhe noch so munter sind, haben sie bestimmt ein Sauerstoffgerät.«

Schließlich hörten selbst diese Witzeleien auf, und wir verloren uns in den Gedanken an Katastrophen und Scheitern, die alle Reisenden in der Stunde vor Morgengrauen erwischen.

Um fünf ging die Sonne auf, und der Wind ließ nach. Wir befanden uns auf einer weiten Ebene, vor uns floß ein breiter Strom, der Farah-Rud. Wie der Besitzer des Teehauses uns schon prophezeit hatte, war die Brücke eingestürzt. Es war ein massiver Bau, aber zwei Bögen waren komplett verschwunden. Ein unglaubliches Hochwasser mußte sie mitgerissen haben.

Wir dichteten die Motorhaube mit Öllappen ab, entfernten den Keilriemen und setzten ein Stück Gummischlauch auf den Auspuff, so daß er aus dem Wasser herausragte, und durchquerten nun den Fluß, dirigiert von einem wilden Mann, der einen Turban trug und sonst nicht viel mehr, während seine beiden Genossen auf dem anderen Ufer hockten. Auf halbem Weg stieg das Wasser über die Trittbretter und sickerte in unsere Schuhe. Es war ein wunderschöner Morgen. Der Himmel, der Sand und der Fluß, alles schimmerte perlfarben. Eine unendliche Stille lag über dem Ort, bis die Kerle auf der anderen Seite einen Traktor anließen.

Da wir die ganze Nacht gefahren waren, hatten wir vor lauter Müdigkeit vergessen, einen Preis für diese Überholaktion auszuhandeln. Nun, wohlbehalten auf dem anderen Flußufer angelangt, begannen wir zu spät, zu feilschen.

»Das ist viel Geld für so kleines flaches Stück!« Bei dem Traktorlärm mußte man brüllen.

»Ihr habt Glück, daß wir nicht den Traktor einsetzen mußten«, sagte der Mann mit dem unordentlichen Turban. »Es kommt selten vor, daß ein Auto es aus eigener Kraft schafft. Mit dem Traktor hättet ihr mehr Grund zum Jammern gehabt.«

»Dann müßt ihr ja inzwischen reiche Leute sein.«

Darauf die unschlagbare Antwort:

»Aber wenn wir nicht arm wären, Aga, warum würden wir dann am Ufer das Farah-Rud sitzen und auf Reisende wie euch warten?«

Die weißen Mauern des Hotels in Farah blendeten schon um sechs Uhr früh. Törichterweise frühstückten wir im Garten: kleckernde Eier und Fliegen und Staub und die gleißende Sonne – es war eine ungenießbare Mischung.

Den ganzen Tag lagen wir in einem verdunkelten Zimmer auf *charpoys*, Hugh mit nichts als seiner Pluderhose bekleidet. Er war völlig ausgepowert, wie ein U-Boot, das seine Batterien auflädt. Abgesehen von einer kurzen Unterbrechung zum Lunch, Hühnchen mit gutem Brot, schlief er zehn Stunden.

Ich konnte nicht schlafen. Ich versuchte zu lesen, doch es war viel zu heiß. Die Welt draußen, hinter den Jalousien, war tot, wie von der Sonne sterilisiert. In der Hitze flimmerten die Mauern der Altstadt von Farah. Ich hätte sie mir gern angesehen, aber allein schon der Gedanke, dieses glühende Niemandsland durchqueren zu müssen, war mir zuviel. Das war die Stadt, die Dschingis Khan im dreizehnten Jahrhundert erobert (und erfolglos zu schleifen versucht) hatte, die im achtzehnten Jahrhundert zurückerobert und im neunzehnten schließlich freiwillig geräumt worden war, so erbärmlich war das Leben innerhalb der Mauern geworden.

Die Sonne ging in einem Staubdunst unter, und der lange, furchtbare Tag war vorbei. Am frühen Abend fuhren wir weiter. Linkerhand erstreckten sich die zerklüfteten Gipfel des Siah-Band-Gebirges. Nirgendwo ein Baum, nirgendwo Wasser. Am Straßenrand wuchsen Wildmelonen, doch sie schmeckten nach nichts. Also aßen wir die Melonen, die wir in Farah gekauft hatten, wobei uns die Kofferraumklappe als Tisch diente. Bald kamen zwei Nomaden mit einem Kamel vorbei, gefolgt von einer jungen Frau, die in einiger Entfernung völlig erschöpft hinter ihnen her schlurfte. Die Männer achteten nicht weiter auf sie, aber uns winkten sie fröhlich zu.

Ich hätte nicht gedacht, daß die Straße noch schlechter werden konnte, doch es ging. Riesige Schlaglöcher, in denen Maschinengewehrnester Platz gefunden hätten, Orte, an denen eine ganze Straßenhälfte weggespült war, oder »irische Brücken« (wie Hugh sie nannte), tiefe Rinnen, die ein Sturzbach in die Straße gerissen hatte – immer wurde man aufs neue durchgerüttelt. Während wir in der vorangegangenen Nacht nur zwei Lastwagen begegnet waren, waren jetzt viele gigantische amerikanische Fahrzeuge unterwegs, haushoch beladen, an Netzen hingen verwegene Burschen, die vor schwierigen Stellen absprangen, um die Räder zu dirigieren, während die Passagiere sich zusammendrängten und das Stück seufzend zu Fuß zurücklegten.

Melonensatt kamen wir in Girischk an, einer Stadt am Helmand. Unter einem Maulbeerbaum saß der Besitzer eines Teehauses, ein schmalgesichtiger, graubärtiger Pathane, der über die Kurzlebigkeit einer neuen Zivilisation klagte, nichts Unbekanntes in diesem Teil der Welt.

»Im Basar gibt es kein Licht. Die Amerikaner haben Licht gebracht, als sie den großen Damm bauten (den Helmand-Staudamm), und als sie wieder gingen, haben sie die Maschine mitgenommen, und jetzt gibt es kein Licht mehr.«

»Es gibt kein Licht mehr, und ich bin allein in der Wüste« (das war übertrieben – Girischk hat achttausend Einwohner) »und habe nur diese paar Dosen und eine Teekanne. Früher habe ich in einer deutschen Wollspinnerei gearbeitet, jetzt bin ich arm. Wir sind alle arm.«

Nicht zum ersten Mal hörten wir diese nächtlichen Teehausklagen. Gleichwohl beeindruckte uns der Alte. Vielleicht lag es an der Uhrzeit – es war die unwirtliche Stunde vor der Morgendämmerung – oder an den fremdartigen Geräuschen – Stimmen von Hirten, die sich irgendwo, weit hinter der Stadt, etwas zuriefen, und das Gebell ihrer Hunde, die sich, genau wie sie, in der Dunkelheit Mut machten. Vor allem aber war es dieser Ort selbst – das Teehaus, das nichts anderes war als ein ausgebreiteter Teppich unter einem Baum, dazu ein wärmendes Feuer aus gelbem Gestrüpp, ringsherum schlafende Gestalten, eingemummelt, mit den Füßen zu den Flammen. Außerdem die angehäuften leeren Konservendosen, Nachlaß des Teehausbesitzers, und die riesigen Mücken, die uns sofort attackierten, sobald wir uns hinsetzten – all das werde ich nicht so schnell vergessen.

Wir erkundigten uns nach dem Damm, jenem gigantischen Projekt, von dem wir unterwegs schon so viel Schlechtes hatten reden hören.

»Der Boden hier, ganz salzig«, seufzte er. »Die Amerikaner haben sich nicht dafür interessiert, und jetzt müssen die Leute bis in alle Ewigkeit *namak* (Salz) essen.«

Die Petroleumlampen, die an den Maulbeerbäumen hingen und die Straße beleuchteten, flackerten und gingen eine nach der anderen aus. Wir standen auf, wollten weiter.

»In zwei Stunden seid ihr in Kandahar«, sagte er. »Die Amerikaner haben die Straße gebaut. Die haben sie jedenfalls nicht mitgenommen.«

Es war, wie er gesagt hatte. Die Straße glich einem Billardtisch. Am nächsten Morgen trafen wir in Kabul ein und fuhren auf breiten, neu asphaltierten Boulevards, vorbei an russischen Dampfwalzen, die das letzte Stück bearbeiteten, zum ersten Hotel am Platz. Wir hatten uns um fünf Tage verspätet. Es war Freitag, der 5. Juli. In einem Monat hatten wir siebentausendfünfhundert Kilometer zurückgelegt. Unsere Tour konnte beginnen.

VII

EIN WENIG PROTOKOLL

Es tat gut, sich für eine Weile von unserem Auto zu trennen, das uns mit einem Abscheu erfüllte, wie ihn eigentlich nur lebende Wesen auslösen, doch kaum hatten wir die Füße auf festen Boden gesetzt, sahen wir uns mit einem Berg lächerlicher, nichtsdestotrotz unangenehmer Schwierigkeiten konfrontiert. Zu den eindrucksvollsten gehört die Geschichte mit dem afghanischen Radfahrer und die Sache mit Hughs altem Koch.

Einigermaßen unvorsichtig, wenngleich in bester Absicht, hatte Hugh in einem seiner Briefe aus Südamerika vorgeschlagen, daß wir einen Einheimischen mitnehmen sollten, damit unsere Bergtour »afghanisches Flair« (wie er es nannte) bekäme. Zumindest würde es die Behörden von der Seriosität unseres Unternehmens überzeugen. Doch er verfolgte die Sache nicht weiter – und ich dachte auch nicht mehr daran. Dummerweise hatte er diesen Vorschlag auch in seinem Reiseantrag an das afghanische Außenministerium erwähnt, ohne diese Begleitperson näher zu spezifizieren.

Noch am Tag unserer Ankunft fuhren wir, entsprechend gekleidet, gewaschen und rasiert, zum Außenministerium. Dort begegneten wir in der Protokollabteilung den aufstrebenden Hoffnungen der afghanischen Diplomatie, eleganten, intelligenten jungen Männern, die uns entschieden höflicher, aufmerksamer und unaufdringlicher behandelten als unsere Leute daheim, mit denen wir über unsere Expedition gesprochen hatten. Die Schwierigkeiten, die in London unüberwindlich erschienen waren, lösten sich im Gespräch mit diesen liebenswürdigen Afghanen in nichts auf.

Hugh war so begeistert, daß er – unklugerweise, wie ich fand – auf den einheimischen Bergführer zu sprechen kam.

»Wir wären natürlich sehr froh, wenn eine von Ihnen zu bestimmende Person uns begleiten würde.«

»Mein Lieber«, entgegnete Abdul Ali, »wenn ich Ihnen einen Rat geben darf: vergessen Sie's! Sie handeln sich nur einen Burschen ein, der in ein paar Tagen anfängt, Sie furchtbar zu langweilen. Außerdem hat hier kein Mensch Ahnung vom Bergsteigen.«

»Ich erwähne es nur deshalb, weil es in meinem offiziellen Antrag steht.«

»Ich an Ihrer Stelle würde die Sache nicht weiter verfolgen.«

»Wie wär's, wenn *Sie* mitkommen?« Er wäre bestimmt ein angenehmer Begleiter. Unser Angebot war durchaus ernstgemeint.

»Leider haben wir momentan furchtbar viel zu tun mit den Vorbereitungen für den Besuch des pakistanischen Ministers, sonst würde ich sehr gern mitkommen.«

Es gab hervorragenden Tee. Da Afghanistan eine Männergesellschaft ist, machte sich unser Gastgeber höchstpersönlich an silbernen Teekannen, heißem Wasser, Kännchen mit Sahne und Milch zu schaffen und reichte köstliche Häppchen. Später erzählte er ausführlich von seinen Jagdabenteuern, während ich in einen tiefen Schlaf fiel, aus dem ich erholt und zuversichtlich erwachte. Der nächste Tag verhieß jedoch nichts Gutes.

Nach unserer langen Autofahrt waren wir alles andere als fit. Die drei Tage Wales hatten Wunder bewirkt, wie einer von diesen Bodybuildingkursen, bei denen man einfach durch Aufeinanderpressen der Handflächen in einen muskelbepackten Koloß verwandelt wird. Doch unsere Fitneß hatten wir, wie ich meine Urdukenntnisse während des Krieges, rasch und unter ungewöhnlichen Bedingungen erworben, und ebenso rasch war sie auch wieder verflogen.

»Wir müssen ein bißchen klettern«, sagte Hugh, als wir, zurückgekehrt von einem Konzertabend in irgendeiner Botschaft, ins Bett fielen. »Aufstieg am Seil üben. Der Mir Samir hat es in sich.«

Unsere erschreckende Kondition bereitete auch mir Sorgen. Vielleicht lag es an den Höhenverhältnissen, aber wir beide hatten große Mühe, wachzubleiben. Bei dem Konzertabend hatten wir, wie die anderen Gäste auch, die ganze Zeit fest geschlafen. Als ich aufwachte, stellte ich fest, daß mein Kopf auf dem Busen einer netten Türkin ruhte, deren Mann mich böse anfunkelte. In Afghanistan drohen noch andere Gefahren als Stammeskriege.

Dann fiel mir Hughs letzter südamerikanischer Brief ein. »Wir werden uns bestimmt schnell akklimatisieren«, hatte er geschrieben. »Der Thron des Turkomanen (5067 m) bei Kabul ist ein Gipfel, den man in einem Tag besteigen kann, und bevor wir aufbrechen, sollten wir ein paar Tage dort oben verbringen.« Daß wir uns dringend akklimatisieren mußten, war sonnenklar, doch Hugh hatte es sich anders überlegt.

»Wir nehmen den Legation Hill«, sagte er. »Ich stelle den Wecker auf fünf. Wir ziehen die Anoraks an.« Und im nächsten Moment war er eingeschlafen.

Die britische Botschaft befindet sich außerhalb der Stadt. Da sie nach Lord Curzons ausdrücklicher Anweisung die schönste Botschaft in ganz Asien sein sollte, liegt sie strategisch so weitab vom Basarviertel, daß nur ein gekaufter Mob sich aufraffen würde, das Gelände anzugreifen. Hinter der Botschaft liegt ein vielleicht dreihundert Meter hoher Hügel, den junge Attachés nach durchzechter Nacht in Turnschuhen hinaufstürmen. Das ist Legation Hill.

Am frühen Morgen brachen wir mit schweren Stiefeln und der ganzen Ausstattung unseres vorgetäuschten Metiers auf.

Im Anorak und aneinandergeseilt marschierten wir durch das Botschaftstor, vorbei an den salutierenden Wachposten.

»Sie erinnern sich an mich«, sagte Hugh und erwiderte befriedigt den Gruß. »Unwahrscheinlich treue Burschen, diese Pakistanis.«

»Wenn du zu deiner Zeit schon solche Sachen gemacht hast, müßten sie jedenfalls ziemlich vertrottelt sein, wenn sie sich nicht mehr erinnern.«

Während wir schweißgebadet und über das Seil stolpernd den gewundenen Pfad hinaufstapften und die Eispickel spöttisch auf dem unfreundlichen Boden klackerten, ergriffen mich böse Ahnungen. Meine Beine waren bleischwer, ich hatte rasende Kopfschmerzen, und auf meiner Zunge war ein dicker, ungesunder Belag. Fünfundzwanzig Minuten brauchten wir bis zum Gipfel.

»Archie hat immer zehn gebraucht«, sagte Hugh, als wir keuchend und mit flauem Magen dalagen und so taten, als würden wir den weiten Blick über die Umgebung von Kabul genießen.

»Ist bestimmt ein toller Bursche.«

»Von wegen. Er mußte den diplomatischen Dienst quittieren, weil er zuviel trank.«

Gedrückter Stimmung stiegen wir wieder hinunter, um zu frühstücken.

»Diese Tage auf dem Thron des Turkomanen brauchen wir ganz bestimmt.«

»Ich fürchte, dafür ist keine Zeit. Wir werden auf den Gletschern des Mir Samir ein paar Lockerungsübungen machen. Da oben gibt es reichlich Gelegenheit.«

Wieder in der Protokollabteilung. Abdul machte ein nachdenkliches Gesicht.

»Ihre Genehmigungen sind alle erteilt.«

»Wunderbar. Ging ja wirklich schnell.«

»Schön, daß Sie sich freuen. Aber da ist noch etwas. Man hat einen Begleiter für Sie ausgewählt.«

»Aber Sie haben doch gesagt, es wäre ratsam, allein zu reisen.«

»Ich weiß. Sehr merkwürdig. Wir haben aber nichts damit zu tun. Wir wissen nichts darüber. Die Sache wurde außerhalb unserer Abteilung entschieden, und zwar auf höchster Ebene. Bis gestern lag die Sache in den Händen des Verteidigungsministeriums.«

»Aha«, sagte Hugh zufrieden. »Das muß der Nuristani sein, den mir die Armee zur Verfügung stellen wollte. Ich hatte es in meinem Brief an den Botschafter erwähnt. Genau der Mann, den wir brauchen.«

»Es ist kein Nuristani«, sagte Abdul Ali. »Ich wünschte für Sie, es wäre einer. Das Verteidigungsministerium hat nichts mehr damit zu tun. Die Sache liegt beim Olympischen Komitee. Der Mann ist gerade von einer Radtour um die Welt zurückgekehrt. Er hat noch nie einen Berg bestiegen.«

Unser Kandidat wurde telefonisch einbestellt und erschien wenig später. Er war hochgewachsen, muskulös und sah mit seinem schwarzen, brillantineglänzenden Haar wie eine Figur aus einem Tarzanfilm aus. Seine äußere Erscheinung widersprach jedoch seiner bescheidenen Art. Das mit der Radtour um den Globus stimmte. Er hatte seine Tour mit 75 Kilogramm Gepäck auf einem dieser schweren Fahrräder unternommen, wie sie von Postboten gelegentlich verwendet werden. Man konnte ihn sich kaum auf dem Simplonpaß vorstellen, aber er war zweifellos dort gewesen. Ich stellte

fest, daß ich dieses bemerkenswerte Geschöpf gegen meinen Willen einer mündlichen Prüfung unterzog.
»Haben Sie Erfahrung als Bergsteiger?«
»Nein«, sagte er. Er wurde mir langsam sympathisch. »Aber bei den Asiatischen Spielen bin ich die zehntausend Meter gelaufen«, fügte er bescheiden hinzu.
»Verstehe.«
Wie alle Bewerbungsgespräche dieser Art war auch dieses nicht sehr erfolgreich, was an der absoluten Inkompetenz des Fragestellers lag.
»Wieso haben Sie sich eigentlich beworben? Es wird sehr anstrengend.« Ich warf ihm einen drohenden Blick zu, in der Hoffnung, ihn auf diese Weise abzuschrecken.
»Ich habe mich nicht beworben. Das Olympische Komitee hat mir heute morgen mitgeteilt, daß ich mitkommen soll.«
»Verstehe.«
»Sag nicht immer ›Verstehe‹«, zischte mir Hugh ins Ohr. »Du klingst wie ein BBC-Reporter.«
»Würden Sie gern mitkommen?«
»Wenn es Ihr Wunsch ist, komme ich mit.«
Hugh wollte gerade ja sagen, doch ich versetzte ihm unter dem Tisch einen heftigen Tritt.
»Im Moment ist alles noch ein bißchen unklar. Wir geben Ihnen morgen Bescheid.«

»Wir müssen ihn selbstverständlich mitnehmen«, sagte Hugh, sobald der Mann gegangen war.
»Wieso? Er will nicht mitkommen. Du hast selbst gehört, was er gesagt hat. Man hat ihm den Auftrag

erteilt. Es reicht, daß wir beide keine Ahnung haben. Ein dritter wäre Selbstmord.«

»Dir scheint nicht klar zu sein, daß wir ihn mitnehmen *müssen.* Die Behörden haben ihn nominiert. Die sind sonst furchtbar beleidigt.«

»Aber selbst die Protokoll-Leute finden, daß wir allein fahren sollten. Du hast doch gehört, was Abdul Ali gesagt hat.«

»Da wußte er noch nicht von diesem Mann. Du verstehst diese Leute nicht. So etwas könnte sehr unangenehme Folgen für die Beziehungen zwischen Afghanistan und England haben.«

Ich sah Hugh aufmerksam an, als er das sagte, doch er meinte es völlig ernst. Hier zeigte er sich wieder, dieser massive, aber kaum faßbare Geist des Foreign Office, wie ein Eisberg zum größten Teil unsichtbar, trotzdem sehr gefährlich. Hugh wollte den Radfahrer ebensowenig mitnehmen, wie der Radfahrer seinerseits mitkommen wollte, aber er begriff nicht, daß sich die ganze Sache rückgängig machen ließ. Zwei Stunden lang diskutierte ich mit Hugh. Umsonst.

»Manchmal glaube ich, du hast überhaupt kein Verantwortungsbewußtsein«, sagte er nach einem besonders hitzigen Wortwechsel. »Das Protokoll hat uns diesen Mann praktisch übergeben.«

»Dann gib ihn zurück. Vielleicht hat er keine Stiefel.«

»Das ist eine gute Idee«, sagte Hugh unerwarteterweise. »Ohne Stiefel kann er nicht mitkommen.«

Obwohl es schon spät war, ging er ans Telefon. Bald war er wieder zurück. »Er hat keine Stiefel.«

»Dann kann er nicht mitkommen.«

»Aber ich habe mit Abdul Ali telefoniert. Er hat versprochen, ihm welche zu beschaffen. Er sagt uns morgen früh Bescheid. Er will sich bei der Armee erkundigen. Ich hab ihm gesagt, daß wir uns bei der Botschaft umhören werden.«

»Du bist ein Idiot.«

»Keine Sorge, er hat ganz kleine Füße. In der Botschaft gibt es niemanden mit so kleinen Füßen.«

»Woher willst du das wissen?«

»Wenn man ein paar Jahre in der Botschaft verbracht hat, kennt man alle Größen.«

Am nächsten Morgen rief Abdul Ali an.

»Ich muß Ihnen leider mitteilen, daß es in ganz Kabul keine passenden Stiefel für den Mann gibt.«

»Könnten *Sie* ihm eventuell ein Paar leihen? Er dürfte etwa Ihre Größe haben.«

Ich hätte Hugh umbringen können.

»Leider habe ich nur zwei Paar, und die brauche ich selber, da ich bald eine Jagdtour unternehme.«

»Wirklich schade, daß er nicht mitkommen kann. Bitte richten Sie ihm mein Bedauern aus und meinen Dank an das Olympische Komitee.«

»Ich muß schon sagen, dafür, daß du erst seit Kriegsende im diplomatischen Dienst bist, hast du bemerkenswerte Fortschritte gemacht«, sagte ich, als Hugh auflegte. »Das ist ja fast unmenschlich.«

Er dachte einen Moment darüber nach, bevor er antwortete.

»Doch, finde ich auch, im großen und ganzen bekommen wir eine hervorragende Ausbildung«, sagte er lächelnd.

Noch weitreichendere Auswirkungen auf das Wohl unserer Expedition hatte die Sache mit Ghulam Nabi, Hughs altem Koch, der ihn seinerzeit bei den Ausflügen ins Landesinnere begleitet und auch die mißlungene Gipfelbesteigung miterlebt hatte.

Seit Istanbul *chez Carless* kulinarisch nicht gerade verwöhnt, hatte ich mich im Geist, wenn schon nicht anders, immer wieder aufgerichtet durch Erinnerungen an Ghulam Nabi; an seinen sagenhaften Appetit, der zumindest, schien mir, jene regelmäßige Verpflegung garantieren würde, auf die ich bislang hatte verzichten müssen; an seine Phantasie, mit der er die täglichen Probleme der Expeditionsreisenden wie beiläufig löste; an die lächerlichen Pannen, die ihm passierten und uns eine unerschöpfliche Quelle von Anekdoten sein würden. All das deutete auf eine sympathische, fehlbare Person hin, die dem rauhen Unternehmen, das vor uns lag, eine gewisse Menschlichkeit verleihen würde. Er würde auch ein besserer Reisegefährte sein als der junge Biologe, der mir in einer bestimmten Phase der Vorbereitungen angedroht worden, von dem aber Gott sei Dank nie wieder die Rede war.

Selbst Dreesen, Hughs früherer Begleiter, der mir zunächst wie eine Sagengestalt erschienen war, sich dann aber als US-Konsul in Täbris (Nordwest-Iran) entpuppt hatte, war des Lobes voll über Ghulam Nabi, als wir in der Abenddämmerung auf der Terrasse des Konsulats saßen und *Perrier Jouet* tranken und uns von den Schrecknissen Anatoliens erholten.

»Wenn er Ghulam Nabi mitnimmt, habt ihr eine Überlebenschance«, sagte er, als Hugh uns gerade nicht hören konnte. »Wenn nicht, dann Gnade euch Gott.« Ich fragte, wieso. Das war in der Anfangszeit, als Hugh noch nicht beschlossen hatte, uns mit infiziertem Essen umzubringen.

»Hugh ist verrückt. Er ißt überhaupt nie. Ich war dermaßen hungrig auf unserer Bergtour, daß ich dachte, ich sterbe. Ihm scheint nicht klar zu sein, daß man nicht mit leerem Magen auf einem Sechstausender herumturnt.«

Dreesen begann, mir sympathisch zu werden, doch er fuhr schon fort:

»Das ist einer der Gründe, weshalb wir heute abend Champagner trinken. Ich feiere nämlich: weil ich nicht mitkomme.«

Es war scherzhaft gemeint, trotzdem hatte ich eine leise Unruhe verspürt. Wenn es für diesen schlanken, kräftigen Mann, der den Karakorum zu Fuß überquert hatte, strapaziös gewesen war – wie würde es mir ergehen, der ich nach all den Jahren im Modegeschäft nicht besonders fit war?

Nach unserer Ankunft in Kabul setzte sich Hugh sogleich mit Ghulam Nabi in Verbindung.

»Er arbeitet zwar für einen Australier«, erklärte er, »aber ich finde, er sollte in der ersten Phase dabeisein. Außerdem wird er uns bei der Anheuerung der tadschikischen Pferdetreiber gute Dienste leisten.«

»Aber dieser Mann, für den er arbeitet – was wird er sagen, wenn du ihm seinen Koch wegnimmst?«

»Ist doch nur für einen Monat«, sagte Hugh, als wäre das eine Rechtfertigung, jemandem den Koch auszuspannen. »Außerdem ist er Australier.«

»Was hat das denn damit zu tun? Dadurch wird es auch nicht besser.«

»Ich meine, als Australier sieht er die Sache bestimmt nicht so eng.«

Ich dachte an einige der Australier, die ich kannte, und daß ich ihnen höchst ungern etwas weggenommen hätte, ohne sie vorher zu fragen.

Schließlich kreuzte Ghulam Nabi auf, und er schien genau der Richtige zu sein. Er war rund und braun und dick und fröhlich und sah aus wie ein Christmas Pudding. Seine Augen muteten an wie glänzende Korinthen, und sein altes weißes Kasinojackett erinnerte sogar an eine weiße Kuchenmanschette. Er trug eine Karakul-Mütze und Peschawar-Sandalen mit zehn Zentimeter dicken Sohlen, die aus amerikanischen Autoreifen gemacht waren. Er freute sich auf den Ausflug, über unser Projekt verlor er kein Wort.

Am Nachmittag schlug Hugh vor, ich solle Ghulam Nabi zum Basar begleiten, Proviant einzukaufen.

»Für uns ist genug da«, sagte er in diesem eigentümlich wegwerfenden Tonfall, zu dem er immer griff, wenn er über Essen sprach (mit einem leisen Schauder dachte ich an die vier Kisten Armeerationen, die bislang unser einziger Schutz vor dem Hungertod waren). »Es ist mehr für die Treiber; sie erwarten es, das ist hier so üblich.«

»Ich habe eine Liste vorbereitet«, fuhr er fort und steckte mir einen winzigen Zettel zu. »Ich finde, du solltest mitgehen. Dann kannst du aufpassen, daß er es nicht übertreibt. Außerdem ist es eine gute Gelegenheit, das Handeln zu üben.«

Die Liste war sehr kurz:

3 *sir* Mehl
8 *pau* Zucker
12 *pau* Salz
6 Dtzd. Packungen Zündhölzer
2 Sturmlaternen

Kein Zweifel, wenn wir uns einschränken müßten, sollte es die Treiber offenbar genauso treffen.
»Nehmen wir keinen Reis mit? Ich dachte immer, hier in diesem Teil der Welt ist das ein Grundnahrungsmittel.«
»Zu schwer. Wir müssen an die Pferde denken, wahrscheinlich werden wir nur drei haben.«
Ich zögerte, ihn zu bitten, mir die Maße und Gewichte zu erklären. Es ärgerte ihn ohnehin, daß es mit meinem Persisch nicht erkennbar aufwärtsging, und ich wollte mich mit technischen Fragen zur Reise zurückhalten. Die Sache schien auch nicht so kompliziert, aber um nicht völlig der Gnade der Basarhändler ausgeliefert zu sein, schlug ich in einem offiziellen Handbuch die Gewichte und Maße nach. Sie waren teuflisch genau angegeben.
»In Kabul sind 16 *khurd* = 1 *charak;* 4 *charak* = 1 *sir*.« Das war klar. Dann schlug ich die nächste Seite auf, um zu sehen, was 1 *sir* war. Ich erfuhr, daß 1 *Kabuli sir* = 7 (ind.) *sir* $13^1/_2$ *chittak* entsprach.
»In Kandahar«, hieß es triumphierend weiter, »sind 20 *miskal* = 1 *sir* = $8^5/_8$ *tolas,* in Mazar-i-Scharif dagegen 1 *sir* = $1^3/_4$ *Kabuli sir* = 14 (brit.) *sir*.« Überhaupt nicht erwähnt wurde das *pau,* von dem ich 8mal

Zucker und 12mal Salz kaufen sollte. – Angesichts der begrenzten Zeit, die mir zur Verfügung stand, konnte ich natürlich nicht sehr viel über die Gewichte und Maßangaben des Landes lernen. Also gab ich den Versuch auf und überließ Ghulam Nabi das Feilschen. Nur ein einziges Mal intervenierte ich, als er die Sturmlaternen kaufen wollte.

»Frag ihn, ob er noch andere hat. *Bessere*.« Die Laternen, die uns gezeigt wurden, trugen den Namen »Bulldog Lantern« und, weniger auffällig, den Hinweis »Made in Japan«. Ich fand, es war eine gute Gelegenheit, die britische Industrie zu unterstützen, oder zumindest solche Produkte zu kaufen, die im Empire hergestellt waren.

»Die Laternen sind sehr gut. Gefallen sie Ihnen nicht? Hier benutzt sie jeder.«

»Gibt es nur diese japanischen?«

Der Besitzer verschwand in einer dunklen Nische. Nach einiger Zeit erschien er mit zwei weiteren Laternen, die er wohl schon ziemlich lange auf Lager hatte. Nachdem er den Staub weggeblasen hatte, zeigte sich, daß sie genauso aussahen wie das japanische Modell, nur daß diesmal der Name »Life Guard« darauf stand, daneben ein Kavallerist und, etwas auffälliger, der Hinweis »Made in Germany«.

Der Mann nannte einen Preis, es war das Zweieinhalbfache der japanischen Laterne. Ich gab es auf, das Empire zu unterstützen.

»Es ist immer besser, japanische Artikel zu kaufen«, bemerkte Ghulam Nabi, als er zwanzig Minuten später einen Nachlaß von fünfzig Prozent auf den Preis der japanischen Laternen herausgeschlagen hatte. »Viel billiger. Alle japanischen Waren kommen mit der Eisenbahn, über Rußland.«

Wir machten ein letztes Mal halt, um sechs Dutzend Packungen russische Streichhölzer einzukaufen, die noch billiger waren als die japanischen, und dann war unsere Einkaufstour zu Ende. Ich fragte Ghulam Nabi, ob unser Proviant reichen würde. Er hatte sicher verstanden, wohin meine Besorgnis ging, denn er sagte augenzwinkernd: »Sahib, keine Sorge. Alles wird gut. Bin ich nicht dicker Mann?«

Wer sich für Geschichte und Geographie Nuristans nicht interessiert, kann den folgenden Teil überspringen und bei Kapitel VIII weiterlesen.

Nuristan, das eigentliche Ziel unserer Reise, ist noch immer eine der unerforschtesten Regionen der Welt. 1910 schrieb Colonel Sir Thomas Holdich in seinem Buch *The Gates of India* über Nuristan:

»Wer wird die Geheimnisse dieses bewohnten Landes ergründen, das noch unzugänglicher zu sein scheint als die beiden Pole?«

Fast fünfzig Jahre sind vergangen, seit der Chef des indischen Vermessungsdienstes diese provozierende Frage stellte, aber selbst wenn man davon ausgeht, daß er vielleicht etwas übertrieben hat – eine Reise nach Nuristan ist seitdem nicht einfacher geworden. Weder das Flugzeug noch das Auto haben daran etwas geändert. Wer nach Nuristan will, muß sich zu Fuß aufmachen.

Doch das Problem besteht nicht nur darin, daß nach Nuristan keine Straßen führen. Die afghanische Regierung ist verständlicherweise wenig geneigt, Reisegenehmigungen für diese Region zu erteilen. Zum einen, weil sich die Bewohner gegenüber Ausländern unberechenbar verhalten, zum anderen, weil man befürchtet, potentielle Besucher könnten Agenten sein, die Unruhe schüren.

Nuristan (»Land des Lichts«) ist eine Gebirgsregion im Nordosten Afghanistans, zwischen 34° und 36° nördlicher Breite und 70° und 71°50′ östlicher Länge, wobei die südliche Grenze nach Ansicht einiger Spezialisten ein paar Minuten weiter südlich verläuft.

Das Gebiet wird vollständig eingefaßt von majestätischen Bergen. Im Norden vom Hauptmassiv des Hindukusch, der Wasserscheide zwischen Oxus und den zentralasiatischen Steppen einerseits und dem Indus und den Flüssen, die in den Indischen Ozean münden, andererseits; im Nordosten von den Baschgul-Bergen, östlich des Baschgul-Flusses. Im Osten und Südosten bildet der Kunar-Fluß bis zum Kabul-Fluß die Grenze, und im Süden und Südwesten sind es die Berge, die sich auf dem linken Ufer des Kabul-Flusses erheben.

Im Westen (die Seite, von der wir uns näherten) ist die Grenze ein Teil des Hindukusch östlich des Panjschir-Flusses, mit dem Mir Samir und einem weiteren namenlosen Berg weiter nordöstlich als den herausragenden Gipfeln. Das ganze Gebiet, einschließlich des in Chitral gelegenen Teils, hat eine Fläche von schätzungsweise 13 000 Quadratkilometern und ist seit altersher unter der Bezeichnung Kafiristan (»Land der Ungläubigen«) bekannt, während der größere, innerhalb Afghanistans gelegene Teil seit 1895 als Nuristan bezeichnet wird.

Drei größere Flüsse ziehen sich durch das Land. Alle entspringen im Norden, wo der Hindukusch auf den Pamir und den Karakorum trifft und dann einen weiten Bogen nach Südwesten zieht, und münden in den Kabul-Fluß. Am weitesten östlich der Baschgul, in der Mitte der Petsch und im Westen, unweit des Panjschir, der Alingar, der am Oberlauf wiederum Ramgul heißt. Baschgul und Petsch münden in den Kunar, der Alingar oberhalb von Jelalabad in den Kabul. Letztlich fließen sie alle mit dem Kunar in den Kabul und weiter über den Indus in den Indischen Ozean.

Diese drei Täler, die noch zahllose Seitentäler haben, sind untereinander durch Pässe verbunden, die zwischen 3600 und 4800 Meter hoch liegen, nur zu Fuß zu überqueren und im Winter (zwischen Oktober und März) unpassierbar sind. Viele Täler sind bewaldet und sollen so tief sein, daß sie in Herbst und Winter im ewigen Schatten liegen.

Jedes Tal wird von einem anderen Stamm bewohnt, der seine eigene Sprache hat. Alle Sprachen gehören zur Gruppe des Dardischen, welches als verwandt mit dem eigentlichen Arischen gilt, das von den Bewohnern der transkaspischen Oase Khiwa gesprochen wird. Aber damit erschöpfen sich die Gemeinsamkeiten auch.

Früher wurde angenommen, daß es nur zwei Sprachen gab, weil sich die Bevölkerung des Landes in zwei Hauptstämme aufteilte, die Siyâh-Pûsch, die »schwarzgekleideten Kafir«, und die Safed-Pûsch, die »weißgekleideten Kafir«. Doch heute weiß man, daß die Siyâh-Pûsch, die im Norden und Osten leben, verschiedene Dialekte des Baschguli sprechen, jener Sprache, die am Baschgul-Fluß gesprochen wird, sich untereinander aber verstehen. Bei den Safed-Pûsch ist das Sprachproblem dermaßen kompliziert, daß einem geradezu schwindelig wird. Vereinfacht dargestellt: die Safed-Pûsch, in der Mitte und im Südosten ansässig, zerfallen in drei Stämme, Wai, Presun bzw. Parun und Aschkun. Die Wai leben südöstlich des Baschgul, in den Bergen oberhalb des Kunar, die Presun am Oberlauf des Petsch und die Aschkun irgendwo in den völlig unzugänglichen Bergen des Alingar im Südwesten. Wai und Presun sprechen unterschiedliche Sprachen, können einander nicht verstehen und sind auch für alle Siyâh-Pûsch nicht zu verstehen, bis auf eine kleine Untergruppe der Wai, die eine Mischung aus Siyâh-Pûsch-Baschguli und Parun spricht. Wer ihre Sprache außerdem noch versteht, ist nicht klar. Die Aschkun sollen eine Variante der Wai-Sprache sprechen, da aber noch nie ein Linguist bei ihnen war, bleibt ihre Sprache und überhaupt alles an ihnen ein Geheimnis.

Die Ursprünge der Kafiren liegen im ungewissen. Einer populären Legende zufolge stammen sie von Soldaten Alexanders des Großen ab, der auf seinem Indien-Zug auch durch Kafiristan kam.

Nachdem Alexander den Winter des Jahres 327 mit seiner Armee in Alexandreia ad Caucasum zugebracht hatte (unweit des heutigen Charikar, am Zusammenfluß von Panjschir und Ghorband, am Fuß des Hindukusch), entsandte er einen seiner Generäle, Hephaiston, über den Khaiberpaß, die Stadt Taxila im oberen Pandschab zu erobern. Er selbst zog mit einem kleineren Teil seines Heeres am Nordufer des Kabul entlang und betrat das Kunar-Tal, wo er ein kriegerisches, hellhäutiges Volk besiegte, die Aspasier, bei denen es sich durchaus um Kafiren gehandelt haben könnte. Bei dieser Aktion gegen die Aspasier tat sich Ptolemäus, Sohn des Lagos, hervor, der später König von Ägypten wurde.

Östlich des Kunar, vielleicht in der Provinz Swat, an einem Ort, den genau zu lokalisieren sich Archäologen verzweifelt bemühen, gelangte er zu der Stadt Nysa.

Von Nysa heißt es bei Arrian:

»Die Stadt wurde von Dionysos oder Bakchos zur Zeit seines Feldzugs gegen die Inder erbaut, aber wer dieser Bakchos war oder wann er Indien eroberte, ist nicht bekannt. Ob es jener Thebaner war, der von Thrakien aus den berühmten Feldzug nach Indien unternahm, oder derjenige aus Tmolos, einem lydischen Gebirge, (...) ist ungewiß.«

Außerhalb der Stadt erhob sich ein Berg namens Meros, auf dem Efeu wuchs. Von den Einheimischen aufgefordert, brachte Alexander dem Bakchos das verlangte Opfer dar, und seine Soldaten flochten zu Ehren des Dionysos Kränze. Was für eine Szene das gewesen sein muß – wie auf einem Gemälde von Poussin!*

---

* Mit dieser interessanten Theorie zur Geschichte der Kafiren beschäftigt sich ausführlich T. H. Holdich in »The Origin of the Kafirs of the Hindu Kush«, in *Geographical Journal*, VII, London 1896.

Noch heute wächst in Nuristan überall Efeu und Wein, und die Bewohner waren bis in die jüngste Vergangenheit hinein als starke Trinker bekannt. Noch 1857 schrieb der Missionar Ernest Trumpp, daß drei Kafiren, von Major Lumsden für das *Corps of Guides* rekrutiert, einen *maschak* Wein pro Tag verlangten, einen Lederschlauch, der etwa siebenundzwanzig Liter faßt. Trumpp weist allerdings darauf hin, daß sie nie betrunken gewesen seien. Auch hätten sie nicht die (für sie beleidigende) Bezeichnung Kafiristan verwendet, sondern stets von Wamasthan gesprochen.

Ganz gleich, ob die Nysäer nun vor-alexandrinische Eindringlinge aus Griechenland waren oder nicht – als Alexander den Hindukusch überquerte, wurden die Ebenen von Kabul und die Hindukusch-Pässe im Andarab-Tal zweifellos von Griechen beherrscht, Nachfahren derjenigen, die Darios Hystaspes nach dem Fall von Milet nach Asien umgesiedelt hatte.

Ebenso gewiß ist, daß Kafiristan damals auch Teile von Badachschan, von Panjschir, Swat und Chitral umfaßte und damit sehr viel größer war als das heutige Nuristan. Die Vermischung mit griechischem Blut, die vielen Einwohnern des heutigen Nuristan ein auffällig südeuropäisches Aussehen gibt, hatte sicher schon vor dem Eintreffen des makedonischen Heeres begonnen. Als die Soldaten Alexanders den Kafir-Frauen begegneten, die als unmoralisch, willig und bildschön bekannt waren, taten sie nichts anderes, als dieses Image zu bestärken.

Fremde waren schon immer eine Seltenheit in Kafiristan. Ab dem sechsten Jahrhundert wird Kafiristan von chinesischen Buddhisten erwähnt, die zu den heiligen Stätten in Indien pilgern, beispielsweise Sung Yün, der 519 den Pamir und Oxus überquerte und via Kafiristan nach Indien reiste, um den Eisenkettensteg über den oberen Indus zu vermeiden. Doch meistens umging man die Region.

Dschings Khan erwähnt die Kafiren im dreizehnten Jahrhundert, Timur führte im vierzehnten Jahrhundert ohne nennenswerten Erfolg Krieg gegen sie, wenngleich er eine Kafir-Frau geheiratet haben soll. Der Herrscher Babur brachte im fünfzehnten Jahrhundert keine Begeisterung für ihre Weine auf. Im Jahre 1602 brach der portugiesische Jesuit Bento de Goes, Koadjutor des Ordensoberen im Mogulreich, von Lahore aus in einer Karawane von fünfhundert Kaufleuten nach China auf. Er kam durch einen Teil Ostafghanistans, den er »Capherstam« nennt. Er berichtet von fruchtbarem Boden und Weinanbau und daß ihm der Wein geschmeckt habe. Aus den nächsten zweihundert Jahren sind, soweit ich das überblicken kann, keine Berichte vorhanden, obwohl es sicherlich auch in dieser Zeit Reisende gegeben haben dürfte.

Eine reichlich schillernde Figur, die Kafiristan bereist haben soll, war der Colonel Alexander Gardner, Söldner im Dienst des Neffen und Todfeinds des herrschenden Emirs, Dost Muhammad Khan. Er selbst behauptet, zweimal in Kafiristan gewesen zu sein. Das erste Mal 1826, als er durch das westliche Kafiristan nach Yarkand floh, nachdem der Emir seine Leute und seine schöne afghanische Frau und ihren kleinen Sohn hatte umbringen und verstümmeln lassen. Das zweite

Mal 1828, als er über Nordkafiristan und das Kunar-Tal aus Yarkand zurückkam. Später trat Gardner in die Dienste des großen Sikh-Herrschers Ranjit Singh.

Es gibt ein Foto, das ihn als Neunundsiebzigjährigen porträtiert. Er trägt die Uniform der 79th Highlander, und sogar sein mit Silberreiherfedern geschmückter Turban ist aus schottischem Tuch. Mit seinem Sikh-Bart und dem scharfen Blick hat er fast etwas Raubvogelhaftes. Mit zweiundneunzig Jahren starb er in Jammu als Pensionär der Sikh in seinem Bett.*

In den 1830er Jahren unternahm der Amerikaner Charles Masson, eine nicht weniger bemerkenswerte Figur, als Einheimischer verkleidet ausgedehnte Reisen in Afghanistan. Er lebte unter der Bevölkerung, wie das heute kaum noch möglich wäre. Er stieß zwar nicht weit nach Kafiristan vor, folgte aber dem Alingar-Fluß bis zum Alischang und noch ein Stück weiter. Eine solche Tour sollte einem Europäer erst 1935 wieder gelingen.

Weniger bekannt ist, daß 1864 ein christlicher Missionar, Fazl Haq, nach Kafiristan reiste. Fazl Haq war Pathane, Sohn eines Mullahs, der in Peschawar zum Christentum übergetreten war. Um jeden Verdacht zu zerstreuen, er sei nur Christ geworden, um sich bei den Missionaren einzuschmeicheln, trat er in das *Corps of Guides* ein, ein muslimisches Regiment, in dem christ-

* Nach C. Grey und H.L.O. Garrett (*European Adventurers of Northern India, 1785–1849*, Lahore 1929) war Gardner ein irischer Deserteur, der überhaupt nie in Kafiristan war und Oberst wurde, weil er als einziger in der Sikh-Armee bereit war, einem Brahmanen, der einen Offizier tätlich angegriffen hatte, den rechten Daumen, Nase und Ohren abzuschlagen.

liche Unteroffiziere verabscheut wurden und genauso gefährdet waren wie im zivilen Leben.

Gemeinsam mit einem ehemaligen Mullah namens Narullah, der ebenfalls zum Christentum übergetreten war, brach er – auf Einladung eines Kafir-Soldaten, von denen es mehrere in seinem Regiment gab – im September 1864 nach Kafiristan auf, ausgerüstet mit Medikamenten und Geschenken der Christlichen Missionsgesellschaft. Die Behandlung, die sie unterwegs in der Provinz Swat von ihren eigenen Leuten, fanatischen Muslimen, erfuhren, war unangenehm wie alles, was sie in Kafiristan selbst erleben sollten, aber nachdem sie die unglaublichsten Schwierigkeiten überwunden hatten, erreichten sie den Kunar-Fluß und fuhren, als Frauen verkleidet, auf einem Floß nach Jelalabad.

Schließlich gelangten sie zu einem Ort im Süden, wo die Kafiren Salz eintauschten. Dort verabschiedeten sie sich von den beiden treuen Leibwächtern, die sie in Jelalabad angeheuert hatten, legten ihre Verkleidung ab und setzten ihre Reise allein fort.

In dem Dorf, in das sie der Sepoy eingeladen hatte, gingen sie, freundlich aufgenommen, zwanzig Tage lang ihrer Missionsarbeit nach, denn die Märtyrerkrone der Kafiren blieb den Muslimen vorbehalten.

Jeden Tag schrieb Fazl Haq mit einer Geheimtinte aus Limettensaft Tagebuch.

Ehebruch sei unbekannt, schrieb er, nur Unverheiratete gerieten je in den Verdacht unmoralischen Verhaltens, das mit aller Strenge geahndet würde. Bei verheirateten Paaren sei man in dieser Hinsicht tolerant. Sterbende würden die Leute vollkommen lautlos beobachten, und die Leichen würde man in Holzkisten, mit Steinen beschwert, im Gebirge abstellen. Manche Wohnhäuser seien fünf Geschosse hoch. Fazl Haq sah die verschiedensten Vögel und wilden Tiere – Krähen, Papageien, Leoparden, Bären und Wölfe.

Haq und Narullah blieben bis zum ersten Schnee in Nuristan und kehrten dann auf demselben Weg, den sie gekommen waren, zurück. Sie erreichten den Kabul-Fluß bei Jelalabad und fuhren auf einem Floß bis Peschawar. Insgesamt waren sie zwei Monate unterwegs gewesen – eine bemerkenswerte Leistung.

Erst in den 1880er Jahren, als das große Spionagespiel zwischen England und Rußland an den Grenzen Indiens in vollem Gang war, wurde wieder ein ernsthafter Versuch einer Reise nach Kafiristan unternommen. Obwohl es Europäern strengstens untersagt war, Afghanistan ohne Genehmigung der britischen Behörden zu betreten, gelang es W. W. Macnair, einem Beamten des Indischen Kartographischen Dienstes, 1883 bis in das Baschgul-Tal vorzustoßen. Er verkleidete sich als muslimischer Hakim und schminkte sich mit einer schauderhaften Mischung aus Ätznatron und Walnußsaft. Begleitet wurde er von einem Einheimischen und zwei Pathanen vom Stamm der Kaka Khel, der von den Afghanen, und in gewissem Maße auch von den Kafiren, respektiert wurden. Macnair nahm ein riesiges Buch mit, das mit kabbalistischen Zeichen geschmückt war und als Versteck für einen Zeichentisch und andere Meßinstrumente diente. Als Hakim mußte er natürlich viel meditieren, weshalb er sich oft in die Einsamkeit zurückzog, vorzugsweise auf hochgelegene Berge.

Macnair berichtete, daß die Einwohner bekannt waren für ihre Schönheit und ihr europäisches Aussehen. Sie verehrten Götter, tranken Wein aus Silberbechern, benutzten Stühle und Tische und sprachen eine Sprache, die ihre Nachbarn nicht verstanden. Braune Augen waren verbreiteter als blaue, und die Hautfarbe schwankte zwischen Rosa und Dunkelbronze wie bei einem Pandschabi. Untreue von Frauen wurde mit leichten Schlägen bestraft, während Männer zur Strafe ein Stück Vieh hergeben mußten. Eines ihrer Gebete lautete folgendermaßen:

Schütze uns vor Fieber,
Vermehre unseren Besitz,
Töte die Muselmanen,
Und führe uns nach dem Tod ins Paradies.

Macnair schätzte die Bevölkerungszahl auf zweihunderttausend. Nach Indien zurückgekehrt, wurde er vom Vizekönig, Lord Ripon, offiziell gerügt, später aber im privaten Gespräch beglückwünscht.

Zwei Jahre später, 1885, wurde das Baschgul-Tal von Colonel Woodthorpe vom Indischen Kartographischen Dienst erforscht, der mit Sir William Lockhart den Auftrag hatte, die Hindukusch-Pässe zu erkunden. Doch erst Sir George Robertson, der britische Agent in Gilgit, der 1890 und 1891 ausgedehnte Reisen in Kafiristan unternahm und dabei den Oberlauf des Baschgul erkundete und westlicher in das obere Pech-Tal vorstieß als irgend jemand zuvor, trug genauere Informationen über Land und Leute zusammen. Robertsons Buch *The Kafirs of the Hindoo Kush* ist das einzige Werk, das ein umfassendes Bild vom ursprünglichen, heidnischen Leben der Kafiren zeichnet. Und es sollte das letzte sein. Robertson begegnete schon Stämmen, die zum Islam übergetreten waren, er war der letzte Europäer, dem sich noch die Gelegenheit bot, die alten heidnischen Gebräuche zu beobachten.

Die Namen der zahllosen Geheimagenten aller Nationen, die Nuristan im zwanzigsten Jahrhundert besucht haben müssen, sind nicht bekannt. Zu den ersten dürften zwei Russen zählen, Wawilow und Bukinitsch, die im Jahr 1924 vier Tage im Pech-Tal verbrachten.

Seit den dreißiger Jahren liegt die Nuristan-Forschung fast ausschließlich in deutscher Hand. Die Landschaft scheint einen besonderen Reiz auf die Deutschen auszuüben: die dunklen Wälder und tiefen Schluchten, der Paganismus der »großen, blonden Menschen mit vollem Haar, die ursprünglich kein indoarisches, sondern ein europäisch-arisches Restvolk der Indogermanen« sind.

1925 unternahmen zwei Deutsche (der Geologe Dr. Herbordt und ein Baron von Platen) den Versuch, das Land von Süden her zu bereisen. Sie kamen bis an die Grenze, nördlich von Jelalabad, jedoch nicht weiter.

1928 reisten Dr. Martin Vogt und Herr Seydack, ein preußischer Forstbeamter (beide im afghanischen Staatsdienst), das Kunar-Tal und den Baschgul hinauf, sie erreichten die Hindukusch-Wasserscheide und folgten dem Pech-Fluß bis zum Zusammenfluß mit dem Kunar. Allerdings waren sie nicht im westlichen Landesteil, im Alingar-Ramgul-Tal, das bislang noch kein Europäer gesehen hatte.

Im Jahr 1935 fand die deutsche Hindukusch-Expedition statt. Wie alles, was Mitte der dreißiger Jahre aus Deutschland kam, war auch diese Veranstaltung grandios, aber nicht ganz so perfekt, wie man sich gab. Groß war das Unternehmen durchaus. Man reise mit vierzig eigens herbeigeschafften Maultieren, fünfzehn Maultiertreibern, drei afghanischen Offizieren und sechzehn Soldaten. Systematisch wurden unterwegs Versorgungsdepots eingerichtet. Das Ziel der Expedition war einigermaßen unklar, aber man scheint sich intensiv mit der Anatomie der Einwohner abgegeben zu haben. In die Zivilisation zurückgekehrt, vergrub man die Erkenntnisse in einem dicken, fast unlesbaren Wälzer in quälender Frakturschrift.

Nach dem letzten Krieg kamen zwei Österreicher in die Region – von Dückelmann, der im Zweiten Weltkrieg in Indien interniert gewesen war, und Hans Neubauer, ein Botaniker im afghanischen Staatsdienst.

Im November 1951 hielt sich ein junger Amerikaner mit Namen Mackenzie zwei Wochen in Nuristan auf. Er kam bis zu einem Felsen mit einer Inschrift von Timur.

Zwischen den Jahren 1948 und 1954 war die dänische Henning-Haslund-Expedition mehrmals in Zentralnuristan (Haslund kam bedauerlicherweise ums Leben).

Und 1956 sollte also die Carless-Newby-Expedition stattfinden, bestehend aus einem Mann der Modebranche und einem Berufsdiplomaten, die sich aus reiner Neugier in den Kopf gesetzt hatten, eine Reise nach Nuristan zu den Ramgul-Kafiren zu machen.

VIII

IM PANJSCHIR-TAL

Panjschir ist ein weiterer Tümen [Bezirk]. Er grenzt unmittelbar an Kafiristan, entlang der Panjschir-Straße, dem Hauptweg der Kafiren-Straßenräuber. Da diese Kafiren hier ihr Unwesen treiben, wird kein nennenswerter Tribut erhoben. Nach meinem letzten Zug durch diese Gegend, als ich Indien eroberte (1526), sind diese Banditen dort eingefallen, haben zahllose Menschen niedergemetzelt und große Verwüstungen angerichtet.« (*Babur-name*, S. 361)*

Wir verließen Kabul am 10. Juli (»Auf Nimmerwiedersehen«, witzelten wir in jenem Tonfall, den Expeditionsteilnehmer zu ihrer Ermunterung gern anschlagen). Unser Ziel war das Panjschir-Tal und DER BERG.

Unsere letzte Hoffnung, einen Bergführer zu finden, hatte sich inzwischen zerschlagen. Während unseres

---

* Zahiruddin Muhammad Babur, *Die Erinnerungen des ersten Großmoguls von Indien. Das Babur-nama*. Übersetzt von Wolfgang Stammler, Zürich 1988.

kurzen Aufenthalts in Kabul hatten wir uns extrem zurückhaltend über unsere Fähigkeiten beziehungsweise unsere nicht vorhandenen Fähigkeiten geäußert, aber trotzdem hatte sich niemand gemeldet, nur eben der Radfahrer, und ihn hätte man wohl nur als Belastung betrachten können. Wir waren zwar mehreren Personen unterschiedlicher Nationalität begegnet, die uns erklärten, daß sie im Begriff seien, nach Nuristan aufzubrechen; und wir hörten das so oft, daß unser Projekt etwas ganz Alltägliches zu sein schien. Doch ein alter Mann, der aus der Gegend stammte, versicherte uns nachdrücklich:

»Ich bin seit dreißig Jahren hier«, sagte er, »und ich kann mich nicht erinnern, daß nicht immer jemand ankündigte, er wolle nach Nuristan. Aber sie reden nur – und auch nur, wenn sie tief in den Becher geschaut haben. Ihr werdet sehen, daß die Gegend nicht überlaufen ist.«

Mit uns fuhren Ghulam Nabi und einer der Privatbediensteten der Botschaft, ein gutaussehender Mann mit Bart und treuen Augen. In Asien ist das fast immer ein schlechtes Zeichen, weil gutaussehende Männer mit Bart und treuen Augen dazu neigen, einen in den unpassendsten Momenten im Stich zu lassen – doch unser spezielles Exemplar war tatsächlich treu. Der Mann sollte ins Panjschir-Tal fahren, uns dort absetzen und wieder nach Kabul zurückkehren. Mit unserer ganzen Ausrüstung war es ziemlich eng im Auto, und wir vier schwitzten verdrießlich vor uns hin.

Die Straße erreichte einen Paß, auf dem etliche Hazara, schlitzäugige, rundköpfige Mongolen in der

Uniform des afghanischen Arbeitsdienstes, mit Hilfe russischer Dampfwalzen, deren Rollen mit brutalen Dornen versehen waren, die Fahrbahn verbreiterten. Die kummervolle Luft, die in einer geradezu sichtbaren Wolke über Kabul liegt, löste sich bald auf: wir waren im Kuh-i-Daman, dem fruchtbaren Hochland. Unsere Stimmung hob sich.

Trotz der Hitze war es ein schöner Tag, und weiße Wölkchen trieben wie von Kanonen ausgespuckt am tiefblauen Himmel. Üppige Maulbeerbäume schützten die grauenhafte Straße vor der Nachmittagshitze. Es wuchs viel Wein, und überall floß Wasser, es gluckste und tanzte im Sonnenlicht, und an den Bewässerungsgräben saßen halbnackte Nomadenkinder aus den Zeltlagern, die an der Straße aufgeschlagen waren, und spielten fröhlich mit dem Tod.

Nach Westen bot sich ein herrlicher Blick. Die hohen Paghman-Berge bildeten einen imposanten Hintergrund, eindrucksvoll am südlichen Ende der Takht-i-Turkoman, auf dessen Gipfel wir unsere Eispickel hätten einschlagen sollen. In diesen Bergen entspringt der Reichtum Afghanistans, die Flüsse, die von dort herunterkommen und in der Ebene zwischen der Straße und den Bergen mehrere fruchtbare Oasen bilden. Von diesen Oasen gilt Istalif als die schönste.

»In Istalif werden Töpferwaren hergestellt, die von einem unglaublich schönen Blau sind.« Hughs Bemerkung machte mich neugierig. »Der Name kommt von *stafiloi*, griechisch für Weintraube – stammt aus der Zeit, als im Kuh-i-Daman Griechisch gesprochen wurde.«

»Wer Istalif nicht gesehen hat, hat nichts gesehen«, rief Ghulam Nabi. Trotzdem donnerten wir weiter, getreu unserer Gepflogenheit, nirgendwo anzuhalten.

Bald erreichten wir Charikar (Alexandreia ad Caucasum), wo Alexander der Große mit seinem Heer den Winter des Jahres 327 v. Chr. verbracht hatte, bevor er nach Nikaia (dem heutigen Kabul) und weiter nach Indien zog. Aus der Ebene erhoben sich nun, schroff und kahl, die Berge des Hindukusch. An ihrem Fuß, wo Schatul und Panjschir zusammenfließen, der aus einer großen Schlucht herausbricht und dann in den Kabul-Fluß mündet und schließlich den Indus und den Ozean erreicht, klebte eine Ortschaft. Das war Gulbahar – »Die Rose des Frühlings«.

Unweit von Gulbahar unternahm Babur, Feldherr, Poet und Gründer der Moguldynastie in Indien (der väterlicherseits von Timur und mütterlicherseits von Dschingis Khan abstammte), am 18. August des Jahres 1519 mit seinen Gefährten eine Floßfahrt.

»Am folgenden Tag nahmen wir unseren Marsch wieder auf und schifften uns nach einem Besuch am Grab von Khaja Khavand Said oberhalb der Festung Tschiona auf einem Floß ein. An der Mündung des Panjschir-Flusses stieß das Floß an einen vorspringenden Felsen und begann zu sinken. Rauhdam, Tengri Quli und dem Floßführer Mir Muhammad gelang es nur mit Mühe, das Floß zu halten. Ein Porzellanbecher, ein Löffel und eine Trommel fielen ins Wasser. Doch wenig später erlebten wir erneut einen Schreck. Das Floß stieß an einen Baumstamm oder Pfahl, der an dieser Stelle als Stütze für einen Uferdamm eingerammt war. Hasan, der Sohn von Schah Beg, stürzte kopfüber ins Wasser, wobei er sich aber an Mirza Quli festklammerte und diesen mit sich in das Wasser riß. Derwisch Muhammad ging ebenfalls über Bord, doch geschah dies auf eine ihm eigene Weise; denn als er fiel, wollte er mit seinem Dolch gerade eine Melone zerteilen, und nun stieß er, vornüber stürzend, den Dolch in das Strohgeflecht des Floßes. Er versuchte erst gar nicht, wieder auf das Floß zu klettern, sondern schwamm in seinen Kleidern ans Ufer. Wir verließen für die Nacht das Floß und schliefen im Haus der Flößer. Der Kamelführer Derwisch Muhammad machte mir einen siebenfarbig bemalten Becher zum Geschenk, der ganz demjenigen glich, der ins Wasser gefallen war.« (*Babur-name*, S. 619)

Wir stiegen steif aus unserem Auto, tranken Tee auf der Veranda eines Teehauses, das auf Stelzen über dem kleinen Schatul-Fluß hing, der durch den Ort rauschte. Das Teehaus befand sich neben der Brücke an der Kreuzung dreier Straßen, und von dort aus konnten wir das Leben im Ort beobachten.

An der Brücke, mit dem Rücken zu uns, hockten unbeweglich fünf steinalte Männer, Tadschiken mit gefärbtem Bart.

In einem Teehaus auf dem anderen Flußufer, vielleicht sechs, sieben Meter von uns entfernt, saßen einige Pathanen, die sich die Augen mit einem Extrakt einer Pflanze namens Färberröte bemalt hatten. Sie unterhielten sich lebhaft und ließen dabei die Wasserpfeife kreisen, bis sie sich beobachtet fühlten und uns mißtrauische Blicke zuwarfen.

Die Luft war erfüllt von Rufen, fremden Gerüchen nach Rauch und Tieren, Staub und Erregung. Ein Omnibus, fröhlich bemalt wie eine riesengroße Libelle und zum Bersten mit Passagieren gefüllt, schaffte die enge Kurve vor der Brücke nicht ganz, so daß er nun festsaß, und genau in diesem Moment ergoß sich, von den Bergen kommend, eine Herde von etlichen hundert Schafen auf die Brücke. Der Lärm war ohrenbetäubend. Die Schafe, fast verrückt vor Angst, versuchten, die alten Männer über die Brüstung in das Wasser zu stoßen, doch die Alten blieben stoisch sitzen.

Dann war es eine Weile wieder ruhig, bis schließlich fünf Frauen, kecke Geistererscheinungen im alles verhüllenden Tschador mit gitterartig gehäkelter Gesichtsöffnung, auf Maultieren über die Brücke ritten, jede gefolgt von einem Mann, der nervös dreinblickend hinterher schlurfte.

Dann fand ein Handgemenge zweier Jungen statt, die sich im Staub wälzten und ihre ohnehin abgerissenen Sachen noch weiter zerfetzten. Plötzlich war die Straße menschenleer, doch dann tauchte ein halbnackter junger Mann auf, der sich, beide Arme weit ausgestreckt, in einem langsamen Stechschritt bewegte. Eine Weile stand er auf der Mitte der Brücke und hielt mit spitzen Fingern den Verkehr auf.

Niemand nahm Notiz von ihm, auch die fünf Alten nicht. Er ging die Straße entlang, an der Spitze einer kleinen Prozession von Menschen, Tieren und Autos, die sich hinter ihm gebildet hatte und gespannt darauf wartete, wohin er gehen würde, und schließlich verschwand er. Ein Spinner, ein Sektenheiliger oder bloß ein Städter, der hierher gekommen war, Schatul-Wasser zu trinken (das für seine Heilwirkung bekannt war), und sein Badetuch vergessen hatte – wir werden es nie erfahren. Selbst der allwissende Ghulam Nabi, der die Leute befragte, kehrte nicht klüger zurück.

Kurz hinter Gulbahar, wo sich die Berge aus der Ebene erheben, auf einer niedrigen Erhebung östlich des Panjschir, liegt die gelbe Sanddüne (»Reg-i-Ruwan«), der die eigentümliche Fähigkeit nachgesagt wird, bei Wind oder sonstigen Bewegungen zu singen oder zu stöhnen. Wobei die Einheimischen diesbezüglich schon immer geteilter Meinung waren. Die einen sagen, daß die Sanddüne eine Art Trommelgeräusch erzeuge, und das auch nur zehn-, zwölfmal im Jahr. Die anderen behaupten, daß es nur freitags passiere. Fast alle sind sich darin einig, daß das Geräusch vor allem bei starkem Nordwestwind auftritt.

Von dieser Sandbank war Lord Curzon dermaßen fasziniert, daß er im Jahre 1923, als er Außenminister war, mitten in seinen anderen Verpflichtungen den britischen Gesandten in Kabul, Colonel Humphrys, schriftlich anwies, den Reg-i-Ruwan zu besichtigen und Bericht zu erstatten.

Der Colonel besuchte auftragsgemäß den Sandhügel, und um ihm ein Geräusch zu entlocken, schickte er einen Trupp Männer hinauf, die dann auf dem Hosenboden hinunter rutschen mußten. »Sobald der Sand in Bewegung geriet, rieselte er in geraden Linien hinunter«, so der Bericht, »und dabei entstand ein Rauschen, das noch in zwanzig Metern Entfernung schwach zu hören war.« Die Sorte Geräusch eben, die vermutlich jede Sanddüne von sich gibt, wenn ein paar Männer auf ihr herumturnen.

Es war schon später Nachmittag, als wir Gulbahar verließen. Die Straße, mit tiefen Wasserlöchern übersät, stieg rasch an durch eine öde Landschaft voller Geröll und Felsbrocken, die der Fluß bei Hochwasser zu Tal transportiert hatte. Am Ufer wuchsen erstaunlicherweise ein paar kümmerliche Bäume.

Bald hatten wir den Eingang der Panjschir-Schlucht erreicht, aus der der Fluß hervorschoß und dabei kleine Schaumfetzen aufwirbelte, die in der Sonne glitzerten. Es war ein erregender Moment. Vor uns ragten wie eine senkrechte Wand die Berge empor, links, nach Westen, der zentrale Hindukusch, dann der reißende Fluß, der sich in diese Schlucht gegraben hatte, und auf der anderen Seite die letzten Ausläufer des großen Massivs, selbst ein Ausläufer des Hindukusch, das vom Anjuman-Paß am oberen Ende des Panjschir-Tals südwärts verläuft und die westliche Grenze von Nuristan bildet, der Region, in der sich Mir Samir erhob, unser Berg.

Ich warf einen letzten Blick zurück in die leuchtende Ebene mit ihren fruchtbaren Obstgärten und den Bergen im Westen, hinter denen die Sonne gerade unterging, dann waren wir im kalten Schatten der Schlucht, ringsum Tosen, kalt und grün und weiß saugte und zerrte der Fluß an den mächtigen Felsen, die im Wasser lagen, so laut, daß es von den Bergwänden widerhallte, die wie Eingänge zu einer Grabeshöhle dreißig Meter voneinander entfernt waren. Einen Kilometer weiter öffnete sich die Schlucht plötzlich zu einem Tal, und die Berge ragten nicht mehr so steil auf, sondern zogen sich über Geröllhänge zurück.

Immer wieder tauchten für einen kurzen Moment zerklüftete Berggipfel auf, knochentrocken, von Schnee und Eis nichts zu sehen – das würde erst weiter oben kommen, im Hindukusch.

Auf der anderen Seite des Flusses versteckten sich Dörfer in der Felslandschaft, mit Wachtürmen aus Lehm, Gucklöchern und schwer vergitterten Fenstern. Noch eine Kurve, und plötzlich waren wir im Paradies.

Es war schon Abend, doch die letzten Sonnenstrahlen tauchten alles in goldenes Licht. Auf einem Maisfeld arbeiteten raffiniert verschleierte Frauen. Sie trugen nicht mehr den bodenlangen Tschador, wie wir ihn in Gulbahar und Kabul gesehen hatten. Auf den kleinen, terrassierten Feldern, die wie zusammengesetzte Puzzleteile aussahen oder, wenn sie unterschiedlich hoch lagen, wie kompliziertes Spielzeug, ernteten Männer mit Sicheln den Weizen. Hinauf zu den verschachtelten Dörfern trotteten Esel, einer hinter dem anderen und so hoch beladen, daß es aussah, als würden sich die Weizengarben von allein bewegen.

Doch es war der Fluß, der die Szenerie beherrschte. Jungen schwammen darin, die sich mit Hilfe luftgefüllter Häute über Wasser hielten und ungestüm flußabwärts schossen und schließlich in flacherem Gewässer am Ufer landeten, bevor ihnen etwas passieren konnte. An seichteren Stellen, wo das Wasser über Kieselsteinen tanzte, planschten kleine Kinder. Auch am

Ufer herrschte ausgelassenes Treiben. Mehrere Frauen in leuchtend roten und blauen Farben unterhielten sich lebhaft. Pappeln schimmerten, Weiden bogen sich im Wind, in den Bewässerungskanälen floß das Wasser träge durch hundert Gärten, in denen reich beladene Aprikosenbäume standen, vorbei an Maulbeerbäumen, deren Besitzer auf der Erde hockten und zufrieden über ihr Land schauten. Auf Steinmauern saßen alte, weißbärtige Männer stolz mit ihren Enkelkindern, ernst dreinschauenden Buben, die bestickte Kappen trugen, und bemerkenswert hübschen Mädchen. Dieser Abend war wie ein goldenes Zeitalter menschlichen Glücks, wie Kinder es manchmal erleben, Erwachsene seltener, und wir alle spürten diesen Zauber.

Die Straße wand sich endlos weiter. Es war, als führe man auf dem Rücken einer Boa constrictor, die sich gerade eine anständige Mahlzeit einverleibt hatte, und es war genauso holperig.

In Rukha, dem Hauptort im unteren Panjschir, fuhren wir wie in einem Tunnel unter dunkel ausladenden Bäumen durch das Basarviertel. Obwohl noch nicht Geschäftszeit war, brannten überall bereits die Gaslaternen. Die Händler saßen mit übereinandergeschlagenen Beinen da und warteten geduldig – Besitzer von Teehäusern, in denen mächtige Messingsamoware und ganze Batterien von Teekannen bereitstanden, Metzger, in deren Läden fliegenübersäte Hammelhälften an brutal aussehenden Haken hingen, Verkäufer von spitzen Pantoffeln, Steinsalzblöcken oder fremdartigen Kleidungsstücken – jeder wartete auf Kundschaft. In der Mitte des Basars stand, auf Baumstümpfen aufgebockt und ohne Räder, eine große amerikanische Limousine aus den dreißiger Jahren, angeblich gehörte sie einem Deutschen, der zu einer Expedition über den Anjuman-Paß aufgebrochen und nicht mehr zurückgekehrt war.

Ghulam Nabi begann nun, kurz vor unserem Ziel, all die Schauplätze zu zeigen, an denen ihm und Hugh bei ihrer letzten Tour 1952 etwas passiert war. Wir fuhren gerade durch eine besonders unangenehme Kurve, direkt an einem steilen Abgrund entlang, tief unten überschwemmte Felder, und ich hielt es durchaus für denkbar, daß sich zumindest eine der Katastrophen wiederholen könnte.

»Hier ist der Lastwagen umgestürzt, in dem ich und Carless Sahib saßen.«

»Davon hast du mir nie erzählt«, sagte ich zu Hugh.

»Halb so schlimm. Der Fahrer verlor den Kopf. Ghulam Nabi war ein bißchen erschrocken, das ist alles.«

Zwei Kilometer weiter. Auf der geröllbedeckten Straße ging es jetzt wirklich steil bergan. »Hier hatten wir eine Reifenpanne.«

Und wenig später erreichten wir die Stelle, wo das Kühlwasser gekocht hatte. Kaum zu glauben, daß sich auf einer so kurzen Strecke so viele Pannen ereignen konnten.

Am Zusammenfluß von Parandev und Panjschir stiegen wir hinunter und wuschen uns. Das Wasser war kalt. Es kam aus den Regionen von Schnee und Eis und erinnerte uns, die wir verschwitzt dastanden, an die Strapazen, die uns weiter oben erwarteten.

»Ziemlich hoch, der Parandev«, sagte Hugh. »In einem Buch, das ich gelesen habe, steht 4800. Wir konnten es nicht prüfen, da wir keinen Höhenmesser dabeihatten. Aber der Berg ist von Oktober bis Mai verschneit.«

Ich fragte Hugh, wie es mit den Pässen nach Nuristan aussähe.

»Wahrscheinlich noch höher. Erwähn aber das Wort Nuristan nicht, wenn wir die Treiber anheuern, sonst kommen sie nicht mit. Die Gegend macht ihnen angst.«

Weiter ging es, dicht am Fluß entlang, und nun begann Ghulam Nabi, Ausschau nach dem Mann zu halten, dem Tadschiken, der Hugh auf seiner früheren Tour begleitet hatte und auch diesmal mitkommen und noch zwei andere Männer mit Pferden mitbringen sollte.

»ABDUL GHIYAS!«

Ghulam Nabi stieß einen so lauten Schrei aus, daß der Fahrer erschrocken das Steuer herumriß und wir fast im Fluß gelandet wären.

In diesem Moment schien mir, als hätte ich dort unten jemanden gesehen, der zu uns heraufschaute. Bis wir angehalten hatten und ausgestiegen waren, war der Mann schon hinaufgeklettert und kam uns jetzt auf der Straße entgegen. Abdul Ghiyas hatte gebetet und sich über Ghulam Nabi genauso erschreckt wie unser Fahrer. Er war dunkel und dünn, etwa fünfunddreißig, hatte einen Schnurrbart, dunkelbraune Augen, und tiefe Falten zogen sich von der Nase bis zu den Mundwinkeln. Er trug einen weißen *chapan*, ein weit geschnittenes mantelartiges Kleidungsstück aus grobem

Gewebe mit weitem Ärmeln. Auf dem Kopf saß ein schwarzer Turban, etwas zerschlissen, aber sauber. Das also war der Mann, der bei der letzten Bergtour von einem Stein getroffen worden war, der Mann, von dem ich in einem Hotelzimmer in Manchester, eine halbe Weltreise entfernt, so viel gelesen hatte. Es war ein historischer Moment, aber für jemanden, der seinen einstigen Herrn mehr als vier Jahre nicht mehr gesehen hatte, ließ er keine große Begeisterung erkennen, sondern eher deutliche Nervosität.

»Er scheint sich über das Wiedersehen nicht sehr zu freuen«, sagte ich zu Hugh, als wir das Auto auf einem abschüssigen Nebenweg parkten, der hinunterführte zum Obstgarten hinter Abdul Ghiyas' Haus.

»Wahrscheinlich überlegt er gerade, was er uns vorsetzen soll. So unangemeldet, wie wir bei ihm aufkreuzen.«

»Nach dem letzten Mal fragt er sich bestimmt, was du mit ihm vorhast. Dich zu sehen muß für ihn ungefähr so sein, als würde man ihm sein Todesurteil bekanntgeben.«

Wir stiegen über ein halb verfallenes Steinmäuerchen in einen kleinen Garten, der zum Fluß hinunterführte. Es war ein zauberhafter Ort. Maulbeerbäume und Weinspaliere schützten vor der Hitze des Tages, und das Gras war grün. Weiden neigten sich über den Fluß, der hier schnell und tief vorbeifloß, nur dicht am Ufer schien er aufgrund einer eigenwilligen Strömung bergauf zu fließen. Hinter der schmalen Straße, die ihn vom Garten trennte, stand das Haus, eine braune Lehmfestung, wie alle anderen Häuser auch, mit winzigen Fensteröffnungen, hölzernen Abwasserrinnen und einem flachen, weit vorstehenden Holzdach. Es ertönte Kichern, fröhlich bunte Stoffe flatterten, die Frauen schauten zu uns herunter, bis Abdul Ghiyas ihnen etwas mit scharfer Stimme zurief, dann verschwanden sie.

»Er war immer ein furchtbarer Tugendbold«, meinte Hugh und sagte ihm das auch.

Aus einem der schmalen Fenster in der Mitte der glatten Hauswand beobachtete uns ein etwa dreijähriges Mädchen, doch als sie merkte, daß sie ebenfalls beobachtet wurde, verschwand sie unter einem scharlachroten Schleier.

Nun begann das feierliche Begrüßungszeremoniell. Anwesend waren, außer Abdul Ghiyas, noch sein alter Vater, zahnlos und tatterig, sowie mehrere Familienmitglieder bis hinunter zu einem Verwandtschaftsgrad, daß von Verwandtschaft kaum mehr die Rede sein konnte, finster dreinblickende Männer mit Käppchen, andere Leute, die gerade anwesend waren und ignoriert wurden, sowie eine riesige Schar von Jungen. Alle waren erschienen, als hätten sie unser Eintreffen erwartet – was auch tatsächlich der Fall war, denn die Nachricht war uns auf geheimnisvollen Wegen von Kabul bis hierher vorangeeilt.

»*Salaamat baschi*«, dröhnte Abdul Ghiyas und warf einen nervösen Blick in Richtung Dach. »Seid gegrüßt. *Khub hasti? Jur hasti?* Geht es euch gut? Seid ihr einträchtig?«

»*Mandeh nabaschi! Zendeh baschi!*«, intonierten wir. »Mögest du niemals ermüden. Mögest du ewig leben.«

»*Salaamat baschi*«, krächzte der alte Vater, und weil Hugh Sekretär gewesen war: »*Sar Ketab,* Chef des Buches, ich erinnere mich an dich.«

Mittlerweile waren Teppiche und Decken hinausgeschafft worden, und mit untergeschlagenen Beinen setzten wir uns in einen Halbkreis. Ein junger Mann brachte zwei große, runde Körbe, der eine voller Aprikosen, der andere voller Maulbeeren *(tut),* noch tropfnaß vom Fluß, in dem er sie gewaschen hatte.

»Das sind die letzten Aprikosen, aber *tut* gibt es noch eine ganze Weile.«

Die Aprikosen waren gut, doch die Maulbeeren waren köstlich, klein und süß und weiß, mit einem leichtem Purpurton. Man konnte kaum aufhören. Ghulam Nabis Hand ging wie eine mechanische Schaufel zwischen Korb und Mund hin und her, bis ich dachte, er platzt gleich. Im Dämmerlicht sah er aus wie ein weißer, prall aufgepumpter Ballon.

Nachdem Ghulam Nabi eine Stunde lang *tut* gegessen hatte, legte er sich auf seine Decke zurück und gab matt und mit lustlosen Handbewegungen Order, das Abendessen zuzubereiten. Meine Stimmung besserte sich. Ich war hungrig, viel zu hungrig, als daß ich mich an Maulbeeren satt gegessen hätte, so gut sie auch sein mochten. Ich bemerkte, daß Ghulam Nabi sich nicht am Kochen beteiligte, das über einem Dungfeuer in einer entfernten Ecke des Gartens stattfand. Den Flüchen nach zu urteilen, die aus der Dunkelheit herüberdrangen, war es nicht ganz einfach, doch das Ergebnis war nicht schlecht. Es gab Eier und *nan-i-roughani,* dünne Weizenfladen, in Ghee knusprig gebraten, und für jeden eine Kanne Tee. Solange Ghulam Nabi bei uns war, bestand offenbar kein Anlaß zu Sorge.

Während des Essens ging ein riesengroßer Mond auf und schien durch die Bäume, so daß sich ein Schattennetz über uns legte. Der Dorfmullah erschien, ein älterer Mann mit rot gefärbtem Vollbart, und bald wurde eine Wasserpfeife herumgereicht. Sie kam auch zu mir, doch bei mir gurgelte sie so schauderhaft, daß ich sie rasch weitergab, um nicht unangenehm aufzufallen.

Noch war mit keinem Wort jene Angelegenheit erwähnt worden, deretwegen wir gekommen waren. Vor dem Essen wäre es vielleicht eine Unhöflichkeit gewesen, doch nun kam Abdul Ghiyas auf das Thema zu sprechen.

»Letztes Jahr erschien ein Amerikaner in Jangalak.« (Jangalak hieß das Dorf, in dem Abdul Ghiyas wohnte.) »Ich bin mit ihm nach dem Mir Samir aufgebrochen.«

»Wie weit ist er gekommen, der Amerikaner?« fragte Hugh.

»Nicht so weit wie wir, nur bis zum Gletscher. Aber für mich war die Tour angenehmer. Mir fielen keine Steine auf den Kopf. Der Amerikaner hatte Seile. Er war reich.«

»Alle Amerikaner sind reich«, sagte Hugh, »aber es waren meine Seile, ich habe sie ihm geliehen, sie kamen aus England, 17 Pfund habe ich dafür bezahlt.« Ich fand, daß das ziemlich viel Geld für ein paar Seile war.

»Sie kamen per Luftpost. Die Frachtkosten waren enorm. Sie kamen nicht per Botschaftspost. Irgendwas war schiefgelaufen, so daß ich Zoll zahlen mußte. Der Wert wurde nach dem Basarkurs berechnet, und darauf haben sie dann Zoll erhoben. Sehr ärgerliche Sache.«

Mit unendlicher Langsamkeit wurde alles vereinbart. Abdul Ghiyas sollte unser Bergführer und Karawanenmeister sein. Er würde sein eigenes Pferd und zwei Mann mit jeweils einem Pferd bringen. Wir würden am nächsten Morgen aufbrechen. Die finanziellen Dinge sollten wir nicht in Anwesenheit von Ghulam Nabi und einer so großen Menge besprechen, und außerdem müßten auch die beiden anderen Männer dabeisein.

So saßen wir stundenlang da, während der Mullah, der sich als Versammlungsleiter betrachtete, bestimmte, welcher der Anwesenden über die Probleme der Welt zu reden hätte. Offensichtlich würden wir die ganze Nacht wach sein. Der Mullah war Tadschike, wie alle anderen Anwesenden auch.

Wir waren überhaupt in tadschikischem Kernland. Wie Abdul Ghiyas später am Abend stolz erklärte: »Von der britischen Botschaft in Bagh-i-Bala über Panjschir und über den Anjuman-Paß bis nach Faizabad oben in Badachschan – alles tadschikisches Land.«

Er hatte recht. Die Botschaft liegt am nördlichen Stadtrand von Kabul. Den ganzen Tag waren wir durch tadschikisches Gebiet gefahren. Tadschiken leben auch in Andarab, dem Tal westlich des Panjschir, und in der Gegend von Ghazni und Herat. In Panjschir gibt es, nach Angaben des Mullahs, etwa fünftausend Haushalte, ingesamt also etwa 30 000 Personen. Tadschiken sind die persischstämmigen ursprünglichen Besitzer des afghanischen Bodens, später von den Pathanen unterworfen, sie sprechen noch heute Persisch und sind angenehme Menschen mit regelmäßigen Gesichtszügen, gläubige Sunniten, ein sehr viel älteres Volk als die Hazara, rundköpfige, flachgesichtige Mongolen, die im vierzehnten Jahrhundert von Dschingis Khan in Zentralasien angesiedelt wurden, in der Region, die er selbst entvölkert hatte, und im achtzehnten Jahrhundert durch Nadir Schah zum schiitischen Islam bekehrt wurden. Heute sind die Hazara, wie die Tadschiken, ein unterworfenes Volk, das sich nur in den Schlupfwinkeln seines Stammlands, des Hazarajat, eine Unabhängigkeit bewahrt hat.

Stundenlang saßen wir da. Der Mullah sprach über den König und wie er einmal gekommen sei, in den umliegenden Bergen zu jagen.

»Er kommt mit dem Jeep, und hier findet er gute Pferde vor. Es gibt Steinböcke und Panther, auch Wölfe. Im Winter gibt es viele Wölfe. Sie greifen die Menschen an und reißen Schafe.«

»Kommen viele junge Männer aus der Stadt zur Jagd?«

»Nicht auf unseren Berg«, sagte Abdul Ghiyas. Trotz seines Mißgeschicks auf dem Mir Samir schien er stolz auf ihn zu sein. »Der Berg verlangt ganze Männer.«

Mit Schaudern dachte ich an die Mühe, die uns der Legation Hill vier Tage zuvor gekostet hatte.

Inzwischen war es spät und kalt geworden. Wir waren in einer Höhe von zweieinhalbtausend Metern. Unser Atem dampfte im Mondschein. Der Fluß war über die Ufer getreten, die Auswirkungen der mittäglichen Gletscherschmelze machten sich erst jetzt bemerkbar. In der letzten Stunde war der Pegel um achtzehn Zentimeter gestiegen.

Hugh erzählte eine unendliche Geschichte, irgend etwas Südamerikanisches, von einer Anakonda, die ein Pferd tötet – das Ganze in klassischem Persisch zu präsentieren war keine Kleinigkeit. Der geradezu hysterisch konzentrierte Gesichtsausdruck der Anwesenden deutete darauf hin, daß es auch für sie anstrengend war. Ich war todmüde. Der Kopf fiel mir immer wieder mit einem fast hörbaren Knacks auf die Brust. Zum Glück brach die Geschichte von der Anakonda sogar den Widerstand des Mullahs, so daß wir bald allein waren. Wir krochen in unsere Schlafsäcke und schliefen sofort ein.

IX

EIN SPAZIERGANG IN DER SONNE

Als ich am folgenden Morgen aufwachte, sah ich, daß Abdul Ghiyas mich mit seinen großen, wilden Augen aus nächster Nähe anstarrte, und, wie mir schien, schon eine ganze Weile. Vielleicht wollte er herausfinden, welche Defekte ich besaß. Auch zu seiner Beruhigung stand ich auf, um im Fluß ein wenig zu schwimmen. Das Wasser war eiskalt. Als ich mit klappernden Zähnen wieder herausstieg, hatte Ghulam Nabi in der Zwischenzeit Tee gemacht, und die beiden anderen Pferdeführer waren eingetroffen.

Während Hugh und ich unseren Tee tranken, beobachteten wir die beiden verstohlen. Unser erster Eindruck war nicht allzu positiv. Nach den mißtrauischen Blicken zu urteilen, die sie uns hin und wieder zuwarfen, galt das auch für sie. Beide waren etwa so alt wie wir. Der eine war dünn und hatte einen rotbraunen Schnurrbart. Er trug ein gestreiftes europäisches Jackett über einer weiten Pluderhose und Schuhe mit hochgebogener Spitze. Er sah listig, intelligent und wie das Gegenteil eines getreuen Dieners aus. Der andere hatte ein breites, einfältiges Gesicht wie ein alter Berufsboxer, eine mächtige Nase und eine zerfurchte Stirn mit einer Warze darauf. Auf dem Hinterkopf trug er ein Hütchen. Er schien ein zäher Bursche zu sein.

Sie hockten mit Abdul Ghiyas vor einer Holzschüssel mit Joghurt und sprachen lebhaft miteinander, während sie die Schüssel mit großen Brotstücken auskratzten. Gelegentlich hielten sie inne, um uns betont finster anzustarren. Die Frage, ob wir die beiden nehmen sollten oder nicht, stellte sich für uns gar nicht. Die Entscheidung lag bei Abdul Ghiyas.

Auf einer kleinen Wiese am Fluß standen die drei Pferde, festgebunden an Eisenhaken, die in die Erde getrieben waren. Ich kenne mich mit Pferden nicht gut aus, aber diese kamen mir ziemlich klein vor.

»Maultiere wären bestimmt besser. Warum nehmen wir keine Maultiere?«

»Es gibt in Afghanistan keine. Jedenfalls habe ich noch nie welche gesehen.«

Ich wunderte mich, daß es nach einem Jahrhundert Guerillakrieg an der indischen Nordwestgrenze niemandem gelungen war, britische Maultiere zu erbeuten, aber aus welchem Grund auch immer, ich habe in Afghanistan tatsächlich kein einziges Maultier gesehen.

Nun wurde unsere ganze Ausrüstung herbeigetragen und im Garten aufgebaut: Seile, Proviantkisten, Mehlsäcke, feuchte, schon plattgedrückte Sachen und schließlich unsere spitzdornigen, wenig verpackungstauglichen Steigeisen.

Der Fahrer von der Botschaft schickte sich an, umzukehren. Ghulam Nabi zog aus einer Innentasche einen an Hugh adressierten Brief und übergab ihn mit aufgesetzt unschuldiger Miene. Der Brief – er war von seinem Dienstherrn, dem Australier – war kurz, aber pointiert.

»*Sir,*

mein Diener, Ghulam Nabi, hat mich wissen lassen, daß Sie ihn mir für die Dauer eines Monats abspenstig machen wollen, so daß ich mit einer kranken Frau, mehreren Kindern und ohne Koch dastehe. Ich teile Ihnen auf diesem Wege mit, daß Ghulam Nabi Sie *nicht* auf Ihrer Expedition begleiten, sondern unverzüglich nach Kabul zurückkehren wird.«

Dazu gab es nichts zu sagen. In einer ähnlichen Situation hätte ich genau den gleichen Brief geschrieben. Ghulam Nabi verstaute mit gespieltem Bedauern seine Sachen im Auto. Er hatte so wenig dabei, daß ihm der Inhalt des Briefes offensichtlich schon vor der Abreise aus Kabul bekannt gewesen sein mußte. Bald war er in einer Staubwolke verschwunden.

Meine schlimmsten Befürchtungen hatten sich bewahrheitet. Ich war jetzt allein in Asien, mit einem Reisegefährten, der für das Thema Essen nur unverhohlene Verachtung übrig hatte und fast so anspruchslos war wie die Männer, die uns begleiten würden.

»Ich verstehe diesen Australier nicht«, sagte Hugh. »Sehr merkwürdige Einstellung. Na egal, ohne Ghulam Nabi kommen wir vermutlich schneller voran. Besser für uns. Ein Problem weniger.«

»Ja.«
»Bedeutet natürlich, daß wir selbst kochen müssen.«
»Ja.«
»Wir haben genug Konserven dabei.«
»Ich weiß.«
»Du bist erstaunlich ruhig.«
»Ja.«
»Alles in Ordnung? Ich hoffe, du hast keine Probleme.«
»Nein, nein. Ich komme mir nur vor wie jemand, der gerade sein Todesurteil gehört hat.«
Die Chance, noch an diesem Tag aufzubrechen, war ziemlich gering. Das lag nicht an mangelhafter Vorbereitung. Es gab nichts vorzubereiten. Es war einfach so, daß man sich am ersten Karawanentag wie ein Läufer in den Startblöcken fühlte – und niemand gab das Startkommando.

Vollgestopft mit Maulbeeren und ein bißchen träge lag ich am Flußufer und guckte ins Wasser. Manchmal fiel ein Lichtstrahl durch die Zweige auf einen kleinen Fisch, der zwischen den freigeschwemmten Wurzeln der Weiden hin und her schoß. In der Flußmitte rauschte das Wasser jadefarben und in der Mittagssonne silbrig glitzernd an mir vorbei. Auf der anderen Seite standen grasende Schafe und Ziegen auf einer Wiese. Vögel, die Abdul Ghiyas als *parastuk* bezeichnete, braune Uferschwalben, segelten über das Kieselsteinufer, ohne ein einziges Mal zu landen; über dem Tal erhoben sich mächtige Geröllhänge mit kleinen vertrockneten Grasflächen; das braune Lehmhaus jenseits der Straße wurde von der sengenden Hitze gebacken. Von Abdul Ghiyas oder den anderen war nichts zu sehen.

Hugh kam herbei. Er hielt den Kopf ins Wasser und trank.

»Ist es gut?« fragte ich.

»Ausgezeichnet. Kommt von den Gletschern. Sollte man natürlich nicht trinken, wenn man erhitzt ist.«

Die Erinnerung an das Erlebnis mit der Eiskrem, der meine Frau fast zum Opfer gefallen wäre, und an den persischen *qanat* stimmte mich mißtrauisch. Das Wasser sah aber wirklich köstlich aus; außerdem gab es so viel davon. Bei einer so großen Menge waren die allermeisten Bakterien bestimmt nicht mehr wirksam.

»Und was ist mit den Dörfern weiter oben im Gebirge?«

»Es gibt keine nennenswerten Ansiedlungen, da kann nichts passieren«, sagte er. »Außerdem mußt du dich daran gewöhnen. Man sollte aber nur dann trinken, wenn es absolut notwendig ist. Das ist ganz wichtig.«

Also trank auch ich.

Nachmittags um halb vier schwand alle Hoffnung, wir könnten doch noch aufbrechen. Die Männer, matt und gleichgültig wie ihre Pferde, hatten keine Lust, so spät noch aufzubrechen. Zu Recht. Sich in die glühende Landschaft jenseits des Gartens hinauszuwagen erschien ihnen selbstmörderisch. Erst nach lautstarken Aufforderungen unsererseits und nachdem wir eindringlich an Abdul Ghiyas appelliert hatten, fanden sich die Männer schließlich bereit, ihre Pferde zu beladen.

Das war eine langwierige Angelegenheit. Das ganze Gepäck mußte in besondere Sisalnetze verstaut und an den Packsätteln befestigt werden. Bald war alles unerreichbar weggepackt – die Proviantrationen in den Bastschachteln, alles andere in Säcken zum Schutz vor den Felsen. Es war klar, daß man alle benötigten Sachen schon morgens parat haben mußte, sonst bekam man sie nicht vor dem Abend zu sehen.

Unklugerweise beschlossen wir, Rucksäcke zu tragen, »zur Abhärtung«, wie wir optimistisch erklärten.

»Zwanzig Kilo müßten doch eigentlich reichen«, sagte Hugh. »Da können wir immer noch genug Tempo machen.«

Die Männer starrten uns entgeistert an. Abdul Ghiyas ließ sich nur mit Mühe davon überzeugen, daß wir nicht den Verstand verloren hatten. Bei etwa vierundvierzig Grad im Schatten, mit zwanzig Kilo auf dem Rücken verließen wir eispickelschwingend Jangalak.

Es tat gut, sich zu bewegen. Die zerfurchte Straße, die sich vor uns erstreckte, folgte dem Fluß. Auf beiden Seiten ragten die Berge steil auf. Als wir uns umschauten, sahen wir Abdul Ghiyas, der im Garten von Jangalak noch immer an unseren Sachen herumpackte, um den Aufbruch bis zuletzt hinauszuzögern.

Zunächst stellten wir erfreut fest, daß man zu Fuß mehr von der Landschaft sieht. Allerdings hatten wir nicht bedacht, daß zwei Europäer, die mit schwerer Last auf dem Rücken durch Asien stiefelten, wenig Ansehen genossen. Daß uns niemand für unser Unternehmen bewunderte, begriffen wir erst nach einem längeren Stück, als wir zwei wilden, stoppelhaarigen Bergburschen begegneten, die auf einem Pfad talwärts kamen. Die beiden trugen enorme Steinsalzbrocken in konischen Körben. Wir winkten freundlich, doch sie stießen so wütende Rufe aus und machten so aggressive Gesten, daß wir schleunigst weitergingen. Sie riefen uns hinterher. Es war immer dasselbe Wort.

»Was heißt *sag?*«
»Hund.«
»Ist das ein grober Ausdruck im Persischen?«
»Ziemlich. Sie finden, wir sollten reiten.«

Die Straße führte am Westufer des Flusses entlang, vorbei an Maulbeergärten, Weizen- und Maisfeldern. Zu dieser Tageszeit lag alles verlassen da. Nach drei Kilometern erreichten wir das Dorf Mala Asp. Ab hier war die Straße für Autos nicht mehr befahrbar. An der Haltestelle am Dorfrand stand ein Omnibus bis zu den Achsen in einem tiefen Tümpel. Daß wir, schwer beladen, zu Fuß gekommen waren, wo es doch den Bus gab, machte uns zu noch lächerlicheren Figuren. Ein alter Mann rief uns von einem hohen Felsen hinterher: »*Khar, khar!* Esel! Warum reitet ihr nicht?«

Wütend antworteten wir: »Halt's Maul!«

Die drei Kilometer, die wir seit Jangalak zurückgelegt hatten, waren nicht ohne Auswirkungen auf uns geblieben. Wir plauderten nicht mehr munter. Im kühlen Garten hatte man sich kaum vorstellen können, wie heiß es wirklich war. Wir litten fürchterlich – die Hitze, der Durst, die Erschöpfung und unsere miserable Kondition machte alles nur noch schlimmer. Meine Beine fühlten sich an wie weiche Butter.

Damit Hugh mir einen Kaugummi geben konnte, blieben wir kurz im Schatten eines einsamen Baumes stehen. Schon jetzt hatten wir eine dicke, weiche Schaummasse im Mund, die sich mit dem Kaugummi zu einem großen Lutschbonbon zu verbinden schien. Die zwanzig Kilo auf dem Rücken kamen uns wie ein Zentner vor; trotzdem waren wir entschlossen, die Rucksäcke diesen einen Tag zu schleppen, was auch passieren mochte. Ich trug ein neues Paar Stiefel, die in Italien für mich angefertigt worden waren, denn in ganz England hatte ich in der kurzen Zeit, die mir zur Verfügung stand, keine passenden Bergschuhe finden können (meine alten Stiefel waren bei unserem Ausflug nach Wales draufgegangen). *»Signore, non sono piedi d'uomo, sono piedi di scimmia«*, hatte mir der italienische Schuhmacher in Brescia so unbefangen erklärt, daß ich gar nicht beleidigt sein konnte. »Mein Herr, das sind keine Menschenfüße, sondern Affenfüße.«

Die Stiefel waren noch per Luftfracht in Teheran eingetroffen, und zwar am Tag unserer Abreise nach Meschhed, und ich hatte sie, abgesehen von unserer kurzen Exkursion auf dem Legation Hill, nicht ausprobiert. Jetzt, in der Hitze des Nachmittags, wurden sie mir zur Qual. Neben einem Paar Turnschuhe waren sie das einzige Schuhwerk, das ich besaß, denn meine englischen Wanderschuhe, ebenfalls eine Sonderanfertigung, waren nicht eingetroffen.

Wir waren nun auf dem Weg, der vor dem Bau der Autostraße über den Schibar-Paß die wichtigste Karawanenroute nach Nordafghanistan, Badachschan und in die transoxanischen Regionen gewesen war. Uns kamen die verschiedensten Leute entgegen. Zuerst Tadschiken aus Jurm in Badachschan (über 200 Kilometer weiter nordöstlich), die mit Eseln nach Gulbahar wollten, um dort Teekannen und Tee zu kaufen. Sie waren seit zwölf Tagen unterwegs, und ihre Gesichter, besonders um die Augen, waren von der Sonne ganz runzelig. Dann Pathanen aus Andarab mit weizenbeladenen Kamelen, die wie mächtige Galeonen im Wind schaukelten. Bergauf zog eine Eselkarawane mit Baumwolle aus der Spinnerei in Gulbahar. Diese Reisenden waren allesamt freundlicher als die Dörfler, denen wir bislang begegnet waren.

»Wie geht's?«, »Seid ihr gesund?«, »Seid ihr kräftig?«, »Wohin wollt ihr?«, und jedesmal antworteten wir: »Hinauf« oder »*Pariam mirim*. Nach Pariam« (im nördlichen Panjschir-Tal) – einigermaßen vage, doch es schien sie zufriedenzustellen. Bald wurde auch das langweilig. Wir selbst sprachen nicht miteinander, der Mund war viel zu trocken.

Später, um sechs Uhr, als die Hitze nachgelassen hatte, erreichte die Straße eine Stelle, wo ein reißender Gebirgsbach aus einem weiten Tal von Osten her in den Fluß mündete. Das Tal hieß Darra Hazara. Dort leben etwa 400 Hazara-Familien, die zum sunnitischen Islam übergetreten waren, um in Frieden unter den Tadschiken leben zu können.

Es war ein gespenstischer Ort. Die Sonne hinter uns war in gelben Staubwolken verschwunden, aufgewirbelt von einem Wind, der plötzlich aufgekommen war und nun durch das Tal fegte und den Fluß peitschte, daß er zu qualmen schien.

Linkerhand auf einem Hügel, schon im kalten Schatten, waren mehrere Gräber, angehäufte Steine, darauf zerzauste Fähnchen, die traurig im Wind flatterten, oder Steinbockhörner, die mit bunten Papiergirlanden geschmückt waren. Laut Hugh war es ein *ziarat*, ein Schrein, und das Grab mit den Steinbockhörnern gehörte einem *mirgun*, einem Meisterschützen.

Auf der Hazara-Seite lag Marz Robat, das Grenz-Fort, etwa dreißig mal dreißig Meter, aus Lehmbacksteinen und an den vier Ecken mit wuchtigen, sich nach oben verjüngenden Schutztürmen versehen.

»Ein Weg nach Nuristan«, sagte Hugh, während wir am Darra Hazara vorbeitrotteten. »Zwei Tage über den Paß, und man wäre an der Quelle des Alischang, aber dort ist man noch immer am Rand von Nuristan. Man müßte über den Alischang-Paß in das Alingar-Tal, und da wäre man erst im unteren Teil. Ich will in den oberen Teil.«

Es klang sehr kompliziert.

Auf dem letzten furchtbaren Kilometer ins Dorf, das denselben Namen wie das Fort trug, bei den Einheimischen aber »Omarz« heißt, wurden wir von zwei kräftigen Männern eingeholt. Wie sich herausstellte, war der größere der beiden, ein gutaussehender Bursche mit einem schwarzen Bart, ein *mirgun* – genau wie der Tote unter dem Steinhaufen.

Ich war viel zu erschöpft, um mich dafür zu interessieren, was ein *mirgun* war, doch Hugh erklärte es mir ausführlich und mit einer Unerbittlichkeit, die mir schon öfter an ihm aufgefallen war. Er dolmetschte jeden Satz, den der Mann sagte, Wort für Wort.

Unter seinem weitem *chapan* holte der *mirgun* einen recht neu aussehenden Vorderlader mit Zündnadelschloß hervor. Alles an dem Mann war robust und zäh, wie geschaffen für ein Leben hier in den Bergen.

»Aus *Englestan*«, sagte er. »Hab es noch nicht lange.«

Während ich versuchte, mir eine kleine Fabrik in Birmingham vorzustellen, die heute noch Vorderlader für afghanische *mirguns* produzierte, fuhr er fort: »Das andere Gewehr hab ich in meinem Garten vergraben. Nachdem ich tausend Steinböcke getötet hatte, war ich *mirgun*. Da habe ich das Gewehr vergraben, mit dem ich sie geschossen habe. Das ist hier so üblich. Ich hab es heimlich in meinem Garten vergraben. Dann kamen die jungen Männer aus dem Dorf, um danach zu suchen. Der Finder kann es kaufen.«

»Warum sollte er?«

»Weil er mit diesem Gewehr ebenfalls tausend Steinböcke schießen und seinerseits *mirgun* wird.«

Um halb sieben erreichten wir das Dorf Marz Robat. Wir waren seit drei Stunden unterwegs und hatten in dieser Zeit vielleicht fünfzehn Kilometer zurückgelegt, doch ich war fix und fertig. Hughs Gesichtsausdruck deutete darauf hin, daß es ihm ähnlich ging.

Wir folgten dem *mirgun* und seinem Gefährten, die unsere Kräfte korrekt eingeschätzt und uns rasch abgehängt hatten, in ein kleines ummauertes Grundstück am rechten Straßenrand und ließen uns in das struppige Gras fallen.

»Also, ich bin erledigt«, sagte Hugh. »Ich weiß überhaupt nicht, warum.«

»Es muß die Luftveränderung sein.«

Das Gärtchen hoch über dem Fluß am Dorfrand gehörte zu einem Teehaus auf der anderen Straßenseite. Es war nicht viel mehr als eine Maueröffnung, abgedeckt von einem schlaffen Strohdach. In einem Holzgestell stand ein russischer Kupfersamowar, der wie eine vorsintflutliche Kanone und ebenso gebrauchsuntüchtig aussah und mit dem zaristischen Doppeladler verziert war. Er sah prächtig aus, funktionierte aber leider nicht. Überzeugt davon, daß es eine Ewigkeit dauern würde, bis in einem so großen Apparat Wasser kochen würde, schloß ich müde die Augen.

Als ich sie wieder aufmachte, fand ich mich bedeckt von einem Teppich Fliegen, die in der kühlen Abendluft vor sich hindösten. Ich schlug um mich, erwischte auch ein paar, doch sie erhoben sich nur eine Handbreit und fielen mit einem hörbaren »Plopp« auf mich zurück und schlossen, wie gutausgebildete Infanteristen, die gelichteten Reihen.

Der Samowar dampfte inzwischen und tanzte in seinem Holzgestell erwartungsvoll auf und ab. Er ähnelte jetzt nicht mehr einer Kanone, sondern eher einer Lokomotive, die ihren Schuppen verlassen hat, um auf die Reise zu gehen.

Der Besitzer beugte sich über uns, ein merkwürdiger Hüne in einem bodenlangen braunen Mantel, unter dem vorsichtig die Fußspitzen hervorschauten. Es war eine Alptraumgestalt, doch immerhin brachte er Tee.

Meine Zähne klapperten wie Kastagnetten, woraufhin der Hüne seinen verlausten Mantel auszog und ihn mir umlegte. Er selbst trug jetzt nur noch ein dünnes

Baumwollhemd. Auch für Hugh wurde ein Mantel gebracht. Sobald hier die Sonne unterging, war es kalt.

Von der Gartenmauer her gaffte uns eine Menge schweigend an. Bis auf die Bettlägerigen hatte sich die männliche Bevölkerung von Marz Robat vollzählig eingefunden, um diese ungewöhnlichen Gestalten zu sehen, die ihnen wie außerirdische Wesen erschienen sein mußten. Um ihre Reaktion zu verstehen, braucht man sich nur einen Tadschiken vorstellen, der in Wimbledon ausgestreckt in einem Garten liegt.

Es war grüner, wohlschmeckender Tee, aber die Tassen waren viel zu klein, zierliche Dinger aus dünnem Porzellan. Nachdem jeder von uns zwei ganze Kannen ausgetrunken hatte, war unser Flüssigkeitsbedarf noch immer nicht gestillt. Unser Durst rührte nicht von einer ausgedörrten Kehle her, es war eher ein tiefes Bedürfnis, all das zu ersetzen, was die sengende Sonne aus uns herausgepreßt hatte.

»Würde ich nicht tun«, krächzte Hugh, als ich nach Wasser rief. »Du wirst es bereuen.«

Meine Disziplin, ohnehin nie groß, war gebrochen. Jetzt waren unsere Rollen vertauscht.

»Ich dachte, du hättest gesagt, ich soll viel trinken.«

»Aber nicht, wenn du müde bist. Es ist viel zu kalt.«

Doch zu spät. Der Hüne hatte schon jemanden mit einem *chatti* zum Fluß geschickt. Außerdem bat ich um etwas Salz, denn ich erinnerte mich, daß man bei Dehydrierung Salz zu sich nehmen soll. Ich bekam einen Brocken, den ich in den Topf hielt und hin und her schwenkte, und nahm einen kräftigen Zug. Es schmeckte schauderhaft, aber wenigstens hatte ich das

Gefühl, meine Disziplinlosigkeit irgendwie rechtfertigen zu können.

Inzwischen war die Menge lautlos von der Mauer gesprungen und näher gekommen. Nun standen alle um uns herum und guckten. Wir waren die Attraktion aller Zeiten. Als erster verlor Hugh die Nerven.

»Zieht Leine!« Er stand auf und stapfte ans hintere Ende des Gartens, wobei er fast über seinen *chapan* gestolpert wäre. Die Menge folgte ihm, doch er brüllte so laut, daß sie zurückwichen und sich auf mich stürzten.

In der Absicht, die Menge zu spalten, steuerte ich auf die einzige noch freie Ecke zu (die andere hatten der *mirgun* und sein Begleiter okkupiert), doch kaum hatte ich die ersten Schritte getan, merkte ich, daß mit meinen Füßen in den italienischen Stiefeln irgend etwas nicht stimmte. Sie fühlten sich an, als wäre eine Straßenbahn über sie hinweggefahren. Ich setzte mich rasch hin und zog die Stiefel aus: meine Socken waren voll Blut.

Ein solches Mißgeschick schon nach drei Stunden oder fünfzehn Kilometern war mir völlig unbegreiflich. Meine Füße sahen wie zermalmt aus. Ich stand vor einem Rätsel. Wie konnte das passieren? Die Stiefel waren nicht zu eng, sondern durchaus großzügig bemessen. Das Problem war eher, daß sie etwas spitz zuliefen – wobei nicht klar war, ob spitze Schuhe in Italien gerade Mode waren oder das Bergsteigen erleichtern sollte. Fest stand jedenfalls, daß spitze Stiefel für mich extrem schmerzhaft waren.

Hugh kam, um sich das Malheur anzuschauen, und die Dörfler pfiffen leise, als sie das Ausmaß der Katastrophe gewahrten. Sie wußten natürlich alle, wie wertvoll Füße im Hindukusch waren. Hugh sagte eine Weile nichts. Es gab nichts zu sagen und, solange Abdul Ghiyas mit den Pferden und dem Verbandskasten nicht da war, auch nichts zu tun.

»Sieht schlimm aus«, sagte er schließlich. »Was willst du machen? Umkehren?«

Nach Kabul zurückzukehren war zwecklos, aber weiterzugehen schien der blanke Wahnsinn zu sein.

Daß meine Füße heilen würden, war bei unserem täglichen Marschpensum ausgeschlossen. Ich entsann mich all der Schwierigkeiten, die wir überwunden hatten, um überhaupt bis Marz Robat zu kommen. Die Kinder von der Schule genommen, die Wohnung untervermietet, den Job gekündigt, das viele Geld, das Hugh und ich ausgegeben hatten. Hughs verrückter Traum, den Mir Samir zu besteigen, würde im letzten Moment platzen; mein ebenso ausgefallener Traum, Forschungsreisender zu werden, würde sich in Wohlgefallen auflösen. Ich dachte an den alten Mann in Kabul. »Aufbrechen tun sie immer«, hatte er kichernd gesagt, »aber weiter kommen sie nicht.« Sollten auch wir zu diesem illustren Kreis von Leuten zählen, die vom Reisen immer nur sprachen? Uns blieb keine andere Wahl, als weiterzumachen. Diese Erkenntnis richtete mich auf.

»Vielleicht können wir dir ein Pferd besorgen«, sagte Hugh.

Er hätte nichts Tröstlicheres sagen können. Ich verstehe nicht das geringste von Pferden. Mein letzter Versuch, ein Pferd zu besteigen, endete damit, daß ich verkehrt herum im Sattel saß. Schlimmer noch, vor lauter Angst verbreite ich in der Nähe von Pferden einen Todesgeruch, den sie wahrnehmen und daraufhin selber Angst kriegen und versuchen, mich zu vernichten. Auf dem Weg, den wir diesen Nachmittag gekommen waren, hätte mich ein Pferd sicherlich erledigt. Manchmal war der Weg nur anderthalb Meter breit gewesen, entlang an einem steilen Abgrund zum Fluß.

»Ich glaube, ich mache weiter. Ein Pferd heißt ein zusätzlicher Mann.«

»Es wäre *dein* Pferd. Wir bräuchten keinen zusätzlichen Mann.«

»Beim Gehen härten sich die Füße vermutlich ab.« Es war eine Formulierung, die ich von nun an fortwährend gebrauchen sollte.

Zum Glück traf Abdul Ghiyas in diesem Moment mit den beiden anderen Treibern ein. Führer und Pferde kamen in den Garten getrottet und donnerten dabei unser Gepäck gegen die Mauer. Wenn das an engen Wegstellen schon die ganze Zeit so gegangen war, war das meiste sicher längst kaputt.

Alle drei, aus ihrer nachmittäglichen Siesta herausgerissen und gezwungen, in der Hitze aufzubrechen, hatten eine Stinklaune. Sogleich scheuchten sie die Menschenmenge aus dem Garten, die sich dort versammelt hatte, und begannen, schimpfend das Gepäck abzuladen und auf die Erde zu knallen wie schnippische Dienstmädchen. Es war kein verheißungsvoller Beginn unserer gemeinsamen Tour.

»Sind sie immer so?« wollte ich von Hugh wissen. Ihre Gereiztheit machte mir Sorge.

»Wir haben mit ihnen noch nicht über Geld geredet. Sie bringen sich für die Feilscherei in Stimmung, und sobald alles entschieden ist, beruhigen sie sich wieder.«

»Sind wie die Marktweiber. Können wir ihnen das Problem nicht abnehmen?«

»In diesem Teil der Welt muß man Geduld haben. Sie machen es auf ihre Art. Außerdem wollen wir die Verhandlungen nicht coram publico führen. Wir warten, bis es dunkel geworden ist. Kümmer du dich am besten weiter um deinen Fuß.«

Als die Dämmerung einsetzte, schaffte Abdul Ghiyas unsere Expeditionsausrüstung heran, baute Kisten und Schachteln in einem Kreis um uns herum auf, so daß wir wie belagerte Siedler vor dem entscheidenden Ansturm aussahen. »Wegen der Räuber«, sagte er. Wir aßen gedämpfte Aprikosen mit viel Zucker, das einzige, was wir in unserem geschwächten Zustand vertrugen. Und wenig später, wie Hugh prophezeit hatte, fingen die Verhandlungen an.

»Wir bieten dreißig Afghanis pro Tag. Und außerdem Futter für eure Pferde.« Hugh schaffte es, das mit dem Futter wie eine himmlische Wohltat klingen zu lassen. Dreißig Afghanis entsprachen etwa vier Shilling.*

Der größere der beiden Pferdeführer, Schir Muhammad, ein mürrischer Kerl, spuckte nur aus. Um ihn in dieser heiklen Verhandlungsphase nicht dabeizuhaben, schickte Hugh ihn los, Zucker zu besorgen.

»Zucker, was wollt ihr mit Zucker? Wenn ihr in unser Land kommt, warum lebt ihr dann nicht wie wir?«,

* Damals etwa DM 2,50. (A.d.Ü.)

brummte er und warf den Sack würdelos hin. »Wir sind ein armes Volk.«

»Welch nobles Tier ist das Pferd«, sagte Abdul Ghiyas in dem Bemühen, dem Gespräch, das in gegenseitige Vorwürfe auszuarten drohte, eine leichtere Note zu verleihen. »Der Weg ist steinig und für Pferde schwer. Kein Mensch wird euch für dreißig Afghanis pro Tag ins Gebirge begleiten.«

»... plus Proviant für die Männer«, sagte Hugh.

»Das ist üblich. Und wer weiß, in welche Gefahren Carless Sahib uns bringen wird. Wohin wird er uns nach dem Berg führen? Vom Mir Samir bis nach Nuristan ist es nicht mehr weit.«

»Fünfunddreißig Afghanis.« Abdul Ghiyas hatte ein Thema angeschnitten, das keiner von uns in dieser Phase besprechen wollte. Es war ein raffinierter Vorstoß.

Es folgte ein so ausgedehntes Schweigen, daß ich schon glaubte, die Kommunikation sei völlig zusammengebrochen.

»Das Pferd ist ein Freund des Menschen«, sagte Abdul Ghiyas schließlich. »Der Weg ist beschwerlich. Es gibt zahlreiche Gefahren, Räuber und böse Menschen. Wir sind alle verheiratet. Ich bin verheiratet. Schir Mohammad ist verheiratet, Badar Khan ist verheiratet...« Er deutete auf den kleineren Mann, den mit dem Oberlippenbärtchen, der sogleich zu kichern begann.

»Für meine Auffassung sieht er eher wie ein Homo aus«, sagte Hugh auf englisch. »Vierzig Afghanis. Nicht mehr.«

»Wir haben viele Kinder.« Schir Muhammad grinste fürchterlich. »Wer soll sich um sie kümmern, wenn es uns nicht mehr gibt?«

»Das ist euer Land. Vor den Tadschiken habt ihr doch bestimmt keine Angst.«

»Es gibt Hazara, heidnische Schiiten...«

»Aber die Hazara von Durra Hazara sind eure Brüder, Sunniten.« Dieser Punkt ging an Hugh, doch Abdul Ghiyas ließ sich nicht beirren.

»Der Mullah von Jangalak hat mir berichtet«, fuhr er fort, »daß erst vor zwei Tagen ein Nuristani von Gujara völlig ausgeraubt wurde. Er war nach Kabul unterwegs, um seinen Bruder besuchen, der beim Militär ist.«

Ich fragte, wer die Gujara seien.

»Berghirten, Halbnomaden aus der Grenzregion, ursprünglich aus dem Pandschab. In Nuristan leben einige von ihnen. Sind ziemliche Banditen – fünfundvierzig Afghanis.«

Schließlich einigten wir uns auf fünfzig Afghanis. Hugh brummte: »Was soll nur aus diesem Land werden«, aber ich fand es bemerkenswert, daß wir drei kräftige Männer und ihre drei drahtigen kleinen Pferde angeheuert hatten – für sechs Shilling acht Pence pro Mann.

Nun, da die Verhandlungen zu einem guten Abschluß gebracht waren, ging die Wasserpfeife herum, und Schir Muhammad schürte das Feuer mit dem Brennmaterial, das die Pferde schneller produzierten, als man es verbrauchen konnte – eine verblüffende Erfahrung für jeden, der englische Verhältnisse gewöhnt ist.

Die ganze Nacht plagten mich Bauchschmerzen, Folge des eiskalten und schmutzigen Wassers, das ich getrunken hatte. Hugh war natürlich nicht betroffen. Jedesmal, wenn ich aufstand, stieß ich auf Abdul Ghiyas. Er schlief nicht, sondern hockte im Mondschein, in seinem weißen *chapan* eine gespenstische Gestalt, er betrachtete grübelnd unser Gepäck und lauschte dem Tosen des Flusses.

X

EINGEWÖHNUNG

Abdul Ghiyas war am nächsten Morgen als erster auf (wenn er überhaupt geschlafen hatte) und trieb uns an wie ein Kindermädchen in einem besseren Haus. »Wir hätten schon um drei aufbrechen sollen«, schimpfte er, doch Schir Muhammad und Badar Khan sahen das anders. Es war ohnehin Schuld der beiden Herren, die in ihren Schlafsäcken lagen und auf den Tee warteten, der nicht kam, und zusehends übellauniger wurden, weil beide wußten, daß sie eine Dummheit begingen, die Schwierigkeiten für den Rest des Tages versprach.

Um Viertel vor sechs brachen wir schließlich auf. Für das Panjschir-Tal war das schon sehr spät. Hinter dem Dorf überquerten wir einen Wildbach, der brodelnd aus einer Schlucht schoß. Es war schon heiß, und mit jeder Minute wurde die Sonne stärker. Wir trugen keine Rucksäcke und blieben diesmal bei den anderen, um Kommentaren von den Dächern zu entgehen.

Im ganzen Tal herrschte geschäftiges Treiben. In den Maulbeergärten an der Straße, hinter zerfallenen

Mauern, ernteten Tadschiken die Früchte. Die Jungen saßen oben in den Bäumen wie Seekadetten in der Takelage und schüttelten die Äste, während ihre hübschen Schwestern an gebogenen Holzstangen gestreifte Decken aufhielten, charmanten weiblichen Feuerwehrleuten gleich, die mit einem Sprungtuch vor einem brennenden Haus stehen. Es regnete endlos Maulbeeren, und die Luft war erfüllt von sanftem Stimmengewirr. Überall auf der Erde lagen Maulbeeren, in den Kuhlen um jeden Baumstamm, und mit Besen wurden alles aufgekehrt. Auch auf der Straße lagen sie in kleinen Häufchen wie frisch gefallener Hagel. Auf den Hausdächern wurden sie in der Sonne getrocknet, neben Aprikosen, die, eine Art Grundnahrungsmittel, das entweder jenseits des Tals verkauft oder für den Winter gelagert wurde, sehr begehrt waren in einer Gegend, in der Zucker ein Luxusgut ist, selten erhältlich und nie zum Tee verwendet wird.

Starker Wind kam auf, der den Panjschir peitschte, wo er weniger wild dahinfloß, an diesen breiten Stellen zwischen steinigen Ufern, die übersät waren mit Baumsplittern und abgeschliffenen Felsblöcken, all dem Unrat, den ein Fluß bei Hochwasser mitführt. Hier war das Tal vielleicht anderthalb Kilometer breit. Die Felder stiegen terrassenförmig an bis zu den Geröllhängen. Selbst diese hochgelegenen Felder wurden mit Hilfe von Leitungen bewässert, die das Wasser, eine technische Meisterleistung, aus dem oberen Panjschir heranführten, ein silbernes Band, das in der Sonne glitzerte.

Auf den Feldern war die Ernte in vollem Gang. Ganze Familien arbeiteten gemeinsam in ausgelassener

Stimmung, droschen den Weizen, daß die Spreu in spitzen Wolken aufwirbelte; Kinder führten Dreschochsen, denen man die Augen verbunden hatte, endlos im Kreis herum; Männer mit Westen über weißen Hemden und weiten Hosen, auf dem Kopf ein schwarzer oder weißer oder marineblauer Turban; schöne, aber unnahbare Mädchen, die sich bei unserem Anblick das Kopftuch tief ins Gesicht zogen und sich abwandten, so daß wir uns wie das Vorauskommando eines Trupps von Triebtätern fühlten, die in dieses Paradies eindrangen, um zu vergewaltigen und zu zerstören. Vielleicht einer der unangenehmsten Züge des fanatischen Islam ist der Umstand, daß er Menschen anderer Religionszugehörigkeit dazu bringen kann, sich in Gedanken, Worten und Taten unrein zu fühlen.

Größere Dörfer waren nicht zu sehen, nur hin und wieder ein paar Häuser oder ein einzelner Hof inmitten der Felder, auf denen Weizen stand oder meterhoher Mais, geheimnisvolle Wälder, in denen Kinder Verstecken spielten, Felder mit Gerste, hellem Klee, Wicken, Bohnen und Tabak, kleine Wiesen mit Apfelbäumen, Nußbaumhaine, Pappeln, in deren Spitzen der Wind säuselte. Hier, in der Mitte des Tals, waren die Häuser aus Stein, zuweilen mit Lehm verputzt. Am Eingang der Täler, die nach Nuristan hinaufführten, standen Wachtürme, umgeben von ein paar Höfen. Die wenigen Brücken waren groteske Stege aus Baumstämmen und Torf.

Das erste dieser Täler, Darra Ghuzu, erreichten wir nach einer Stunde. Am Wegrand saß ein alter Mann mit Käppchen und einem langen Mantel aus gestreiftem Stoff. Er schaute zu uns hoch, und als er unser Interesse bemerkte, zeigte er auf den Gipfel, eine schneebedeckte Spitze, gut fünftausend Meter hoch, die dort, wo die Sonne sie erreichte, rosa glühte.

»Ghuzu«, sagte er. »Unterhalb ist ein großer Eisfluß.«

Er fragte uns, wo wir hinwollten.

»Kuh-i-Mir Samir. Wir wollen ihn besteigen.«

»Ghuzu«, sagte er und zeigte auf die majestätische Spitze, »ist ein Kind, Kuh-i-Mir Samir ein großer Berg, fast senkrecht. Diesen Gipfel besteigt niemand.«

Eine Weile trotteten wir schweigend voran, während ich diese wenig erfreuliche Information verdaute.

»Wenn es schlimmer als der Ghuzu ist, hat er wahrscheinlich recht.«

»Er ist nur höher, das ist alles. Wir werden es schon irgendwie schaffen«, sagte Hugh. Sein Optimismus war irgendwie ansteckend.

»Hast recht«, sagte ich.

Noch zwei Stunden, dann waren wir in Khinj, einem schattigen Dorf. Männer bauten gerade eine Lehmmauer und rührten ausgelassen wie kleine Jungs in der Pampe. Hinter dem Dorf wurde es belebt; Hirten aus Badakhschan kamen uns mit Unmengen von Fettschwanzschafen entgegen, tausend Tiere pro Herde, die, eines hinter dem anderen, den Pfad bevölkerten und versuchten, uns in den Abgrund zu drängen, Leute aus Andarab, wild dreinblickende pathanische Händler, Männer, beladen mit braunen Steinsalzblöcken – ihnen allen, ausgenommen den Schafen, riefen wir die obligatorischen Gruß- und Erwiderungsformeln zu, die sich, der Vormittag war schon weit fortgeschritten, zu einer Art Singsang entwickelt hatten.

»*Mandeh nabaschi.*«
»*Salamat baschi.*«
»*Khusch amadid.*«
»*Khub hasti.*«
»*Jur hasti.*«
»*Che hal dari.*«

Selten wurden wir eingeladen, haltzumachen und uns zu erfrischen, »*mehrbani kho*« und »*nusch i jan ko*« – alles in Kabuler Persisch, das dem Dialekt von Khorasan ähnelt, wie er in der Provinz Meschhed gesprochen wird, ziemlich archaisch und mit etlichen türkischen Wörtern durchsetzt.

Nach vier Stunden Fußmarsch erreichten wir das Dorf Safed Jir. Hier hatten die Hauseingänge die Form hoher Spitzbögen, die Holztüren waren dekorativ geschnitzt und mit kabbalistischen Zeichen bemalt. Wir setzten uns auf eine niedrige Mauer und waren bald von einer Schar alter Männer und Kinder umringt. Einige Kinder hatten blaue Augen. Nicht alle Frauen waren verschleiert, und manche kicherten kokett wie Backfische, die auf sich aufmerksam machen wollen. Doch die lockere Stimmung fand rasch ein Ende, als Abdul Ghiyas eintraf und ihnen zurief, sie sollten sich in Gegenwart von Ungläubigen gefälligst verschleiern, wir seien bekannt als ehrlose gottlose Männer.

»Manchmal könnte ich ihm den Hals umdrehen«, sagte Hugh. »Abdul Ghiyas ist schlimmer als ein Mullah. Wenn er im Sommer das Tal verläßt und auf den Bergalmen lebt, ist er die meiste Zeit bei den Nomadenfrauen, aber wehe, ich bekomme eine zu sehen. Er ist wohl ein gottesfürchtiger Mann.«

»Du überraschst mich. Ich finde, er ist eher eine Gouvernante.«

»Eher ein Rasputin.«

Was immer die Frauen zum Lachen gebracht haben mochte, allein schon unser Äußeres gab ihnen reichlich Anlaß. Hugh trug eine Chitrali-Mütze, in dieser Gegend an sich kein Gegenstand von Gelächter, aber sie saß flach wie ein Pfannkuchen auf seinem Kopf, außerdem trug er Jacke und Hose aus Khaki, wie ein Offizier der Achten Armee – ziemlich bizarr. Und er hatte noch seinen Eispickel dabei, während ich meinen schon lange den Lasttieren anvertraut hatte. Außerdem bewegte er sich sehr steif, mit durchgedrücktem Rücken. Auch ich bemühte mich, kurios auszusehen, mit einem Hütchen aus der Bond Street, einer englischen Version eines Tirolerhuts, Bluejeans aus der Petticoat Lane und einer Kamera, die mir um den Hals hing, mit einer Unmenge von Wechselobjektiven, Belichtungsmessern und diversen Lichtfiltern. Und ich hatte ein Notizbuch dabei, das mir bereits die Bezeichnung *Motakhasses Sahib* (»Spezialist«) eingetragen hatte.

Schon um elf Uhr waren wir völlig kaputt. In meinen riesigen Füßen schienen sämtliche Höllenfeuer zu brennen. An jedem kleinen Bach hielten wir die Füße ins Wasser und spülten den Mund aus, doch es half nichts. Wir lutschten saure Bonbons, aber sie füllten nur den Mund wieder mit dickflüssigem Schleim, der nach Zitrone schmeckte.

Die Pferde hatten wir weit hinter uns gelassen. Sich ein gemächlicheres Tempo anzugewöhnen war nicht ganz leicht.

Rechts neben der Straße lag, sanft zum Fluß abfallend, ein Obstgarten. Wie Männer, die im Begriff sind, eine Straftat zu begehen, schlichen wir uns hinein, zogen die Stiefel und die qualmenden Socken aus und tranken ungeniert das Wasser, das uns ein junger Mann unaufgefordert brachte. Dort lagen wir wie zwei Leichen, bis die Pferdetreiber vorbeikamen. Schir Muhammad warf uns einen respektlosen Blick zu, der uns, so entkräftet wir auch dalagen, außerordentlich mißfiel.

»Als ich das letzte Mal mit Dreesen im Panjschir war, haben wir am ersten Tag sechzig Kilometer geschafft, von Marz Robat bis ins obere Tal«, sagte Hugh, als wir wieder aufbrachen. Er sah grauenerregend aus. Ich fragte ihn, was los sei.

»Durchfall. Sehr ungewöhnlich.«

»Überrascht mich nicht. Dieses dreckige Wasser, das wir die ganze Zeit trinken.«

»Am Wasser liegt es nicht.«

»Vielleicht sind wir nicht robust genug dafür.«

»Man muß sich daran gewöhnen.«

»Wie alte Weiber, die Fusel trinken?«

Obwohl wir immer öfter Pause machten, holten wir die Männer ein.

»*Waqt-i-tup*. Die Zeit der Kanone«, sagte Abdul Ghiyas spitz. In tadschikischem Sprachgebrauch hieß das: es ist schon Mittag, wir hätten längst am Ziel sein müssen.

»Wie weit ist es bis zum nächsten Teehaus?«
»Anderthalb *kro*.«
»Was ist ein *kro*?« Ich merkte, daß die Hitze und unser Gespräch über Wasser Hugh zusetzten. Die Tatsache, daß er die meisten Verhandlungen führen mußte, stimmte ihn schon jetzt sehr verdrießlich.
»Ein *kro* ist ein halber iranischer *farsakh*.«
Es dauerte eine Weile, bis ich den Mut aufbrachte, ihn zu fragen, was ein iranischer *farsakh* sei.
»Die Entfernung, die man in einer Stunde in ebenem Gelände zurücklegt – sechs Kilometer ungefähr. Und offen gestanden, ich finde, deine Fortschritte im Persischen lassen auch zu wünschen übrig.«
Im Panjschir-Tal windet sich der Weg nach jedem Stück bewirtschafteten Land wieder bergauf, dreihundert Meter über dem Fluß, so dicht am Abgrund vorbei, daß sich einem die Haare sträuben. Nach insgesamt fünf Stunden kamen wir zum schlimmsten Stück bislang.
Hier standen keine Bäume, es wuchs überhaupt nichts, und so gab es auch keinen Schatten. Der Boden war rot und glühend heiß, die Luft voller Sand. Die Sonne schien den ganzen Himmel wie ein großes Messingschild auszufüllen. Der Fluß in der Schlucht tief unter uns war von einem schmutzig kränklichen Gelb. Hugh mußte, von Magenschmerzen geplagt, oft haltmachen und sich in der kahlen Berglandschaft Erleichterung verschaffen. Zum Glück war außer uns niemand unterwegs. Unsere Männer waren weit hinter uns, alle anderen hatten vor der Hitze des Tages schon längst das Weite gesucht.

Der Abstieg war lange und mühsam. Es war, als ginge man auf glühendem Wellblech. Genau anderthalb Stunden später, wie Abdul Ghiyas prophezeit hatte, kamen wir um eine Wegbiegung und sahen ein Dorf am Fluß, grün, kühl, einladend. Dascht-i-Rewat, »Die Ebene des Forts«, das letzte Dorf vor den Schluchten, die nach Parian führen. Und von weitem sahen wir schon zwei dampfende Samoware.

Im Dorf brachen wir vor dem falschen Samowar zusammen. Da unsere Männer dort keine Stammgäste waren, mußten wir bei ihrem Eintreffen aufstehen und barfuß zum nächsten Etablissement wanken. Dort verbrachten wir den Rest des Tages im Schatten eines riesigen Walnußbaums, die Pferde waren in der Nähe angebunden.

Es war ein zauberhafter Ort, wie von Claude Lorrain gemalt. Wir lagen in einem natürlichen Amphitheater aus grünem Gras, in dem Walnuß- und Maulbeerbäume großzügig Schatten spendeten. Am anderen Ende waren ein paar eigentümlich ausgewaschene Felsen, über die ein Wasserfall donnerte. Am Fuß des Felsens sprudelte Quellwasser durch silbrigen Sand in ein kleines natürliches Bassin. Die einzigen Geräusche in diesem Paradies aus Felsen, Wasser und Gras kamen aus der üppigen Natur: das Rauschen des fernen Flusses, das Donnern des Wasserfalls, das Plätschern des kleinen Bachs, das Summen der Fliegen, das Geräusch von Abdul Ghiyas' Hengst, der sich mit Badar Khans Mähre zu paaren versuchte, und das Gackern der Hühner, die sich, angezogen von den Brotkrümeln, um uns geschart hatten.

Wir schwammen in einer unbewegten Stelle des Flusses, unterhalb einer Mühle. Das Wasser war sehr tief und kalt. In der Mitte schoß der Fluß dahin. Auf dem Felsen über uns standen mindestens hundert Männer und Jungen und sahen zu. Bald kamen auch einige von ihnen ins Wasser und schwammen mit seltsam hastigen Paddelbewegungen.

Unendlich erholt kehrten wir zum Walnußbaum zurück, verfolgt von einer ganzen Meute von Jungen. Zuerst standen sie um mich herum, während ich mich dem grauenhaften Ritual des Fußverbindens widmete, doch die Jüngeren wurden von den Älteren weggescheucht, die dann ihrerseits von Schir Muhammad fortgescheucht wurden, so daß nur noch ein Halbkreis von Neugierigen übrig blieb, das Minimum an Publikum, mit dem wir uns abgefunden hatten, wo immer wir uns befanden. Stündlich wuchs unser Respekt vor Schir Muhammad; schon hatte er, deutliches Zeichen von Anerkennung, einen Spitznamen erhalten: *Sar-i-Sargin,* »Chef der Pferdeäpfel«, wegen der ungeheuren Menge Material, das er aufsammelte, wenn wir unterwegs ein Feuer machten.

Wieder schliefen wir umringt von unserem Gepäck. Nach Mitternacht wachte ich irgendwann auf. Ein großer Mond beleuchtete den Weg. In diesem Moment erschienen mehrere Männer, in dunkle Mäntel gehüllt, lautlos und rasch ritten sie vorbei.

Am nächsten Morgen brachen wir in aller Frühe auf, als es noch dunkel war. Um fünf hatten wir die letzten Häuser im unteren Tal hinter uns gelassen und begannen mit dem langen Anstieg zum oberen Panjschir.

Bald waren wir auf der Höhe des Darra Rewat, das in östlicher Richtung verlief, hinauf zu einem Paß gleichen Namens nach Nuristan.

»Wir kommen bald zum letzten Samowar vor Parian«, sagte Hugh.

Doch er hatte sich geirrt. Als wir den höchsten Punkt des Passes erreichten, streng genommen den Kamm einer größeren Erhebung, sahen wir nichts; nur verlassene Felder und das, was Hugh als Teehaus in Erinnerung hatte, ein verfallenes Gebäude. Tief unten zwängte sich der Fluß, der fast stillstand, bedeckt mit einer dicken grünen Schaumschicht, eingezwängt zwischen hohen erodierten Sandsteinfelsen und gestaut durch Felsen am unteren Ende, durch eine schmale Öffnung in das breite, kultivierte Tal von Dascht-i-Rewat.

»Warum gab es hier überhaupt ein Teehaus?«

»Das hier ist eine Wegkreuzung«, sagte Hugh. »Dort oben« – er zeigte in die Berge im Nordwesten – »geht es über den Til-Paß nach Andarab. Das Land verdorrt. Die Gletscher weichen jedes Jahr ein Stück zurück.« Er zeigte auf die verlassenen, verwahrlosten Felder. »Vor vier Jahren wuchsen dort Bohnen. Die Erde wird fortgeweht. Deshalb ist hier niemand mehr. Hier will niemand mehr wohnen.«

Zwei Tadschiken mit einer Ziegenherde tauchten auf. Sie boten uns *talkhan* an, eine Masse aus getrockneten Maulbeeren mit Walnüssen. Sie selbst nahmen grüne Tabakblätter, die sie sich unter die Zunge legten.

»Also, ich habe das Gefühl, daß ich langsam wieder zu Kräften komme«, sagte Hugh. »Ich spüre sogar meine Beine.«

Er hatte recht. Trotz der unglaublichen Dinge, die wir unseren Eingeweiden zugemutet hatten, waren wir tatsächlich etwas robuster geworden.

»Ich auch«, antwortete ich. »Die Sache ist nur, daß ich außerdem noch meine Füße spüre.«

Inzwischen waren Abdul Ghiyas und die beiden anderen gekommen.

»Wie lang ist die Schlucht?«

»Zwölf *kro*.«

»Also etwa dreißig Kilometer in der Ebene?«

»Stimmt«, sagte Hugh.

»Aber ist sie eben?«

»Kein bißchen.«

»Na prima!«

»Mehr als zwei *farsak-i-gorg* (Wolfs-Farsak)«, sagte Abdul Ghiyas genüßlich.

Steil ging es nun hinunter. Bald mühten sich die Pferde über einen reißenden Bach, der direkt auf den Fluß stieß.

Klatschnaß stiegen wir aus dem Wasser. Auf dem anderen Ufer wartete eine Gruppe von Pathanen, die nach Rewat unterwegs waren, Vater, Mutter, zwei Söhne und ein verdrießlich schauendes Mädchen auf einem Pony, ein unfreundlicher Trupp, die Männer mit Gewehren bewaffnet. Als wir an ihnen vorbeigingen, murmelten sie Abdul Ghiyas etwas zu.

»Was haben sie gesagt?« fragte Hugh, sobald sie außer Sichtweite waren.

»Daß es auf dem Weg zwischen hier und Parian Banditen gibt, sie haben gerade einen Mann komplett ausgeraubt.«

Ein paar Kilometer, dann gelangten wir zu einer Stelle, wo der Fluß um einen hohen Felsen wirbelte und ein anderer Fluß von links herabwirbelte.

»*Ao Khawak*«, sagte Abdul Ghiyas. »Kommt vom Khawak-Paß herunter. Das ist der Weg von Timur.«

Hier überquerten 1398 Timurs wilde Reiter den Hindukusch in Richtung Indien.

Der Steg über den Khawak bestand aus zwei nebeneinander liegenden Baumstämmen, der eine etwas höher als der andere, der Zwischenraum war mit Steinen und Grassoden ausgefüllt. Die Stämme rollten beim Betreten etwas auseinander, so daß Steine und Erdstücke in den reißenden Strom fielen.

Für die Pferde war diese Furt recht mühsam. Sie staksten durch den Strom, während die Männer auf dem Gepäck saßen, aber das war nichts im Vergleich zu den Strapazen, die ihnen später zugemutet wurden.

Ein Stück weiter fanden wir den Mann, der überfallen worden war. Hinter einem Felsbrocken lag ein junger Mann, vielleicht zwanzig Jahre alt, mit eingeschlagenem Schädel auf der Erde. Der Täter hatte ihn wahrscheinlich von hinten niedergestreckt, während ein zweiter ihn in ein Gespräch verwickelt hatte. Das Tatwerkzeug lag ein paar Meter weiter – ein spitzer Stein, blutbeschmiert. Es war erst vor kurzem passiert.

»Was tun wir jetzt?« fragte Hugh, an Abdul Ghiyas gewandt. Dessen Vorschlag war dermaßen vernünftig, daß wir ihn sofort befolgten.

»Wir verschwinden«, sagte er.

Über uns kreiste ein großer Raubvogel, ein Lämmergeier mit weißlichem Gefieder und brauner Zeichnung auf den Schwingen. In diesem Moment kam ein zweiter hinzu.

»Bei uns heißen sie die ›Verbrannten‹«, sagte Abdul Ghiyas.

Nachdem wir den Kopf der Leiche mit einem Stein bedeckt hatten, zogen wir weiter.

Der Weg wurde nun immer trostloser, die Schlucht immer enger, ein wildes Chaos voller Granitblöcke. Man konnte den Hochwasserpegel des Flusses sehen, etwa zehn Meter über dem jetzigen Stand. Weit oben in den Felsen waren dunkle Höhleneingänge zu sehen. Noch höher ragten Granitfelsen über den Pfad, und von Zeit zu Zeit löste sich ein Stück und fiel laut in die Schlucht. Es war kein Ort zum Verweilen.

Aber unten am Fluß, auf winzigen Feldern zwischen den Felsen, wuchs Weizen, und das Wasser schoß glitzernd durch die Bewässerungsgräben. Es gab viele Vögel: Tauben, schwarze und weiße asiatische Elstern und ein schönes Exemplar, dessen Federn je nach Lichteinfall blau oder grün schimmerten. Es war heiß, aber es wehte ein Wind, der einen kühlen, frischen Geruch von Wasser herantrug. Auf dem Pfad, der so verlassen wirkte, herrschte emsiges Treiben. Im Staub unter unseren Füßen zerteilten Käfer gerade einen frischen Pferdeapfel und transportierten ihn nach und nach zu einem Versteck. Auf der steilen Ostseite der Schlucht zog sich, hundert Meter über uns, ein Bewässerungskanal talwärts, allerdings in der entgegengesetzten Richtung zum Fluß, so daß es kurioserweise so aussah, als fließe er bergauf. Vielleicht floß er tatsächlich bergauf. Hier schien alles möglich.

Nach einem Zweistundenmarsch, in dessen Verlauf wir immer wieder aus dem Fluß tranken und unsere Gesichter ins Wasser hielten, traten wir aus der Schlucht. Das Tal öffnete sich, nach Osten wichen die Berge zurück, senffarbenes Gras bedeckte sie, wie Gras, auf dem lange Zeit Schnee gelegen hatte. Hinter diesen Bergen schimmerte eine Kette von zerklüfteten schneebedeckten Gipfeln majestätisch in der Sonne.

»Parian«, sagte Hugh. »Das ist der obere Teil des Tals, und diese Berge sind die Ausläufer des Mir Samir. Morgen werden wir ihn endlich sehen.«

XI

ANNÄHERUNG VON WESTEN

Bald kamen wir zu einer Ansammlung von primitiven Hütten, deren zerlumpte Bewohner einen eigentümlichen Gegensatz zur sauberen Luft im Tal bildeten. Das war Schahnaiz, der Ort, den Hugh und Dreesen an ihrem ersten Tag erreicht hatten, sechzig Kilometer von Omarz entfernt.

Dahinter ging es wieder bergauf, doch wir blieben auf den weichen, saftigen Wiesen und folgten dem Fluß. Nach der Beengtheit der Schlucht tat es gut, im Freien zu sein und den kühlen Wind im Gesicht zu spüren. Bald endeten die Wiesen am Fuß eines zerklüfteten Felsens.

Der Fluß war recht flach, aber ungeheuer reißend. Wir beschlossen, ihn zu überqueren, was nicht ganz ungefährlich war, denn die Strömung war sehr stark und das Flußbett bestand aus fußballgroßen, glitschigen Steinen. Auf halbem Weg sahen wir uns genötigt, aufzugeben, denn wer hier ausgerutscht wäre, hätte keine Chance mehr gehabt. Wir hätten es wissen müssen und auf die Abkürzung verzichten sollen.

Wir stapften wieder zurück durch die Wiesen, auf demselben Weg, den wir gekommen waren, und stiegen den Bergpfad hinauf, wo wir den Treibern begegneten, die unsere Bemühungen mit amüsiertem Interesse verfolgt hatten.

»In Panjschir und in Parian hält man sich an den Weg«, bemerkte Abdul Ghiyas. »Die Wege bestehen seit uralten Zeiten. Wenn es einen anderen Weg gäbe, würden wir ihn benutzen.«

Gemeinsam gingen wir weiter, bis wir zu einer Selbstmörderbrücke kamen, hinter der ein Dorf lag. Die Häuser waren nicht mehr als ein Haufen Steine, aber unten am Fluß war ein Pappelhain, ein idealer Zeltplatz, den wir sehnsüchtig betrachteten.

Da wir einander inzwischen etwas überdrüssig waren, ging Hugh am westlichen Ufer weiter, während ich, wie Abdul Ghiyas es empfohlen hatte, dem Weg folgte, mit den Pferden die Brücke überquerte und durch ein Gassenwirrwarr das Dorf betrat, das primitiver war als alles, was ich bisher gesehen hatte. Der Ort war menschenleer, jede Haustür mit einer Handschelle verriegelt, die, wie ich erfreut feststellte, in Birmingham angefertigt worden war. Die Gassen wurden von mächtigen Felsblöcken versperrt, an denen die Pferde nur mit Mühe vorbeikamen. Auf der anderen Seite des Dorfes stapften wir in einem Gewirr von knöcheltiefen Wasserläufen, die sich durch die Felder zogen.

Weit voraus, einen Kilometer vor uns, war Hugh zu sehen, der oberhalb des Flusses ausschritt, eine aufrechte Gestalt, die einsam durch Asien marschierte. Aber es war schon klar, daß er buchstäblich den Weg der Erleuchtung gewählt hatte. Wir anderen schienen zunächst weiterzukommen, doch dann wand sich der Pfad um ein Feld, und wir landeten wieder am Ausgangspunkt. Und nirgends war ein Mensch, der uns hätte führen können. Auch die Felder lagen völlig verlassen da.

»Alle sind auf dem *aylaq*«, sagte Abdul Ghiyas, »auf der Sommerweide.«

Zwei Stunden später erreichten wir einen Lagerplatz am Eingang des Darra Samir. Es war ein Pappelhain am Fluß. Hugh war schon da. »In Parian gibt es nur einen Weg«, sagte er bedeutungsvoll zu Abdul Ghiyas, der errötete.

Wir waren so erschöpft, daß wir keinen Hunger hatten, zwangen uns aber, das unappetitliche Brot zu essen, das Badar Khan in Schahnaiz besorgt hatte, und dazu aßen wir eine Dose Marmelade aus dem Proviantvorrat, den wir mittlerweile angebrochen hatten. Die vier Kisten versetzten uns einen leisen Schock: es war viermal derselbe Inhalt, eine besonders seltene Variante ohne Kekse. In den meisten Büchsen war Irish Stew. Die Zukunft sah nicht sehr rosig aus.

Obwohl es bis zum nächsten Dorf (Kaujan) noch ein ganzes Stück war, hatte sich unser Kommen auf asiatisch mysteriösen Wegen bereits herumgesprochen, so daß wir von einigen alten Dorfbewohnern, die zu schwach waren, mit den anderen auf die teilweise viertausend Meter hohen Sommerweiden zu steigen, schon zu einem Schwätzchen erwartet wurden.

Hier im Parian-Tal, das sich vierzig Kilometer bis zum Anjuman-Paß auf dem Hauptkamm des Hindukusch erstreckte, lebten noch immer Tadschiken, aber sie hatten flachere, breitere Gesichter, vielleicht infolge usbekischer Einflüsse aus dem Norden. Die Leute waren ärmer und primitiver als die im unteren Tal, Halbnomaden, die im Frühjahr mit ihren Schafen, Ziegen, Rindern und Ponys auf die Hochgebirgsweiden ziehen und dort bleiben, bis im September der erste Schnee fällt. In Parian gibt es keine Früchte und wenige Bäume, fast nur Pappeln und Weiden, und auch die nur in Flußnähe. Die Felder liefern Bohnen, Gerste und Mais, die Gebirgsweiden Milch und Butter.

Mit Sonnenuntergang wurde es empfindlich kalt, und ein unangenehmer Wind wehte durch das Darra Samir, »der Atem von Mir Samir«, wie einer der alten Männer ihn anschaulich nannte. Wir kauerten uns um das Feuer, das nicht nur mit Pferdemist, sondern jetzt auch mit einer süßlich riechenden Wurzel namens *buta* gespeist wurde, und sprachen über die Panjschir-Tadschiken und unseren Berg. Einer der Alten eröffnete die Unterhaltung.

»Panjschir ist *sarhadd*«, krächzte er, »die Grenze.«

»Grenze wovon?«

»Zu den Jadidi und dem Land im Norden. Der Weg im Panjschir ist der Weg nach Turkestan.«

»Ja«, sagten alle und nickten. »Genauso ist es. Der Weg nach Turkestan.«

»Wer sind die Jadidi?«

»Die Jadidi sind die Nuristani. Bis der große Emir (er meinte Abdur Rahman) sie mit dem Schwert bekehrte, waren sie Heiden und große Räuber.«

»Sind sie noch immer«, sagte jemand.

»Wir Tadschiken hatten fünf Männer, die das Tal verteidigt haben. Das waren die *panj schir*, die fünf Tiger. Sie haben die Pässe im Osten vor den Jadidi geschützt, den Weg nach Turkestan (er meinte den Anjuman-Paß) vor den Badachschanis, den Khawak und den Salang vor den Turkis (Usbeken) von Andarab, und den Jabal as-Siraj (am südlichen Ausgang des Panjschir) vor den schiitischen Hazara. Das ist die Bedeutung von Panjschir.«

»Nein«, sagte Abdul Ghiyas, der mit wachsendem Unmut zugehört hatte. »*Schir* ist Tiger, früher gab es viele Tiger im Tal. Auf dem Gipfel des Til gibt es heute noch einen Tiger, der bis nach Andarab heruntersteigt. Die Leute haben ihn gesehen.«

»Aber der große Amir sagt, daß Panjschir nach den Gräbern von fünf islamischen Heiligen genannt wurde.« Das war Hugh.

»Wo befinden sich diese Grabstätten?«

»Das weiß ich nicht.« Da brummten die Alten. Über dieses Thema diskutierte man nicht mit einem fünfunddreißigjährigen Spund, noch dazu einem ungläubigen Fremden.

»Aber es heißt doch auch, daß *Panj-schir* die fünf Löwensöhne von Pandu sind«, fuhr Hugh fort.

»Wer sagt das?« fragten alle.

»Die Hindus aus Hind. Ich habe es im Buch eines *Amrîkai* gelesen.«*

»Ein *Amrîkai*!« Offenkundig eine Zumutung. »Und die Leute aus Hind, was wissen die vom Panjschir? Wer

---

* Es ist das Buch des amerikanischen Reisenden Charles Masson, *Narrative of Various Journeys*, London 1842.

die Reise hierher gemacht hat, ist durch das Schwert umgekommen.«

»Alles ganz falsch. Das Wort kommt von *schirmahi*, dem Tigerfisch, der im Fluß schwimmt«, sagte jemand anderes.

»Pah!« sagten die anderen.

Doch zu dem Namen Mir Samir fiel niemandem etwas ein.

»Kein Mensch ist je dort gewesen«, war alles, was sie sagten, »Selbst die *bozi-kuhi*, die Steinböcke, waren nur einmal dort oben. Das war in der Zeit von Tufan-i-Nuh, als Noahs Fluten die Erde bedeckten. Das zerstörerische Wasser stieg an, das ganze Tal hinauf bis zum Kuh-i-Mir Samir. Dorthin flüchtete sich auch der letzte Steinbock. Und das Wasser stieg ihm bis zum Bauch, irgendwann hörte es auf, und nach einer Weile sank die Flut, und seitdem hat der Steinbock einen weißen Bauch. So ist es gewesen.«

Nebelschwaden waren vom Fluß aufgestiegen und umhüllten uns nun wie Rauch. Die alten Männer brachen auf. Einer von ihnen war der Bewässerungsaufseher, der *mirab* (»Herr des Wassers«). Auf dem Heimweg öffnete er auf den höhergelegenen Feldern die Schleuse, so daß wir um drei Uhr aufwachten und feststellten, daß wir in einer Pfütze lagen. Der ganze Wald stand unter Wasser. Später hörten wir außerhalb des Waldes ein furchtbares Krachen, es war ein Wildschwein, das in einem Maisfeld alles zertrampelte. Die Pferde waren die ganze Nacht unruhig, schnaubten und stampften mit den Hufen. Ich hatte grauenhafte Träume.

Nach den Schrecken der Nacht war die Morgendämmerung von einer geradezu spöttischen Schönheit, der Nebel hatte sich gelichtet, ein leiser Wind wehte, und die Spitzen der Pappeln wiegten sich sanft vor einem apfelgrünen Himmel. Um sechs zogen wir weiter.

Der Eingang des Darra Samir war außerordentlich schmal, und haushohe Felsbrocken blockierten den Pfad. Zweimal mußten die Pferde durch den Fluß schwimmen, unser Gepäck wurde naß, und Schir Muhammads Grauer verletzte sich das Vorderbein – der Tag begann wenig verheißungsvoll.

Gleich hinter diesem Engpaß stieg das Tal an, flankiert von gigantischen Bergen, zwischen den Felsen versteckten sich kleine Terrassenfelder, auf denen Gerste, Wicke und Klee wuchsen. Hier waren die Bewässerungsgräben von einer eindrucksvollen Kompliziertheit, und ich stellte mir vor, daß sie meinen Kindern gefallen würden. Das Wasser floß schnell und lautlos dahin, bis zu der Stelle, wo der »Herr des Wassers« die Schleuse geöffnet hatte, so daß es nun glucksend weiter talwärts rauschte, immer parallel zum Fluß.

Der Pfad folgte dem Hauptgraben, der nie mehr als einen halben Meter breit war. Neben den Wasserläufen wuchsen dichte Moosmatten, Riedgräser, goldgelbe Ranunkeln sowie hellrote und gelbe Buschrosen, jetzt am frühen Morgen tauschwer. Die Spinnennetze zwischen den Büschen, von einer besonders großen Spinne angelegt, waren so dicht wie ein Drahtverhau, und als die Sonne über dem Berg vor uns aufging, glitzerten sie wie dicke weiße Bindfäden. Nur der schlaffe wilde

Rhabarber, der überall auf den unteren Berghängen stand wie Fahnen des Verlierers nach einer Schlacht, verlieh der Szenerie etwas Melancholisches.

Nach anderthalb Stunden mühsamen Anstiegs kamen wir zu einer Ansammlung von runden Steinhütten, die wie Hebriden-*bothies* aussahen, aber mit Erde und wilden Rhabarberstrünken gedeckt waren. Inmitten der Felsen waren sie kaum zu erkennen, nur der Rauch, der in der windstillen Luft über ihnen hing, zeigte an, daß dort Menschen wohnten. Das Brennmaterial lag zum Trocknen auf den flachen Steinplatten ausgebreitet, tellergroße Fladen, die Schir Muhammad mit sehnsüchtigen Blicken bedachte.

Unten am Wasser stand eine große Rinderherde, kleinwüchsige, bucklige, schwarzgefleckte Tiere, die das Gras fraßen, das in runden Nadelkissen zwischen den Felsen wuchs. Oben in den Bergen gab es auch Fettschwanzschafe und einige bösartig dreinschauende Ziegen.

»Der *aylaq* von Kaujan«, sagte Abdul Ghiyas. Das war die Sommerweide der Dörfler, mit deren Ältesten wir in der Nacht zuvor zusammengesessen hatten. Wortlos trieben alle drei ihre langen Eisenstangen in den Boden, banden die Pferde an und hockten sich mit überkreuzten Beinen auf die Erde, in dieser anstrengenden Position, die für Hugh selbstverständlich war, die ich aber immer nur ein paar Minuten aushalten konnte.

»Einer der großen Vorteile für Reisende in dieser Gegend der Welt ist, daß immer etwas passiert, man muß nur lange genug warten«, sagte Hugh, nachdem wir zehn Minuten gesessen hatten, ohne daß irgend etwas passiert war. »In England würde man gar nicht auf die Idee kommen, sich am Dorfrand einfach auf die Erde zu setzen. Man würde verhungern.«

»Mir ist nicht ganz klar, was hier anders ist.«

Doch bald wurde ich eines Besseren belehrt. Unsere Ankunft sorgte allmählich für Aufregung. Frauen und Kinder traten aus den Hütten, bunte Farbtupfer in der kargen Landschaft, und stießen lange, klagende Rufe aus, die von Männern, unsichtbar irgendwo in den Bergen, beantwortet wurden. Plötzlich lautes Gebell, eine Meute wilder Hunde stürzte zähnefletschend auf uns zu, sie sprangen von Fels zu Fels und über den Fluß, doch wir hielten sie mit Steinen und gotteslästerlichen Flüchen in Schach. Zwei Männer kamen hinterher, der eine klein und dick, der andere größer, braune Augen, dichter Bart, gerade Nase, eine würdevolle Erscheinung. Abdul Ghiyas schien ihn zu kennen, denn sie begrüßten sich herzlich. Der Mann hieß Abdul Rahim.

Sie hatten einen Tontopf voll *dugh* (Buttermilch) mitgebracht, eine Holzschüssel mit dicker, gelber *qaymaq* (Sahne) und Brot zum Auftunken. Unsere Männer langten kräftig zu. Für uns war es keine Zeit für vornehme Zurückhaltung, dafür verschwand das Zeug viel zu schnell in ihren Kehlen. Wir langten ebenfalls zu. Die Buttermilch war kühl, leicht säuerlich und sehr erfrischend, die Sahne mit dem noch ofenwarmen Brot schmeckte köstlich.

In Begleitung von Abdul Rahim machten wir uns wieder auf den Weg. Es wurde jetzt wirklich anstrengend. Wir stiegen über kreuz und quer übereinanderliegende Steinplatten, die in der Sonne fast glühten. Abdul Rahim ging voran, mühelos fand er einen Weg, während weiter hinten die Expedition nur stolpernd vorankam. Die Luft war erfüllt vom Geräusch der strauchelnden Pferde und von gepfefferten Flüchen. Dummerweise hatten wir auf dem *aylaq* gegessen und getrunken, so daß wir nun während des Aufstiegs wie kleine Kinder rülpsten.

Wir passierten den Eingang einer tiefen Schlucht. Weiter oben zeigten sich die gleichen Geröllmassen, die uns schon jetzt soviel Mühe kosteten. Über diesen Geröllhängen waren mächtige Felsen, die nach Kalkstein aussahen, und in den Lücken tauchten manchmal glitzernde Nadeln auf, die mit Eis oder Schnee bedeckt waren. Hin und wieder lösten wir durch unseren Tritt einen Felsbrocken aus, der, immer schneller werdend, den Hang hinunterrollte und in die Tiefe fiel, in den unsichtbaren Fluß.

Um halb zehn kamen wir schließlich um die letzte Biegung, kletterten eine steile Geröllwand hinauf und erblickten am Ende eines langen, schnurgeraden Tals einen mächtigen Berg.

»Mir Samir«, sagte Hugh.

Der Berg war zehn Kilometer entfernt. Von Westen, gegen die Morgensonne und auf diese Entfernung, war er eine undeutliche braune Pyramide, weiß gesprenkelt, dunstverschleiert. Sein Fuß lag in tiefem Schatten.

Es war ein erregender Moment, doch es war nicht der Berg, der uns bannte, sondern der märchenhafte Anblick unmittelbar vor uns.

Wir standen auf einer weiten grünen Wiese, die für meine geschundenen Füße eine richtige Wohltat war. Durch sie schlängelte sich der Bach, nicht mehr reißend, sondern friedlich zwischen grasbewachsenen Ufern, dazu ein Gewirr von stehendem Wasser, das schmale Zungen und Inseln bildete, und alles kam in einem kleinen See zusammen, an dessen Ufer wir jetzt standen. Ein kühler Wind kräuselte das Wasser. Dieser Ort lud zum Verweilen ein, und er ließ unser Vorhaben noch unattraktiver erscheinen, als es ohnehin war.

Im Tal waren prächtige Pferde zu sehen, gemeinsamer Besitz der Bewohner des *aylaq* und einiger Pathanen-Nomaden. Erschrocken donnerten sie mit wehenden Mähnen davon, eines hinter dem anderen, durch das Labyrinth von Kanälen und hinauf in die Berge.

Nach dieser Wiese kam eine zweite, auf der die Pathanen-Nomaden, ein insgesamt wilderer, zäherer Menschenschlag als die Tadschiken und auch beweglicher, ihre schwarzen Ziegenfellzelte aufgeschlagen hatten.

Auch auf der dritten und höchsten Wiese das gleiche weiche Gras und das gleiche Bachlabyrinth. Am anderen Ende, am Fuß einer Moräne, die sich in einer Steinkaskade bis auf die Wiese ergoß, stand ein Felsen, bedeckt mit orangefarbenen Flechten, der etwas Schatten vor der sengenden Sonne bot. Hier wurde das Gepäck abgeladen. Im Tagebuch jeder besseren Bergexpedition wäre dies das »Basislager«.

Den ganzen Nachmittag lagen wir dicht an diesem Felsen, Oberkörper im Schatten, der Rest in der glühenden Sonne. Wenn wir nicht gerade dösten, studierten wir den Berg durch Hughs Fernrohr, das er in einem Lederfutteral trug, was ihm etwas Großväterliches gab. Von unserem Standort aus, hundert Meter von der Moräne entfernt, war klar, daß es zwischen uns und dem eigentlichen Fuß des Bergs jede Menge »uneinsehbares Gelände« gab, wie es im präzisen militärischen Sprachgebrauch heißt. Tatsächlich waren wir in ziemlich der gleichen Position wie am Milestone Buttress – am »Start«, aber nicht am »Anfang.«

Was ich sah, war durchaus ehrfurchtgebietend. Mir Samir zeigte sich von Westen her als eine senkrecht aufsteigende Wand. Selbst für einen Laien wie mich war klar, daß in einer solchen Höhe nicht einmal die Männer, deren Ausrüstung im »Everest Room« in Caernarvonshire hing, die Westflanke würden bezwingen können. Das gleiche galt für den Überhang direkt vor uns, dem wir bereits jenen tödlichen Namen gegeben hatten, der jeden Bergsteiger mit Schrecken erfüllt – North-West Buttress. Aussichtsreicher war ein etwas entfernterer Kamm, der von Osten her zum Gipfel zu führen schien.

»Das ist unsere große Hoffnung«, sagte Hugh. »Von hier aus kann man ihn nicht sehen, aber unterhalb dieser Wand verläuft ein Gletscher, der Westgletscher. Diese Moräne kommt von dort.« Er zeigte auf das Labyrinth vor uns. »Auf der anderen Seite der Wand, unter dem Ostkamm, ist der Ostgletscher. Ich dachte mir, wir steigen auf die Wand und entweder weiter zum Ostgletscher oder um den Überhang herum und auf diesem Weg den Kamm hoch. Schwer zu erklären, wenn man es nicht sieht.«

»Es ist unmöglich.«

Was ich tatsächlich sah, war ein fortlaufender gezackter Kamm, der wie eine Wand vom Gipfel quer über die Flanke vor uns lief und mit einer kleinen Biegung den Eingang des Tals bildete.

»*Pesarha-ye Mir Samir*, die Söhne von Mir Samir«, beschrieb Abdul Rahim anschaulich die Ausläufer dieses formidablen Felsens. Er hatte versprochen, uns am nächsten Morgen noch ein Stück zu begleiten, aber nicht mitzuklettern. Jetzt fing er an zu erzählen, wie ein Gutsbesitzer von der Jagd erzählen würde.

»Als junger Mann konnte ich schnell wie ein Steinbock durch den Schnee laufen, drei habe ich mit der bloßen Hand gefangen. Im Winter, bei hohem Schnee, ist es am besten. Dann kommen die Fasane und Steinböcke in die Täler, und man kann sie mit Hunden gegen eine Bergwand oder in die Schneeverwehungen treiben. Aber jetzt bin ich alt [er war zweiunddreißig] und habe graue Barthaare und manchmal habe ich stechende Herzschmerzen. Ich habe vieles erlebt. Ich war zwei Jahre Soldat, beim Aufstand der Safis habe ich gegen sie gekämpft.«*

Dann erzählte er uns von seiner Ehe. »Ich hatte drei Frauen. Die ersten beiden waren unfruchtbar, aber die dritte bekam drei Kinder. Sie sind alle erstickt, weil sie auf ihnen schlief. Sie ist sehr dick. Ich würde mir gern eine andere nehmen, aber eine Frau kostet neuntausend Afghanis [nach dem offiziellen Wechselkurs etwa 150 Pfund Sterling, nach dem Basarkurs etwa 50 Pfund]. In Geld ausgedrückt. In Naturalien zwei

---

* Dieser kaum bekannte Krieg gegen die Safi-Stämme des Kunar-Tals fand zwischen 1945 und 1947 statt.

Pferde, fünf Kühe und vierzig Schafe. Zur Hochzeit kommen vielleicht dreihundert Leute, die eine ganze Woche lang bleiben und feiern. Man muß ihnen Reis geben. Ihr seht also, es ist nicht ganz billig.«

Die vier Männer begannen nun, nach Mekka gewandt (nicht ganz korrekt ausgerichtet, wie mir schien), das Abendgebet zu verrichten. »Abdul Ghiyas wird heute abend wohl ein paar zusätzliche Gebete sprechen«, sagte Hugh, als die in ihrer Schlichtheit bewegende Zeremonie zu Ende war. »Ich habe ihn gebeten, uns morgen bis zur Felswand zu begleiten.«

Erst jetzt bemerkte ich, daß auf der Wiese, dort, wo er gebetet hatte, ein Eispickel im Boden steckte.

Als die Sonne unterging, kam ein Wind auf, dunkle Wolken bildeten sich hinter dem Berg, und die ganze Westflanke war in ein schauderhaft gelbes Licht getaucht, das in der südlichen Hemisphäre als Vorbote eines großen Unwetters angesehen würde. In der Hitze des Tages war der Berg sehr fern, fast unwirklich erschienen. Jetzt war die Luft auf einmal ganz kalt, und ich versuchte mir vorzustellen, wie es in diesem Moment wohl auf dem Gipfel war. Wir verteilten Anoraks. Schir Muhammad lehnte ab, desgleichen Badar Khan und Abdul Rahim. Nur Abdul Ghiyas nahm unser Angebot an.

Die Sonne ging hinter dem Khawak-Paß unter. Um diese Uhrzeit wäre ich, nach einem Arbeitstag unter den Kronleuchtern, auf die Grosvenor Street hinausgetreten. Statt dessen bereiteten wir über einem Feuer, das eher Rauch als Hitze erzeugte, ein trauriges Stück Konservenfleisch zu. Der Geruch von brennendem

Mist, der heulende Wind, die unruhigen Pferde, der Gedanke an Abdul Ghiyas, der seine Gebete aufsagte und seinen Eispickel weihte, und vor allem der Gedanke an den Berg selbst, dessen Gipfel jetzt in durcheinanderwirbelnden schwarzen Wolken gehüllt war – all das rief mir in Erinnerung, daß dies Zentralasien war. Ich hatte es so gewollt.

Als es ganz dunkel geworden war, hörten wir Geräusche.

»Steinböcke«, sagte Hugh.

»Ich glaube, es ist Steinschlag.«

»Im Frühjahr hat hier ein Panther drei Lämmer gerissen«, sagte Abdul Rahim.

»Grrr.«

Um vier Uhr standen wir auf und hockten uns, grau und müde, an ein armseliges Feuer aus Dung und der Wunderwurzel *buta,* die um diese Stunde nicht gut brannte. Das Auftauchen von zwei barfüßigen Pathanen, der eine nur mit Hemd und Baumwollhose angetan, der andere ein zerlumpter Greis, erwärmte uns nicht besonders. Abdul Ghiyas bot mit seinem ungepflegten Turban, in dem er geschlafen hatte, mit dem Armeeanorak und den schnürsenkellosen italienischen Bergstiefeln einen grotesken Anblick. Er sah nicht mehr wie ein Kindermädchen aus, eher wie ein verrückter Sergeant.

Nachdem wir miserablen Tee getrunken und etwas gedünstetes Obst gegessen hatten, brachen wir auf. Badar Khan blieb mit den Pferden zurück. Es wäre langweilig, die Ausrüstungsgegenstände aufzuzählen, die wir mitnahmen: Es war das, was jede andere Expedition mitgenommen hätte, bestimmt aber sehr viel weniger als bei den Expeditionen, von denen ich gehört hatte. Jeder von uns trug etwa zwanzig Kilo, abgesehen von Schir Muhammad, der sich ein großes weißes Laken mit sämtlichen Seilen und Metallhaken über die Schulter geworfen hatte. Im grauen Licht sahen wir aus, als würden wir zu einer Exhumierung marschieren. Selbst unsere Eispickel muteten eher wie Spitzhacken an. Ich wünschte, Hyde-Clarke hätte uns in diesem Moment sehen können.

»Was die Royal Geographical Society wohl von uns halten würde?« sagte Hugh, während wir im Gänsemarsch durch sumpfiges Gelände stapften.

»Ist das wichtig? Wir kosten sie keinen Penny!«

»Sie haben uns einen Höhenmesser geliehen.«

»Angenehme Vorstellung, daß sie sich für unsere Expedition interessieren.«

Jenseits der Wiese, auf der wir uns nasse Füße für so ziemlich den ganzen Tag holten, erreichten wir die Moräne, graues Gletschergeröll, auf dem wir vorsichtig weitergingen. Die langen Bergkämme über uns strahlten schon in der aufgehenden Sonne. Wir waren noch eine Dreiviertelstunde vom oberen Ende der Moräne entfernt. Dort legten wir eine Pause ein. Abdul Ghiyas hatte rasende Kopfschmerzen wegen der Höhe, sein Gesicht war aschfahl.

Um sieben Uhr blendeten die sonnenbeschienenen, verschneiten Gipfel. Wir waren jetzt hinter der Moräne auf morastigem Boden, Sturzbäche schossen über den Rand des Plateaus. Zwischen den Felsen weiter oben zeigte uns Abdul Rahim frische Spuren von Steinböcken und Wölfen. Plötzlich stiegen direkt vor uns Vögel mit großem Geflatter auf. Abdul Rahim warf seinen Rucksack weg, schürzte seinen *chapan* und rannte (in einer Höhe von viereinhalbtausend Metern) wie ein junger Hirsch und verschwand hinter der Anhöhe.

Nach einer Weile tauchte er einen Kilometer weiter wieder auf. Ursprünglich waren es fünf Vögel gewesen, jetzt waren es nur noch zwei, aber Abdul Rahim rannte einem Vogel hinterher, der zehn Meter vor ihm flog, auf einen See zu, in den er dann eintauchte. In seinem Eifer schoß auch Abdul Rahim in das aufspritzende Wasser und erwischte den Vogel.

Wenig später kam er, den Vogel unter dem Arm, auf uns zugelaufen.

»*Kauk-i-darri*, ich werde ihn zähmen«, sagte er. Es war ein weißes, noch nicht ganz ausgewachsenes Schneehuhn, das sich, überhaupt nicht scheu, an ihn schmiegte. Für ihn eine bemerkenswerte Leistung, zumal er in der Nacht zuvor von seinem schwachen Herzen erzählt hatte.

Schir Muhammad nutzte diesen Moment, um sein Laken voll Eisenwaren von der Schulter zu nehmen und mit großem Getöse auf den steinigen Boden fallen zu lassen. Wie ein kleiner Junge, der seine Mutter beim Einkaufen begleitet und ihre Gespräche mit anderen Kundinnen langweilig findet, so hatte er keine Lust mehr, in viereinhalbtausend Metern Höhe einfach herumzustehen; das Einfangen von *kauk-i-darri* war für ihn nichts Besonderes. Seine Reaktion entschied über unseren Lagerplatz. Der Ort war so geeignet wie jeder andere.

XII

ERSTE RUNDE

Das Felsplateau war beeindruckend schön. In dieser Höhe wuchs zwar kein Gras mehr, es gab kaum noch Erde und überall lagen Felsbrocken herum, doch die ganze Fläche war überzogen mit einem dichten Teppich von malvenfarbenen Primeln, abertausend zarten Blüten auf kräftigen grünen Stengeln. Vor uns erstreckte sich ein leuchtend grüner See, an den flachen Stellen und Bächen wuchsen die Primeln in dichten, runden Haufen.

Das Wasser des Sees stammte aus dem Gletscher, von dem Hugh gesprochen hatte. Das hier war das »uneinsehbare Gelände«, das ich mir während unserer Terrainerkundung mit dem Fernrohr versucht hatte vorzustellen. Von der Felswand, unserem nächsten Ziel, rollte der Gletscher wie eine Flutwelle von Osten (genauer gesagt von ONO) heran und kam einen Kilometer vor uns zum Stehen, in einem Wirrwarr von Geröll, das er herangetragen hatte wie gigantische Kieselsteine an einem Meeresstrand.

Der Felsen am oberen Ende, der ihn, laut Hugh, von einem größeren Gletscher trennte, der in der entgegengesetzten Richtung floß, sah aus dieser Entfernung (etwa drei Kilometer) wie die Chinesische Mauer aus, und darüber stieg der Berg, wie ein kolossaler Dolomitengipfel, aber insgesamt viel höher gelegen, bis zu der ersten Bastion an, der Spitze des Nordwest-Überhangs. Darüber war eine Mulde, dann ein zweiter Kamm, der zu einer weiteren Spitze verlief, dann wieder ein Kamm, der direkt zum Gipfel zu führen schien.

Der Felsen stieß an den Überhang weit unten an der senkrechten Wand. Breite Hänge, bedeckt mit Schnee oder Eis (als Laie konnte ich den Unterschied nicht erkennen) reichten seitlich heran. Für erfahrene Leute wäre es vermutlich ein geeigneter Einstieg gewesen – doch der Überhang dürfte jeden eingeschüchtert haben.

Eine Weile betrachteten wir schweigend diese Aussicht.

»Wir müssen halt ein bißchen klettern.«

»Das ist mir klar.«

»Es ist nur eine Frage der Technik.«

»Mir ist nur nicht klar, wie wir da rüberkommen sollen.«

»Das werden wir schon sehen.«

Die Westwand, die mich schon mit so viel Ehrfurcht erfüllt hatte, als sie im Licht der untergehenden Sonne lag, war jetzt kaum zu sehen; nur der höchste Punkt dieses beängstigenden Dreiecks zeigte sich, dünn mit Schnee bestäubt, weit weniger verschneit, als ich gedacht hatte.

Der untere Teil wurde von einem der »Söhne« des Mir Samir verdeckt, einem Fünfeinhalbtausender, der sich aus den verschneiten Hängen über dem Gletscher erhob und parallel dazu verlief, quer zu unserer Wand. Vom Tal aus hatte es wie ein ununterbrochener Kamm ausgesehen, doch gleich hinter dem See tat sich eine etwa anderthalb Kilometer breite Lücke auf, dann stieg er wieder an, aber nicht mehr so hoch. Zwischen diesen beiden Kämmen schien der Eingang zu einem tiefen Tal zu liegen, aus dem sich ein weiterer Kamm erhob, teuflisch, unbezwingbar, scharf gezackt wie eine Reihe spitz zugefeilter Zähne.

Hugh war ganz aus dem Häuschen.

»Dort ist der Weg zum Fuß der Westwand.«

»Dort wurde ich damals von einem großen Stein am Kopf getroffen.« Das war Abdul Ghiyas, der gar nicht gut aussah. Ich fühlte mich auch nicht besonders, hatte inzwischen dieselben Probleme wie Hugh – Folge jener mörderischen Trinkgewohnheiten, die wir im Panjschir gepflegt hatten.

Wir bauten unser kleines Zelt auf. Es gab so wenig Erde, daß man keine Haken einschlagen konnte, sie verbogen sich nur. Also verwendeten wir große Steine. Mit der eingearbeiteten Isoliermatte und dem winddichten Eingang war es wie in einem Ofen. Schweißgebadet krochen wir wieder heraus.

Abdul Rahim und Schir Muhammad kehrten nun um, und jeder verabschiedete sich auf seine Weise. Abdul Rahim standen Tränen in den Augen, als er uns die Hand schüttelte. Ich war genauso bewegt wie er. Da ich sein Urteil in Bergangelegenheiten achtete, nahm ich diesen Gefühlsausbruch als Hinweis, daß er nicht mit einem Wiedersehen rechnete. Schir Muhammad, diesen Mann aus Eisen, konnte ohnehin nichts erschüttern. Wortlos und ohne sich noch einmal umzublicken, stapfte er den Berg hinunter, verhandelte schon mit einem der Pathanen-Nomaden über den Preis eines Lamms. Er wollte möglichst rasch in seinen Alltag zurückkehren.

Es war halb acht. Der Tag schien schon unglaublich weit fortgeschritten. Hugh legte die Ausrüstung bereit.

»Je früher wir dort oben sind, desto eher können wir anfangen. Hier ist es nicht besonders gemütlich.«

Dieses eine Mal pflichtete ich ihm bei. Bevor wir aufbrachen, verschwand ich rasch hinter einem Felsen (was nicht weiter bemerkenswert war – es passierte etwa ein dutzendmal am Tag), um noch einen Blick in die Broschüre zu werfen, in den Abschnitt über das Besteigen von Gletschern. Es war wie eine allerletzte Repetition auf dem Flur vor dem Prüfungszimmer und ebenso sinnlos.

Um Viertel vor acht brachen wir auf, alle drei in der gleichen Aufmachung – Anorak, italienische Stiefel und Gletscherbrille. Auf dem Kopf trug jeder seine individuelle Kopfbedeckung. Man mußte unbedingt etwas aufsetzen, da die Sonne schon extrem stark war. Die Gesichter hatten wir mit Gletschercreme eingeschmiert, die Lippen mit einer merkwürdig schmeckenden rosaroten österreichischen Salbe. Wir sahen aus wie Kopfjäger. Der Weg führte uns zuerst über massives Felsgestein, das wie Blei schimmerte, poliert durch die

Reibung von Abertausenden Tonnen Eis. Die Farbe war nur oberflächlich. Sobald man etwas abkratzte, trat eine etwas hellere Schicht hervor, eine Art Granit, wie der ganze Berg. Links lag wieder ein See, kleiner als derjenige, den wir gerade passiert hatten, aber schöner, das Wasser hellblau, vom Wind gekräuselt, eine Einladung, unser verrücktes Unternehmen aufzugeben. Schließlich gelangten wir zur letzten Moräne, dem Geröll, das der Gletscher heruntergeworfen hatte und jetzt in wüstem Durcheinander an seinem Fuß lag. Es war, als hätten ein paar Riesen mit Granittafeln Karten gespielt und sie am Ende in einem hohen Haufen liegen lassen. Durch dieses Chaos suchten wir uns wie Ameisen einen Weg. Aus den Tiefen der Moräne drang das Rauschen unsichtbarer Gewässer, über uns ragte der »Sohn von Mir Samir« in den Himmel, und von irgendwoher kamen Geräusche, die sich wie Rumpeln anhörten.

Um halb neun erreichten wir den Gletscher. Für mich war es der erste Gletscher meines Lebens. Er war etwa zwei Kilometer lang. Hier, am unteren Ende, lag eine etwa dreißig Zentimeter hohe Schneeschicht auf dem Eis, die in der Nacht gefroren war, jetzt aber rasch schmolz. Das Wasser sprudelte unten aus dem Gletscher hervor wie aus einer Batterie von Gartenschläuchen.

Dicht unterhalb der Schneehänge, die fast senkrecht zum Berg rechterhand aufstiegen, stapften wir los. Im kalten Schatten des »Sohnes« zogen wir nun unsere Steigeisen auf. Ich hatte noch nie in meinem Leben Steigeisen getragen, abgesehen von jenem Tag in Mai-

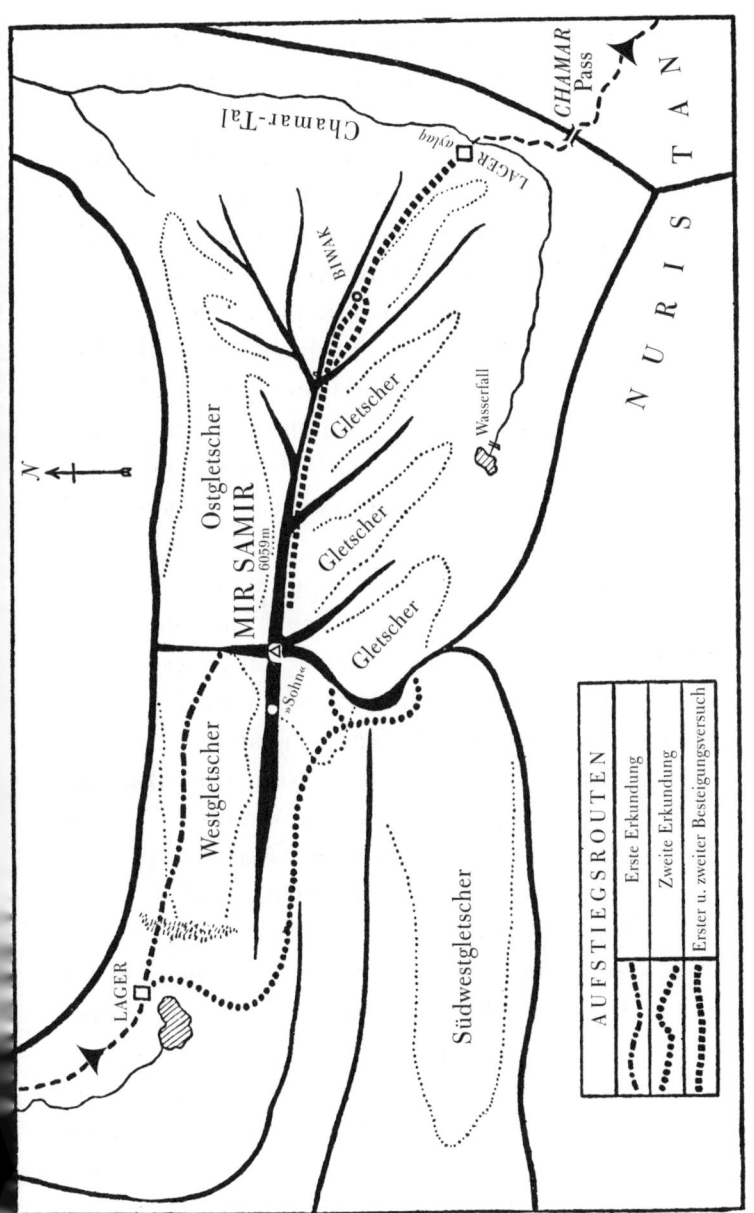

land, an dem ich sie eilig gekauft hatte. Hugh traute ich mich nicht zu fragen, aber auch seine sahen nagelneu aus.

»Ich möchte nicht weitergehen«, sagte Abdul Ghiyas, der in diesem Moment mutig meine eigenen Gedanken aussprach. Nach der Mühe zu urteilen, die er mit den Steigeisen hatte, war offensichtlich, daß er noch nie welche getragen hatte. »Mein Kopf tut weh.«

»Mir tut der Bauch weh, Newby Sahib tun die Füße weh, aber wir werden weitergehen«, sagte Hugh.

Unbarmherzig redeten wir auf ihn ein. Vielleicht lag es an der Höhenluft. Jedenfalls seilten wir uns an, und Abdul Ghiyas ließ sich ohne weiteren Protest in die Mitte nehmen.

Wir brachen auf – Abdul Ghiyas mit seinem schlimmen Kopf, Hugh mit seinem Bauch, ich mit meinen Füßen und dem Bauch. Davon mal abgesehen, erklärten wir übereinstimmend, daß es uns prächtig ging, jedenfalls spürten wir die Bewegung unserer Beine.

»Ich finde, wir haben uns hervorragend akklimatisiert«, sagte Hugh zufrieden. Mir vorzustellen, in welcher körperlichen und psychischen Verfassung jemand sein mochte, der sich schlecht akklimatisiert hatte, fiel mir doch ein bißchen schwer.

Mit den ungewohnten Steigeisen an den Stiefeln stapften wir den Gletscher hinauf, mechanische Figuren, ausgedörrt von der Sonne, den Blick nur auf das Hangstück unmittelbar vor uns gerichtet, das wir mit unseren Eispickeln sorgfältig nach Spalten absuchten. Ich hatte die ganze Zeit das Gefühl, daß unsere Methode idiotisch war. Erfahrenere Leute hätten sich den

Gletscher angesehen und einfach beschlossen, daß es keine Spalten gab, jedenfalls nicht auf dieser Höhe. In Ermangelung einer sachkundigen Person, die man hätte fragen können, schien es aber besser, so weiterzumachen.

Das Licht war sehr anstrengend, selbst mit einer Gletscherbrille hatte man das Gefühl, von mehreren Scheinwerfern angestrahlt zu werden. Wir waren durstig, und überall um uns herum floß Wasser. Es war schwer, der Versuchung zu widerstehen, sich eine Handvoll Schnee in den Mund zu stecken, aber der Zustand unserer Gedärme war uns Warnung genug, derlei zu unterlassen.

Der Winkel des Gletschers wurde nun immer steiler. Der Schnee war tief, so daß ich Stufen treten mußte, zuerst unnötig große, dann, mit einiger Übung, etwas kleinere. Oberhalb von uns ragte die Felswand empor, aber zwischen dem höchsten Punkt des Gletschers und der Wand war etwas, das wie ein Panzergraben aussah.

»Bergschrund«, sagte Hugh.

»Was?«

»Eine Gletscherspalte. Die hier ist nur anderthalb Meter tief.«

»Woher willst du das wissen?« Es war kein Ort für Diskussionen.

»In dem Jahr, als ich mit Dreesen hier war, bin ich auf dem Rückweg abgerutscht und reingefallen.«

»Hattest du Steigeisen?«

»Nein. Los, weiter!«

Nachdenklich stapfte ich weiter. Selbst mit den Steigeisen war es schwierig, aber wir hatten ja Gummiprofilsohlen. Mit genagelten Sohlen wäre es besser gewesen. Doch schließlich hatte Hugh auch 1952 keine Nagelstiefel getragen.

Langsam gewannen wir an Höhe, bis wir dicht unter der vorspringenden Felswand waren, die im kalten Schatten lag und uns mit mächtigen Eiszapfen aufzuspießen drohte. Hier wurde die Gletscherspalte schmaler, so daß wir sie überqueren konnten, dann ging es weiter über glänzenden Firn, der hart wie Eis war. Man konnte unmöglich in die Gletscherspalte hineinsehen, nur die Öffnung war sichtbar. Sie hätte genausogut fünfzig Meter tief sein können.

Die Überquerung dieses steilen Hangs war weitaus schwieriger als der direkte Aufstieg bis dahin. Für den Anfänger sind Steigeisen Segen und Fluch zugleich, ständig verfingen sich die Zacken im Stoff meiner Hosenbeine. Eine Weile hatten wir uns lehrbuchmäßig angeseilt und vorwärts bewegt, wie es der Doktor uns beigebracht hatte.

Als wir uns schließlich um halb elf erschöpft auf einen kleineren Felsen hievten, hatten wir den höchsten Punkt der Wand erreicht. Wir waren zwar nur zwei Stunden unterwegs gewesen, aber für Bergsteiger unseres Formats reichte das in dieser Höhe völlig aus. Die Wand war ungefähr fünf Meter breit, nach Osten fiel sie fast senkrecht ab, sechzig Meter tief, auf einen zweiten Gletscher, einen Zwillingsbruder desjenigen, den wir gerade bestiegen hatten. Er war sehr viel mächtiger als der andere, ein endlos weißes Feld, das nach Osten rollte. Darüber ragte die Nordwand des Ostkamms auf, tausend Meter hoch, in furchterregenden

Schneehängen, wie eine Abbildung unserer Broschüre, Abschnitt Lawinengefahren, mit schwarzen Felsüberhängen und einer wirklich tiefen Gletscherspalte darunter.

»Wollen wir uns dort hinunter abseilen?« fragte Hugh.

»Und wie kommen wir wieder zurück?«

»Könnte ein bißchen schwierig werden«, räumte er ein.

Irgendwo über uns war der Gipfel, unsichtbar, verborgen durch den Nordwest-Überhang, glatt und von unserer Richtung her unerklimmbar. Die Wand selbst wurde von zehn Meter hohen Felsspitzen gekrönt. In diesem Moment befanden wir uns in einer Mulde zwischen zwei solchen Spitzen.

Weit hinter dem Ostgletscher und einem Labyrinth kleinerer Berge zeigte sich eine Ansammlung von Gipfeln, allesamt schneebedeckt, einer sah aus wie eine umgedrehte Eiswaffel.

»Das dort ist Point 5953.* Den ersteigen wir, wenn wir nach diesem noch Zeit haben«, sagte Hugh.

Es war überwältigend. Ich fühlte mich winzig, kraftlos.

»Genauso hatte ich es mir vorgestellt«, sagte Hugh. »Bestätigt nur, was Dreesen und ich beim letzten Mal beschlossen haben. War zuviel für uns.«

Ich unterdrückte den starken Impuls, Hugh zu fragen, warum wir die weite Reise gemacht hatten, um

---

* Berg im nördlichen Hindukusch (die Zahl entspricht der Höhe in Metern), eingezeichnet auf Blatt N 1-42 (General Staff, Geographical Section, 1:1.000.000).

herauszufinden, was er schon wußte. Dies war nicht der Ort für ironische Bemerkungen. Außerdem war der Blick grandios.

»Ich würde gern die andere Seite dieses Kamms dort sehen«, sagte er und zeigte nach Osten. »Wenn wir es auf dieser Seite nicht schaffen, versuchen wir es dort, da gibt es weniger Schnee.«

»Aber mehr Felsen.«

»Es ist nur eine Dreitagetour. Wir müssen sowieso dorthin. Das ist der Weg nach Nuristan.«

Der Rückzug begann. Ich war Seilletzter. Die Erleichterung, die ich in dem Moment spürte, als klar war, daß wir nicht mehr weitersteigen würden, dazu die Überzeugung, daß die Gletscherspalte nur einsfünfzig tief war, hatte eine Sorglosigkeit, eine Art Euphorie in mir ausgelöst, die der Situation völlig unangemessen war. Es war kein Ort für Spielchen. Der Schnee war hart wie Eis, und keiner von uns wußte, wie man sich auf einer solchen Oberfläche mit dem Eispickel sicherte. Solange ich Abdul Ghiyas' Abstieg sicherte, war noch alles in Ordnung. Er verhielt sich ohnehin großartig und bewies eine bewundernswerte Fertigkeit mit den Geräten, die wir ihm gegeben hatten – wahrscheinlich wußte er von Natur aus, was in einer solchen Situation zu tun ist. Erst als auch ich mit dem Abstieg begann, packte es mich. Zweimal blieb ich mit den Steigeisen in meiner Hose hängen, so daß ich kichernd hinfiel, zum Glück an Stellen, wo der Schnee tief und weich war.

Schließlich rief Abdul Ghiyas etwas, woraufhin Hugh sofort stehenblieb.

»Er sagt, du reißt uns noch alle in den Tod«, brüllte er zu mir herauf. »Bist du verrückt?«
»Wir haben das Schlimmste hinter uns.«
»Ist mir scheißegal, was wir hinter uns haben. Paß lieber auf!«
Ich war ernüchtert.
Wir waren alle ziemlich geschlaucht. Die Gletscherpassage war ein Härtetest. Die Gletscherbrillen waren beschlagen, wir bewegten uns unendlich langsam. Kurz vor dem unteren Ende des Gletschers sah ich nur noch das Stück Seil zwischen mir und Abdul Ghiyas und die Eisfläche unmittelbar vor mir. Im Eis waren geheimnisvolle Löcher, zwanzig Zentimeter tief, zwei Zentimeter Durchmesser. Es sah aus, als hätte sie jemand hineingebohrt oder als hätte jemand einen Stecker herausgezogen. Manchmal sah man ganz unten ein bißchen Erde oder einen kleinen Stein. Die Gletscherschmelze war in vollem Gang; tief unten glucksten unsichtbare Bäche, und am Ende des Gletschers schoß das Wasser in einem mächtigen Strahl hervor.

Um halb zwei erreichten wir unser Lager. Die Hochstimmung, die wir oben auf der Wand empfunden hatten, kam mir jetzt wie ein Traum vor, als hätten wir sie nie wirklich erlebt. Die Nachteile des Standorts, den wir für das »Lager 1« ausgesucht hatten, waren nun offensichtlich. Die Sonne stand hoch am Himmel, es gab keinen Schatten; das Zelt glich einem Backofen. Es war für solche Aktionen nicht konstruiert; es war für »die Gipfelbesteigung« gedacht und besaß kein Überdach, das die Innentemperatur zumindest für eine Person auf ein erträgliches Maß reduziert hätte. Das

Zelt »für den Aufstieg«, ausgestattet mit all den Annehmlichkeiten, von denen der Expeditionsreisende nur träumen kann, Ventilationslöcher, Überdach, Querstangen und Vorbau, hatte von Anfang an keine Chance. Es war hervorragend, doch als wir es in einem Garten in Kabul aufgebaut hatten, ahnten wir, daß wir bei diesem Zelt die meiste Zeit mit Auf- und Abbauen verbringen würden.

So banden wir unsere Schlafsackhüllen an den Griffen unserer Eispickel fest und kauerten uns dahinter und konnten vor lauter Erschöpfung nur Tee trinken und etwas Kuchen essen.

Hugh sah grün im Gesicht aus. »Abgesehen von dem anderen Problem habe ich entsetzliche Kopfschmerzen«, sagte er.

»Wenigstens blutet dein Kopf nicht.« Ich widmete mich meinem Fußverband, den ich zweimal täglich wechselte. Die Sache wurde von Mal zu Mal abscheulicher. Ich fragte mich, ob die Salbe für die gesamte Dauer der Reise reichen würde. »Und Bauchschmerzen habe ich auch.«

Abdul Ghiyas wollte überhaupt aufgeben. »Ich habe Kopfschmerzen«, erklärte er. »Außerdem habe ich eine große Familie.« Er hatte mein Mitgefühl. Ähnliche Gedanken waren mir den ganzen Vormittag durch den Kopf gegangen.

Unsere Unterhaltung glich derjenigen von drei alten Hypochondern. In dieser wenig erholsamen Situation konnte ich nicht schlafen. Den ganzen Nachmittag stapfte ich meilenweit über das Plateau, stieg sogar ein zweitesmal zu dem höheren See und legte mich dort auf den Bauch, war halb versucht, vom Wasser zu trinken. Am Rand zogen sich schmale Felsbänder entlang, die in grüne, eisige Tiefen abfielen, in denen seltsame Fische wie braune, pelzige Stöckchen schwammen.

Außer den Primeln, die überall wuchsen, gab es goldene Ranunkeln und Fingerkraut, blaue Katzenminze und gelblichrötliche Rosenwurz; ich sah Bienen und kleine elfenbeinfarbene Schmetterlinge mit grauer Zeichnung; hoch oben über dem Plateau stießen struppige Dohlen traurige Krächzer aus. Ich sah auch einige buntschimmernde Vögel, eine Drosselart vielleicht, und über den Bergspitzen unweit des »Sohnes von Mir Samir« zog ein mächtiger Adler einsam seine Kreise.

Um sieben Uhr war die Sonne vom Plateau verschwunden, und wieder wirbelten Wolken um den Berg. Nach einem guten Abendessen, bestehend aus Suppe, Schokolade, Marmelade und Kaffee, krochen wir in das Zelt. Es war so winzig, daß Abdul Ghiyas im Freien schlief. In seinem dick gefütterten Kapuzenschlafsack, der ihm das Aussehen eines phantastischen Insekts im Larvenstadium gab, hatte er es im Grunde viel besser getroffen als wir.

Zuvor schärfte er uns noch ein, uns mit Messern und Eispickeln zu bewaffnen.

»Wegen der Wölfe.«

»Ist doch kindisch«, sagte ich zu Hugh.

»Hier drin sind wir geschützt.«

Wie alle anderen Nächte, die ich mit Hugh zugebracht hatte, war auch diese Nacht unruhig. Das Zelt umhüllte uns ein wie ein enganliegender Mantel, und es ließ sich kaum vermeiden, den anderen zu wecken, wenn man hinausmußte, was mit fortschreitender Nacht immer häufiger passierte. Sobald einer von uns draußen auftauchte, griff Abdul Ghiyas zu seinem Eispickel. Auf dem Plateau dem kalten Wind ausgesetzt, ständig umgeben von Geräuschen, schien er handfestere nächtliche Schrecken zu erleben.

Doch am nächsten Morgen machte Hugh ein überraschtes Gesicht, als ich klagte, schlecht geschlafen zu haben.

»Jedesmal, wenn ich aufgestanden bin, hast du tief geschlafen.«

»Von wegen. Ich habe nur Rücksicht auf dich genommen. Ich hab nur so getan. *Du* hast tief geschlafen, als ich rausmußte. Du hast *geschnarcht!*«

»Ich habe kein Auge zugetan!«

Ob wegen zu wenig oder zu viel Schlaf, am nächsten Morgen wachten wir viel zu spät auf. Halb sechs war es, als wir aufbrachen. Wir hätten eine Stunde früher losziehen müssen. Nach der Erfahrung des vorangegangenen Tages war klar, daß es nach elf Uhr viel zu heiß war, um Gipfelrouten zu erkunden. Abdul Ghiyas blieb zurück und hielt einsam Wache, doch es fiel uns schwer, ihn zu beneiden, denn auf diesem schönen, aber gnadenlosen Plateau war er schutzlos der Sonne ausgesetzt.

Unser Ziel war die südwestliche Flanke des Mir Samir – wenn es eine solche Flanke überhaupt gab, was keineswegs sicher war. Wir hofften, sie durch die Lücke in der Felswand hinter dem See zu erreichen.

Das Tal, das sich dahinter öffnete, war grauenhaft, übersät mit mächtigen Steinen, die bei der leichtesten

Berührung schwankten; von weither Wasserrauschen, linkerhand stieg die Wand des »Sohnes« senkrecht in die Höhe, rechterhand die Eiswand, von der sich der Stein gelöst hatte, der Abdul Ghiyas getroffen hatte. Die Moräne stieg so steil an, daß der Berg selbst nicht zu sehen war.

Oben gelangten wir zu einer Felswand, in der Steinböcke einen Pfad ausgetreten hatten, den wir, aneinandergeseilt, einigermaßen mühelos hinaufkamen, bis wir schließlich eine große »Loge« erreichten, die unter der Westwand den Blick nach drei Seiten freigab. Links erhob sich der »Sohn«. Es war ein dunkler, unheimlicher Ort um diese Tageszeit, Nebelschwaden verhüllten den Gipfel, schwarzes Felsgestein mit kleinen Wasserpfützen, die vom Nachtfrost noch mit einer Eisschicht bedeckt waren. Rechts verschwand die Steinschlag-Wand von Abdul Ghiyas, und eine Schlucht öffnete sich zwischen ihr und dem Berg, der sich in einem riesigen Überhang zu einem falschen Gipfel erhob.

Auf der einen Seite dieses Überhangs bot sich ein Weg zum falschen Gipfel, zuerst in tiefem Schnee, aber es war nicht zu erkennen, ob man den eigentlichen Gipfel von dort aus erreichte, außer man würde es darauf ankommen lassen, und dazu hatte keiner von uns beiden Lust. Das untere Ende des Überhangs war übersät mit Felsbrocken, die erst vor kurzer Zeit dort hingefallen waren. Während wir uns vorsichtig um den Vorsprung herumbewegten, kam weiteres Geröll herunter, kleine granatsplitterartige Steine, nicht größer als ein Penny, aber schwer und durchaus tödlich.

»Ich wünschte mir, diese bergsteigenden walisischen Kellnerinnen wären hier«, sagte Hugh. Auch mir war dieser Gedanke gerade durch den Kopf gegangen. »Sie wären Gold wert.«

In diesem Moment fiel unser Blick auf einen weiteren Gletscher. Der sichtbare Teil war etwa drei Kilometer lang, und am hinteren Ende war der Kamm, den wir gesucht hatten, der Südwestkamm, ein zerklüfteter Grat, dreihundert Meter hoch, der am oberen Ende des Gletschers auf den Berg traf, genau wie die Wand bei dem anderen Gletscher, aber viel höher und länger. Er sah aus wie eine überdimensionale Säge.

Der Gletscher war ein eigentümlicher Ort. Hier war kein Wasserrauschen zu hören. Es herrschte eine unendliche Stille, nur gelegentlich hörte man das Rumpeln eines Steins.

Wir setzten uns auf einen kurios flachen, von Eiszapfen getragenen Stein, ein typisches Gletscherprodukt, und überlegten, was als nächstes zu tun war.

»Wenn wir auf den Kamm hinaufkommen, könnten wir es schaffen«, sagte Hugh.

»Und wie willst du da hinaufkommmen?«

»Vom Ende her. Wir können uns vorarbeiten.«

Ich dachte an die Felsspitzen, die zu überwinden Tage dauern würde. Ohne Träger schien das unmöglich. Ich äußerte meine Bedenken.

»Na schön, dann probieren wir es an diesem Überhang. Wenigstens ist es näher.«

Wir hatten etwa zwei Drittel des Gletschers geschafft. Die hintere Seite des Überhangs führte zu dem falschen Gipfel, den wir von der »Loge« aus bewundert hatten.

Hugh ging voran. Der Felsen war mürber Granit, der in der Hand zerbröselte. Nach zwei Seillängen trafen mich Stücke von der Größe eines Tischtennisballs, doch als ich von Steinen erwischt wurde, die so groß wie Kanonenkugeln waren, rief ich ihm zu, er solle anhalten. Hier auf diesem Stück löste sich alles auf. Es war Selbstmord.

Inzwischen war es glühend heiß. Die Sonne saugte wie ein gigantischer Schwamm alle Kraft aus dem Leib. Deswegen und weil es schon so spät war und wir nicht genügend Mut besaßen, gaben wir auf. Ich schäme mich, das so deutlich zu sagen, aber wir gaben auf.

Zurück in der Loge, versuchten wir die andere Seite des Überhangs, kletterten das erste Stück des steilen vereisten Hangs. Inzwischen hatte sich der Dunst aufgelöst, und der Weg lag klar vor uns. Wir beide waren überzeugt, daß uns der Weg nicht dem Gipfel näher bringen würde.

»Runter?«

»Ja! Verdammt!«

Wir stiegen zu der Wand mit dem Steinbockpfad, kamen aber zu weit links heraus, wo es wirklich steil hinunterging. Und mit dem gleichen erschöpfungsbedingten Leichtsinn, der mich tags zuvor gepackt hatte, stürmte Hugh los und begann, unangeseilt hinabzusteigen. Den ganzen Weg hinunter zum Camp malte ich mir grollend all die unangenehmen Dinge aus, die ich ihm sagen würde. Ich hoffte sogar, er würde stürzen und sich den Knöchel brechen, so daß ich ihm ein »Ich hab's dir gleich gesagt!« würde entgegenschleudern können.

In dieser kranken Verfassung stolperte ich ins Lager, aber Hugh war dermaßen erschöpft und so offensichtlich erfreut, mich zu sehen, daß ich diese irrwitzigen Gedanken nicht weiter verfolgte. Abdul Ghiyas hatte bereits Tee gekocht und erwartete mich mit einem dampfenden Pott. Leider hatte er meine Luftmatratze kaputtgemacht. Er hatte sie über das Geröll geschleift und sich darauf gesetzt, ohne sie vorher aufgepumpt zu haben.

»Ich schlage vor, wir unternehmen morgen noch einmal eine Erkundungstour«, krächzte Hugh, während wir nebeneinander auf dem Felsgestein lagen wie zwei Heringe, die langsam gebraten werden. »Ich finde, wir sollten den Südwestkamm probieren, trotz allem, was du auf dem Gletscher gesagt hast.«

»Ist doch verrückt.«

Noch eine Weile ging das hin und her. Solche Höhen sind nicht dazu angetan, die Menschen milde zu stimmen. Schließlich erklärte Hugh: »Die einzige Alternative ist die andere Seite des Bergs, die Südseite des Kamms, den wir gestern von dem Überhang aus gesehen haben.«

»Wie weit wäre das?«

»Drei Tage – in unserer momentanen Verfassung. Wenn wir sofort aufbrechen, könnten wir heute abend in Kaujan sein, morgen abend im Chamar-Tal und übermorgen unterhalb des Bergs.«

Beim Kontrollieren der Ausrüstung stellte ich fest, daß ich tags zuvor einen Karabinerhaken und ein Nylonseil am Fuß des Gletschers zurückgelassen hatte. Es sagt einiges über den Geisteszustand, der sich schon in so vergleichsweise geringen Höhen einstellt, daß ich sofort beschloß, loszugehen und die Sachen zu holen.

»Was hast du vor?« Ich zog mir gerade die Stiefel wieder an.

»Ich hole den Karabiner und das Seil.«

»Komm, laß! Es lohnt sich nicht. Wir haben genug von dem Zeug.«

Es wäre alles gut gewesen, wenn er nicht noch in oberlehrerhaftem Ton hinzugefügt hätte: »Paß nur auf, daß du dir das nicht angewöhnst.«

»Ich wußte, daß das kommt. Genau deshalb gehe ich.«

»Du bist ja nicht ganz dicht«, sagte Hugh.

Ich war wirklich nicht ganz dicht. Ich stieg hinauf, vorbei an dem See, der mich gelockt hatte, davon zu trinken oder darin zu schwimmen oder darin zu ertrinken, je nachdem, und weiter auf einer anderen Route über die Moräne. Ich erreichte den Gletscher, der hier anderthalb Kilometer breit war, und traf durch einen unglaublichen Zufall genau auf den flachen Felsen, wo ich den Karabiner liegengelassen hatte.

Mit dem Gefühl, etwas Heldenhaftes vollbracht zu haben, kehrte ich wieder um. Doch es hielt nicht lange an. Diesmal war der See zu stark für mich. Von einem leichten Wind gekräuselt, glitzerte er verlockend im Sonnenschein. Ich stellte mir vor, wie erfrischend es wäre, den Kopf ins Wasser zu halten, und sei es nur ganz kurz. Im nächsten Moment passierte genau das. Bevor ich mich versah, trank ich in tiefen Zügen von dem wärmeren Wasser an einer flachen Stelle. Danach war mir, als hätte ich ein schauderhaftes Verbrechen begangen, Kannibalismus beispielsweise oder ein Verbrechen gegen die Menschlichkeit, mit dem man die ganze Welt gegen sich aufbringt. Dabei war es nur ein Verbrechen gegen mich selbst, doch ich hatte das gleiche Gefühl, etwas abgrundtief Unmoralisches getan zu haben.

Um Viertel vor eins war ich wieder im Lager, genau zwei Stunden, nachdem ich aufgebrochen war. Es war kein Lager mehr, nur noch ein Felsen, an dem mein Gepäck auf mich wartete. Der Ort wirkte nur um so verlassener.

Abgesehen von Wasserrauschen und gelegentlich dem dumpfen Geräusch eines herabfallenden Felsbrockens, war es ganz still. Ich blieb zehn Minuten, genoß es, allein in diesem großen Gebirgsamphitheater zu sein und nichts zu tun. Dann setzte ich mich mit meinem Gepäck in Bewegung. Da wir die Sachen für den Abstieg gleichmäßig unter uns aufgeteilt hatten, gab es für jeden mehr zu tragen als beim Aufstieg.

Meine Konzentrationsfähigkeit hatte mittlerweile stark nachgelassen. Statt dem Wasserlauf hinunter zur Wiese zu folgen, begann ich viel zu weit nördlich und fand mich auf einer Moräne wieder, dreihundert Meter über der Wiese.

Der Abstieg war ein Alptraum. Es waren zwar nur dreihundert Meter, aber die Steine lagen derart wackelig übereinander, daß man nur sehr langsam vorankam. Ich sah unser »Basislager«, die Pferde, die Männer, die um das Feuer saßen, das grüne Gras, aber nichts von alldem kam näher. Vor lauter Verzweiflung war ich den Tränen nahe.

Schließlich gelangte ich unten an und stolperte über das herrlich weiche Gras in den Schatten eines Felsens. Fürs erste wollte ich nichts als Schatten. Eine Stunde später brachen wir in Richtung Kaujan auf. Der Berg hatte gewonnen – jedenfalls vorläufig.

XIII

UMGEHUNG

Auf der untersten Wiese hockte Abdul Rahim im fetten, weichen Gras am Fluß und wartete. Er war schon im *aylaq* gewesen und wieder umgekehrt. Wir fragten uns, was ihn bewogen haben mochte, uns auf halbem Weg entgegenzukommen. Stundenlang hatte er gewartet, nachdem ihn in jener geheimnisvollen asiatischen Mischung aus Telegraphie und Telepathie die Nachricht von unserem Mißerfolg erreicht hatte. Für jeden von uns hatte er ein Brot mitgebracht, geröstet und herrlich knusprig, viel besser als das grauenhafte Zeug, das unsere Treiber organisierten.

»Ich habe es für euch gebacken«, sagte er und wartete höflich, bis wir alles aufgegessen hatten, bevor er uns den Grund seines Kommens erzählte.

»Es hat einen Unfall gegeben. Heute morgen, als es noch dunkel war, ist Muhammad Nain, der Sohn meines Bruders, zur Murmeltierjagd aufgebrochen. Er war oben in den Bergen, hat sich auf einem Felsen versteckt und gewartet. Um die fünfte Stunde hörte ich einen Schuß. Ich schaute hinauf und sah, wie Mani [Abdul

Rahim zog die beiden Namen zu diesem Zweisilber zusammen] herunterfiel. Wie ein Steinbock bin ich hinaufgeeilt. Er lag wie tot da. Ich habe ihn auf meinem Rücken in den *aylaq* getragen. Er ist schwer verletzt. Ich habe Angst, daß er stirbt. Nur ihr mit eurer Medizin könnt ihn retten.«

Abdul Rahim war dabeigewesen, als Hugh das verletzte Bein von Schir Muhammads Pferd versorgt hatte und auch die Wunden unter dem Sattel, die durch die Nachlässigkeit dieses brutalen, rücksichtslosen Mannes entstanden waren. Und während Hugh das Pferd mit Salbe und Verband behandelte, so sanft, als wäre es ein krankes Kind, hatte Abdul Rahim trocken bemerkt:

»Wenn Schir Muhammad krank wäre, würde er niemals so behandelt wie dieses Pferd heute.«

Trotz Bauchschmerzen und wunden Füßen legten wir ein strammes Tempo vor, um die Pferdetreiber einzuholen, die uns eine Stunde voraus waren, und um zu verhindern, daß sie mit den Medikamenten ins Parian-Tal hinunterstiegen.

Bald kamen wir zu der Geröllhalde, wo Abdul Rahim, der bis dahin barfuß marschiert war, stehenblieb, um sich seine Schuhe anzuziehen, die er um den Hals getragen hatte. Für meine Begriffe war der Weg unverändert steinig. Vielleicht spürte er, daß er sich der Zivilisation näherte – wie irische Bauern, denen nachgesagt wird, daß sie ihre Stiefel bis vor die Kirchentür tragen. In dieser Situation übermannte mich ein dringendes Bedürfnis, so daß die beiden anderen ohne mich weiter gingen. Ich folgte dann Abdul Rahims Spuren. Seine Schuhe, deren Sohlen aus amerikanischen Autoreifen gemacht waren, hinterließen den Abdruck »Town'nCountry«, und zwar spiegelbildlich: yrtnuoCn'nwoT, yrtnuoCn'nwoT, immer weiter und immer weiter, bis dieses Wort durch Wiederholung eine geradezu mystische Qualität entwickelte – Town'nCountry, Town'nCountry, Town'nCountry, und bald war ich so benommen wie ein Buddhist, der auf der Pilgerreise zu den heiligen Stätten *Om mani padme hum om mani padme hum* vor sich hinmurmelt. Schließlich verirrte ich mich weit oberhalb des Hauptwegs, landete auf einem nur für Steinböcke geeigneten Pfad, der so steil hinunterführte wie der schwierige Gletscherabstieg ein paar Stunden zuvor.

Ich war müde, und der Weg schien kein Ende zu nehmen, vorbei an der Schlucht, in der wir beim Aufstieg so große Schwierigkeiten mit den Pferden gehabt hatten, vorbei an Nomadenzelten, die drei Tage zuvor noch nicht dort gestanden hatten, vorbei an einer Frau, die verängstigt wie ein Kaninchen am Wegesrand hockte und das Gesicht abwandte, bis ich vorübergegangen war, vorbei an Tadschiken und Pathanen, die mir stumm, aber freundlich die Hand gaben, immer weiter hinunter, bis ich den *aylaq* erreichte, wo ich Hugh fand. Das Gepäck war abgeladen, und die Medikamentenkiste stand im Weg.

Hugh hatte eine Stinklaune. »Konnte die Kiste mit den Scheißmedikamenten nicht finden. Mußte das ganze Zeug abladen. Mir war überhaupt nicht klar, daß wir so viele Suppenpakete dabeihaben. Und weißt du, wo die Medikamente waren? In der allerletzten Kiste. So ein Mist!«

»Hätte ich ihm Morphium geben sollen?« fragte er unsicher. Hugh hatte schon immer ein unklares Verhältnis zu Medizin, wovon auch die Kollektion von Medikamenten zeugte, die er für diese Expedition zusammengestellt hatte.
»Was hast du bis jetzt getan?«
»Kalte Umschläge, die freiliegenden Wunden ausgewaschen.«
»Du hast mir noch nicht gesagt, was mit ihm los ist.«
»Ich habe ihn gesehen«, sagte Hugh, der sich inzwischen beruhigt hatte. »Ich bin mit Abdul Rahim losgegangen. Er lag in einer der Hütten unter einem Berg von Decken. Es war sehr dunkel, man konnte kaum etwas sehen, es wimmelte von Leuten. Er dürfte etwa sechzehn sein. Sein Bart sprießt gerade. Ich konnte nur sein Gesicht sehen. Es war bedeckt von Fliegen. Nase und Lippen waren so geschwollen, daß er wie ein Neger aussah. Die Frauen hatten seinen Kopf rasiert. Der Schädel hatte blaue Flecken und viele blutige Stellen. Er war sehr unruhig, bewegte sich unter den Decken und stöhnte.«
»Gut, daß du ihm kein Morphium gegeben hast, wahrscheinlich hat er eine Gehirnerschütterung. Das hätte ihm den Rest gegeben.«
»Ja. Seine Augen waren mit getrocknetem Blut zugeklebt. Wir haben ihm den Kopf und das Gesicht gewaschen. Irgendwann konnte er ein Auge öffnen und ein wenig die Lippen. Er hat viel gestöhnt. Daraufhin haben ihn alle geschüttelt. ›Mani, Mani, kannst du uns hören?‹ haben sie gerufen, aber er konnte nicht antworten. Dann passierte etwas sehr Merkwürdiges. Es

war Zeit, sich um seine anderen Wunden zu kümmern. Abdul Rahim schlug die Decke zurück, so daß Arme und Brustkorb freilagen. So etwas Groteskes hab ich noch nie gesehen! Der Junge sah aus wie eine Ziege! Er war vollständig in ein dickes, schwarzes Ziegenfell eingepackt, das ihm bis unter die Achseln reichte. Ganz oben schauten zwei graue Brustwarzen heraus. Ich habe Abdul Rahim gefragt, wozu das gut sein soll.«

»Wenn bei uns jemand krank wird«, sagte er, »stecken wir ihn immer in dieses Ziegenfell. Das warme Fell entzieht dem Körper das Gift.«

Eine seltsame Geschichte. Ob Manis Ziegenfell ein letzter Rest aus dem Reich des Gottes Pan war, der, durch das Schwert des Islam vertrieben, in den Krankenstuben der Nomaden noch immer eine gewisse Macht ausübte?

Nach unserer Rückkehr in den Pappelhain von Kaujan waren wir so müde, daß wir kaum etwas aßen. Abdul Ghiyas und seine Männer bereiteten das Lamm zu, das sie den Pathanen auf der höchsten Wiese abgekauft hatten. Sie kochten es anderthalb Stunden lang in einem riesigen Kessel mit Salz, Pfeffer und dem Fett des Schwanzes, bis es gar war. Das Fleisch war ziemlich fad und scharf, aber der Geruch des Fetts war nach einem solchen Tag fast nicht zu ertragen. Wir waren seit halb fünf auf den Beinen, waren bis auf fünfeinhalbtausend Meter gestiegen und jetzt wieder auf zweitausendsiebenhundert Meter. In der Annahme, mir eine besondere Freude zu bereiten – meine Ansichten über den Schwanz des *ovis aries* hatte ich für mich behalten –, fischte Abdul Ghiyas die fettesten Stücke aus der Holzschüssel, aus der wir gemeinsam aßen, und präsentierte sie mir. Da ich mich nicht traute, sie einfach wegzuwerfen, kaute ich mit anerkennenden Grunzern eine Weile auf ihnen herum, bis ich sie in einem günstigen Moment unbemerkt in mein Hemd steckte, um sie später wegzuwerfen.

In der Nacht überraschte uns der »Wasseraufseher« ein zweites Mal und öffnete die Deiche, so daß wir wieder unter Wasser standen. Als ich aufwachte, stellte ich verwirrt fest, daß ich in Gebetshaltung dahockte, konnte mich aber nicht mehr erinnern, wie ich normalerweise schlief.

Am nächsten Morgen lagen wir nach dem Frühstück noch eine Weile da, reparierten unsere kaputten Luftmatratzen und schluckten Tabletten gegen Magenschmerzen, unternahmen ansonsten aber wenig. Als ich in den Proviantkisten mehrere Packungen Tabletten zum Sterilisieren von Wasser fand, legte ich einen feierlichen Eid ab, nie wieder einen Tropfen Wasser zu trinken, der vorher nicht damit behandelt worden war. Das Sterilisieren von Wasser ist eine umständliche Sache: hinfort bot ich einen mehr als ungewöhnlichen Anblick, wenn ich unterwegs meine Wasserflasche wie eine Gymnastikkeule schwang, damit die Tabletten, die hart wie Schrotkugeln und noch weniger appetitlich waren, sich besser auflösten. Es gab auch kleine Pillen, mit denen sich angeblich der schlechte Geschmack beseitigen ließ, aber manchmal funktionierte es nicht, so daß ich in meiner Wasserflasche eine Flüssigkeit hatte, die nach Krankenhaus roch.

Doch erst am späten Nachmittag brachten wir die Energie auf, uns in Bewegung zu setzen.

Um zur Südseite des Mir Samir zu gelangen, mußten wir den Fuß des Berges umrunden. In Kaujan überquerten wir den Fluß auf einer Holzbrücke. Vor uns zog eine Gruppe pathanischer Nomaden durchs Dorf, Angehörige des Stammes der Rustam Khel, die den Winter in Laghman in der Nähe von Jelalabad im *garmsir* (warmen Ort) verbringen – Verwandte der Nomaden, denen wir im Samir-Tal begegnet waren.

Die jungen Männer hatten sich die Augen mit Färberröte bemalt. Einige von ihnen trugen Sicheln, die aus alten Autofedern fabriziert waren. In ihrer Gruppe befand sich eine alte blinde Frau, die sich vor dem Betreten des nächsten Flußstegs am Schwanz eines Esels festhielt.

Bis hinauf in das Chamar-Tal wurden wir von einem Tadschiken begleitet, der aufgrund einer eigentümlichen Mutation rosarote Augen und einen blonden Schnurrbart hatte. Mit diesem Albino, dem *thanadar* (Hüter) des Nawak-Passes, verstanden wir uns nicht besonders. Er kam auf eigenen Wunsch mit, »um uns vor Banditen zu schützen«, wie er sagte. Wie er das bewerkstelligen wollte, unbewaffnet und ohne Bestechung, war nicht klar.

Der Mann hieß Abdullah, *Knecht Gottes* (unpassenderweise, da er die ganze Zeit vor sich hinknatterte wie ein altertümliches Automobil). Schir Muhammad und Badar Khan verspotteten ihn gnadenlos, wenn er immer wieder bei Nomadenzeltlagern haltzumachen verlangte, um sich dort, unersättlich, mit *mast* vollzustopfen.

»Schau dir sein Gesicht an!«
»Schau dir seine Haare an!«
»Schau dir seine Augenbrauen an!« Er hatte keine Augenbrauen.
»Sieht aus wie ein halber Deutscher.«
»O Abdullah, wer war dein Vater?«
Und so fort.
Abdul Ghiyas beteiligte sich nicht an diesen Sticheleien. Er war in seinem Element. Unten am Fluß waren Pathaninnen, schöne und wild aussehende Geschöpfe, beim Wäschewaschen. Und wie Hugh vorausgesagt hatte, verschwand er sofort unter irgendeinem Vorwand in einem der Zelte, angeblich um Informationen einzuholen, nicht ohne den Wäscherinnen vorher zugerufen zu haben, sie sollten sich verhüllen.

Das Chamar war ein weites Tal, farbenprächtiger als das Darra Samir, mit Gras in den verschiedensten Grüntönen und übersät mit blühenden Stockrosen. Überall waren Nomadenzelte, und hoch in den Bergen Schafe. Um sieben rasteten wir in Dal Liazi, einer kleinen Ansiedlung. Hinter uns, oberhalb von Parian, war der Weg zum Nawak-Paß zu sehen und Orsaqao, der große braune Berg, um den sich eine Schneeschlange wand.

Immer wieder machten wir halt. Auf Bitten Abdullahs hatten wir um sieben Rast gemacht, um acht pausierten wir erneut, und diesmal verschwanden alle Mann für eine halbe Stunde in den Zelten. Hugh und ich blieben draußen mit den Pferden, die in der Hitze dampften und schäumten.

Doch als Abdullah um neun wieder rasten wollte, protestierte sogar Abdul Ghiyas.

»Deutscher!« riefen die Männer

»Meine Mutter war Kafirin.«

»Ha!«

Sie hänselten ihn wie die Pennäler. Ab sofort war er eingeschnappt.

Je höher wir stiegen, desto wilder wurde die Landschaft, und die Zelte der Chanzai-Pathanen, in denen sich die Treiber ausgetobt hatten, wurden immer seltener. Von den Felsen auf beiden Seiten pfiffen uns aufdringliche Murmeltiere zu wie rothaarige Schiedsrichter. Die Pferde blieben immer wieder stehen, um Wermut *(artemisia absinthium)* zu fressen, ein Kraut, auf das sie einen abartigen Appetit hatten.

Nach fünf Stunden kamen wir zum Eingang einer großen, wolkenverhangenen Schlucht, die sich nach Westen erstreckte.

»Der Ostgletscher«, sagte Hugh. »Wir sind fast da. Schade, das mit den Wolken.«

Während wir noch dastanden und guckten, lösten sie sich allmählich auf. Bald konnten wir den größten Teil der Nordwand sehen und den Gipfel, eine schneebedeckte Spitze mit einer anscheinend gangbaren Route auf dem Grat dorthin. Unsere Stimmung besserte sich. »Wenn wir bis zum Grat kommen, könnten wir es schaffen«, sagten wir.

Der ganze Berg schien inzwischen zu brennen: die Wolken wirbelten wie Rauchfahnen um die unteren Hänge und trieben über den Kamm, vorbei an den Felsspitzen. Aus dem Tal wehte ein kühler Wind, und man hörte das Rumpeln fallender Steine. Es sah aus wie ein Schlachtfeld, dessen Leichen von Walküren entführt worden waren. Trotz der Hitze froren wir.

»Wenn es mit der Südflanke nichts wird, können wir zurückkommen und es hier probieren«, sagte Hugh. Wie so oft, schien ihm nicht bewußt zu sein, was er mit einer solchen Bemerkung auslöste.

Vor uns im Haupttal stürzte ein Wasserfall über eine erdrutschartige Felsmasse in die Tiefe. Wir stiegen gleich daneben hinauf, umrundeten die östlichste Bastion des Bergs und betraten das obere Tal des Chamar.

Wir kamen uns ganz winzig vor. Rechts zeigte sich die gesamte Südflanke des Mir Samir, der Ostgrat glich einer hohen, mit Glassplittern besetzten Gartenmauer, der schneebedeckte Gipfel, die Gletscher, die in der Sommerhitze bis zum Fuß des Bergs zurückwichen, und darunter die Moränen, Geröllwüsten, die sich hinunter bis zu den höchsten Weiden ergossen, in der Mitte der Fluß, ein breiter, flacher Wasserlauf, der von unzähligen kleinen Zuflüssen gespeist wurde. Nach Osten hin ragten die Fünftausender in die Höhe und umringten, auf und ab steigend wie ein großer Schaufelbagger, den Eingang des Tals und bildeten die Schlußwand des Südwestgletschers, an der wir erst zwei Tage zuvor, auf der anderen Seite, unseren erfolglosen Versuch unternommen hatten.

»Dahinter«, sagte Hugh und zeigte auf die senkrecht ansteigende, schneegefleckte Ostwand, »liegt Nuristan.«

Ein einsamer Ort. Weit unten im Tal, auf der Wiese unterhalb des Wasserfalls, waren die letzten Nomadenzelte. Hier war nur ein einziger *aylaq*, hineingebaut in einen überhängenden Felsen und mit Grassoden gedeckt, Besitz des Dorfvorstehers von Shahr-i-Boland, einem Tadschikendorf, das wir in Parian auf dem Weg nach Chamar passiert hatten. Der Schäfer war der Sohn des Besitzers. Als wir mit hängender Zunge, eher tot als lebendig, zu dem Zeltplatz kamen, einem Stückchen Weide, das von massiven Felsblöcken begrenzt wurde, erschien er mit einer Schüssel *mast*, und mit seinem langen Gewand und der Kappe auf dem Kopf sah er aus wie Alec Guiness in einer Rolle als Kardinal.

Es war Mittag. Das Licht blendete. Wir krochen in die schattigen Felsspalten und lagen dort, ein jeder in seinem Abteil, wie in Schrankfächern.

Sobald wir gegessen hatten, verschwand der *thanadar* des Nawak-Passes wortlos.

»Was hat er denn?«

»Er ist eingeschnappt, weil sie ihn dauernd als Deutschen bezeichnet haben.«

»Ist aber auch eine ziemliche Beleidigung. Würde mir auch nicht gefallen.«

»Er konnte einem aber wirklich auf den Geist gehen.«

Den ganzen Nachmittag rasteten wir, suchten uns nur hin und wieder einen anderen Felsen, um der Sonne zu entgehen. Hugh las *Der Hund von Baskerville;* ich studierte ein Lehrbuch der Kafir-Sprache. Abgesehen von den Bergsteigerbroschüren, war dies das einzige seriöse Buch, über das wir verfügten. (Der Bestand unserer zweckentfremdeten Bibliothek verringerte sich in beängstigendem Tempo.) John Buchan war komplett ausgelesen. In unserer Situation erschien er uns doch ein bißchen dürftig – die falsche Bescheidenheit seiner Helden war offensichtlich, die Versuchung, sich seine Figuren im Hindukusch vorzustellen, übermächtig. Sätze wie »Ich bin ein ziemlich guter Bergsteiger (ich weiß, man sagt so etwas nicht von sich), aber das war die schwierigste Tour, an die ich mich erinnern kann« machten wenig Eindruck auf uns, die wir, völlig unerfahren, vor einem ähnlichen Unternehmen standen.

Colonel J. Davidson hatte seine *Notes on the Bashgali (Kafir) Language,* Kalkutta 1901, nach einem zweijährigen Aufenthalt in Chitral geschrieben. Das Werk bestand aus einer Grammatik und einer Sammlung von Sätzen. Ich hatte Hugh das Buch nicht gezeigt, nachdem er meine Bemühungen, Persisch zu lernen – kein leichtes Unterfangen für einen Sechsunddreißigjährigen, der umgeben ist von Tadschiken, die ihre eigene Vorstellung von richtiger Aussprache haben – mit ätzenden Kommentaren bedacht hatte.

Ich hatte mir vorgestellt, ein paar Ausdrücke der Kafir-Sprache zu lernen und Hugh bei unserer ersten Begegnung mit Kafiren damit zu überraschen, aber das Buch war in einem der unzähligen Säcke verschwunden. Und jetzt – Nuristan war gleich hinter dem nächsten Berg! – entdeckte ich es ganz unten im Reissack, in dem es seit meinem Marktbesuch in Kabul gelegen hatte.

Die Lektüre der 1744 Sätze mit der englischen Übersetzung vermittelte einen irritierenden Eindruck vom Alltagsleben der Baschgul-Kafiren.

»*Shtal latta wôs bâ padrê û prêtt tû nashtontî mrlosh.* Weißt du, was das heißt?«

Es war zu spät, Hugh mit meinen erstaunlichen Sprachkenntnissen zu überraschen.

»Wie?«

»Das ist Baschguli und heißt: Wenn du viele Tage Durchfall gehabt hast, wirst du bestimmt sterben.«

»Nicht sehr nützlich«, sagte er. Er wollte in seinem Conan Doyle weiterlesen.

»Und dies? *Bilugh âo na pî: n'pâ bilosh.* Das heißt: Trink nicht so viel Wasser, sonst kannst du nicht reisen.«

»Laß mich weiterlesen.«

Wie schön es wäre, dachte ich, wenn Hyde-Clarke jetzt mein Glücksgefühl erleben könnte, und fuhr fort, Sätze laut vor mich hinzusprechen, bis Hugh sich entnervt einen anderen Felsen suchte. Manche Eröffnungszüge, die sich die Baschguli in ihrem Konversationsspiel erlaubten, waren schon recht heftig. *Inî ash ptul p'mich ê manchî mrisht wariâ'm.* »Heute morgen habe ich auf einem Feld eine Leiche gesehen«, und *Tû chi sê biss gur bîtî?* »Wie lange hast du schon diesen Kropf?« oder gar *Iâ jûk noi bazisnâ prêlom,* »Mein Mädchen hat einen Bräutigam«.

Selbst die beiläufigsten Äußerungen kamen mit der Wucht eines Vorschlaghammers daher. *Tû tôtt baglo piltiâ.* »Dein Vater ist in den Fluß gefallen.« *I non angur ai; tû tâ duts angur ai.* »Ich habe neun Finger, du hast zehn Finger.« *Or manchî aiyo, buri aish kutt.* »Ein Zwerg will etwas zu essen haben.« Und *Iâ chitt bitto tû jârlom,* »Ich habe die Absicht, dich umzubringen«, worauf prompt geantwortet wurde: *Tû bilugh lê bidiwâ manchî assish,* »Du bist ein überaus freundlicher Mann.« Im Baschgiri-Land schienen die Elemente mit geradezu übernatürlicher Heftigkeit zu herrschen: *Dum allangitî atsitî î sundî basnâ brâ.* »Ein Windstoß riß alle meine Kleider fort.« Die Natur war grausam und rücksichtslos: *Zhî marê badist tâ wô ayô kakkok damîtî gwâ.* »Ein Lämmergeier kam vom Himmel und riß meinen Hahn.« Vielleicht waren es solche Schicksalsschläge, die die Menschen so hart gemacht hatten. *Tû biluk wari walal manchî assish.* »Du bist ein schwatzhafter Mann.« *Tû kai dugâ iâ ushpê pâ vich: tû pâ vilom.* »Warum trittst du mein Pferd? Ich werde dich treten.« *Tû iâ kai dugâ oren vich? Tû iâ oren vichibâ ô tû jârlam.* »Warum drängst du mich? Wenn du mich drängst, werde ich dich erledigen.«

Ein Volk, das mit Small talk nichts anfangen kann. *Tô'st kazhîr krûi p'ptî tâ chuk zhi prots asht?* »Wie viele schwarze Punkte sind auf dem Rücken deines weißen Hundes?« lautete die freundliche Frage, und die frostige Antwort darauf: *Iâ krûi brobar adr rang azzâ; shtring na ass.* »Der Hund ist gelb, und er hat keine Punkte.«

Am besten war vielleicht der Anhang, in dem auf andere Untersuchungen über die Kafir-Sprachen hingewiesen wurde. Eine Passage aus dem Buch eines russischen Gelehrten, eines gewissen M. Terentieff,* war die Übersetzung des Vaterunsers in der Sprache der Bolor- oder Siyâh-Pûsch-Kafiren:

»Babo vetu osezulvini. Malipatve egobunkvele egamalako. Ubukumkani bako mabuphike. Intando yako mayenzibe. Emkhlya beni, nyengokuba isenziva egul-

---
* M. A. Terentieff, *Russia and England in Asia*, Kalkutta 1876.

vini. Sipe namglya nye ukutiya kvetu kvemikhla igemikhla. Usikcolele izono zetu, nyengokuba nati siksolela abo basonaio tina. Unga singekisi ekulingveli zusisindise enkokhlakalveni, ngokuba bubobako ubukumkhani namandkhla nobungkvalisa, kude kube igunapakade. Amene.«

»Dies stimmt nicht überein mit dem Waigul- oder Baschgali-Dialekt, wie ich ihn bisher in schriftlicher Form gesehen habe«, klagt Colonel Davidson. »Die diakritischen Zeichen fehlen.«

In einem späteren Anhang fügte er jedoch eine trokkene Fußnote hinzu, derzufolge Dr. Grierson, der bekannte Herausgeber des *Linguistic Survey of India,* diese Passage Professor Kuhn (München) vorgelegt und von ihm erfahren habe, daß es sich hierbei um eine inkorrekte Fassung des Vaterunsers in der Sprache der südafrikanischen Amazulla-Kaffern handle.

XIV

ZWEITE RUNDE

Hugh und ich brachen am nächsten Morgen um fünf Uhr auf, um einen Weg zum Ostkamm zu erkunden. Abdul Ghiyas, unser Sergeant in Bergsteigerkluft, machte grünen Tee, der so stark war wie das Armeezeug und genauso widerlich schmeckte. Wir waren von einer Entschlossenheit erfüllt, den Grat zu erreichen und wenn irgend möglich auch den Gipfel, die mir im Rückblick unglaublich erscheint. Die Treiber begleiteten unseren Aufbruch mit bekümmerten Blicken, und Abdul Ghiyas fragte noch, was er tun solle, wenn wir nicht zurückkehrten. (Im ersten Moment hätten wir fast geantwortet, daß er mit einem Suchtrupp losziehen solle, aber das wäre unfair gewesen.) Wir wußten nicht recht, was wir sagen sollten, außer daß er nach Hause gehen könne. Etwas Unheilvolles schien in der Luft zu liegen. So deutlich hatte ich dieses Gefühl zuletzt an dem Tag empfunden, als ich meine letzte U-Bootfahrt antrat und die Messeordonnanz, meine unbezahlte Rechnung schwenkend, den Kai entlanggelaufen kam.

Nach einem endlosen Aufstieg durch schwarze Gesteinsmassen erreichten wir die Moräne unterhalb der Gletscherzunge. Ein paar Minuten auf der Moräne machten aber klar, daß wir auf dem schwarzen Felsgestein, wie instabil es auch sein mochte, besser vorankommen würden. Also bewegten wir uns dort weiter, dicht unterhalb des Grats, sprangen von Platte zu Platte, stießen auf die ersten Schneefelder, die so winzig waren, daß sich Steigeisen kaum lohnten, doch der Schnee war gefroren, und wir fielen ein paarmal hin, was ziemlich schmerzhaft war, so daß wir uns lieber anseilten.

In einer Höhe von 5100 Metern näherten wir uns auf einem schmalen Felsband dem Grat. Über uns ragte eine Wand dreihundert Meter empor, neben uns fiel sie hundert Meter steil zum Gletscher ab – ein zauberhaftes Fleckchen Erde. Wir kamen an einer Art Nische vorbei, in der riesige Primeln wuchsen. Weiter hinten, im ewigen Schatten, standen Säulen aus Eis und hartem Schnee, die von der Decke bis zum Boden reichten.

All das waren flüchtige Eindrücke. Bald waren wir wieder in der Sonne, die jetzt sehr heiß war, und überquerten ein zweites, fußballplatzgroßes Schneefeld, das durch eine eigentümliche Einwirkung von Wind oder Wetter wie aufgebockt schien, wie ein Wald aus fossilen Bäumen, durch den wir uns, schwitzend und grauenhaft fluchend, einen Weg suchten.

Wieder ein Felsband, das weniger freundlich war, kotübersäter Besitz der Steinböcke, dann erreichten wir einen völlig glatten Felshang, an dem schmelzender

Schnee herabfloß. Die Wand war nicht besonders eindrucksvoll, aber es gab kaum geeignete Punkte zum Festhalten, die Griffstellen waren entweder stumpf oder voll grobem Sand, einer Sorte glänzendem Glimmer, der ständig von oben herunterrieselte und aus den Griffstellen erst herausgeholt werden mußte, für die Finger genauso unangenehm wie feiner Glasstaub.

Einen solchen Berg hatte ich noch nie gesehen. Mit den walisischen Bergen hatte das nichts zu tun. Für jemanden wie mich, geologisch völlig unbewandert, schien er aus einer Art körnigem Granit zu bestehen – »mürbe« war das Wort, das mir ständig auf der Zunge lag, und als immer größere Felsbrocken, von der Wärme locker geworden, an uns vorbei in die Tiefe donnerten, konnte ich ein kindisches »Das ist gemein!« nur mit Mühe hinunterschlucken.

In dieser Situation, in der sich die ersten Anzeichen von Erschöpfung bemerkbar machten und der jeweilige Seilerste mit den Füßen verzweifelt nach einem nicht vorhandenen Haltepunkt suchte, taten wir zu unserer Aufheiterung, als wären wir Gangsterfiguren von Damon Runyon, die gerade einen Berg hochkraxeln. Hugh war Harry the Horse.

»Diese Afghanen, bauen echt lausige Berge«, rief er, als ein besonders großer Felsbrocken an uns vorbeirumpelte, über den Simsrand hinweg und hinunter in die Tiefe, dem Gletscher entgegen, auf dem er mit einem satten Plopp aufschlug.

Um elf erreichten wir eine Rinne, die wir, unter Zuhilfenahme der Broschüre, die wir in kritischen Momenten ungeniert zu Rate zogen, hochkletterten.

Nur mit unserem gesunden Menschenverstand, ganz ohne Buch, hatten wir inzwischen eine sehr viel effizientere Klettertechnik entwickelt. Bislang hatte Hugh als Seilerster immer gewartet, bis ich nachgekommen war und mich gesichert hatte, dann war er weitergestiegen, und so wiederholte sich die ganze grauenhafte Prozedur. Jetzt stieg ich bis zur vollen Seillänge weiter. So kamen wir sehr viel schneller voran. Wie Indianer durch Schmerzen klug werden, so lernten wir durch Erfahrung. Daß unsere Entdeckung übliche Bergsteigerpraxis ist, zeigt nur, was für Laien wir waren.

So erstiegen wir diese unangenehme Rinne, deren oberes Ende mit locker sitzenden Steinen verstopft war, die jeden Moment herunterzupurzeln drohten, und kamen um halb zwölf auf dem verschneiten östlichen Grat heraus.

Es war ein beeindruckender Moment. Wir waren zu weit unten herausgekommen, und eine monströse, sehr instabil aussehende Felsspitze versperrte uns den Weg. Trotzdem war der Gipfel täuschend nah. Der Höhenmesser zeigte nach kräftigem Schütteln 5480 Meter.

»Kommt hin«, sagte Hugh. »Doll, was?«

»Gut, daß ich mitgekommen bin.«

»Wirklich?« Er klang erfreut.

»Was ich nur alles verpaßt hätte.« Es war mein voller Ernst.

Sechshundert Meter unter uns lag der Gletscher wie eine riesige Bratpfanne in der Sonne. Nach Osten wurde der Blick verstellt durch eine Biegung des Grats, auf dem wir saßen, aber nach Süden schienen die Berge bis in unendliche Weite zu reichen.

Hugh war voller Pläne. »Irgendwie schade, daß wir es dort drüben nicht probiert haben«, sagte er und zeigte auf die unmöglichen Hänge, die steil zum Ostgletscher abfielen. »Aber vielleicht ist es besser so. Jetzt müssen wir auf diesem zweiten Steinbockpfad ein Biwak errichten, knapp unterhalb dieser glatten Felswand, auf etwa fünftausendeinhundert, mit genügend Proviant für zwei Nächte. Dann müssen wir den Grat weiter höher erwischen, hinter dieser Nadel. Und sofern sich zwischen hier und dem Gipfel keine besonderen Schwierigkeiten ergeben, müßten wir es in einem Tag schaffen.«

»Und was ist mit dem uneinsehbaren Gelände?« fragte ich. Das war mein Standardeinwand, diesmal jedoch nur halbherzig vorgebracht. In fünfeinhalbtausend Metern Höhe, in der dünneren Luft, wirkte Hughs Enthusiasmus ansteckend. Auch ich konnte an nichts anderes als den Gipfel denken.

»Vom Tal bis zum Kamm sind wir sechseinhalb Stunden unterwegs gewesen, vom Steinbockpfad aber nur anderthalb. Wir brauchen sicher nicht viel mehr, um den Grat hinter der Felsspitze zu erreichen. Wir müssen bloß eine andere Rinne finden. Von dort können es unmöglich mehr als drei Stunden bis zum Gipfel sein, aber sagen wir fünfeinhalb Stunden, maximal – das sind sieben Stunden. Wenn wir um vier aufbrechen, sind wir um elf auf dem Gipfel. Der Abstieg kann eigentlich nicht länger dauern. Vor Einbruch der Dunkelheit sind wir am Steinbocksims.«

»Diesmal werden wir es schaffen«, sagte ich. Wir waren wie berauscht von unseren absurden Planspielen.

Nachdem wir etwas Kaffee getrunken und Sandkuchen gemampft hatten (für uns die größte Delikatesse aller Zeiten), begannen wir mit dem Abstieg. Das war viel schlimmer als der Aufstieg, und ich bedauerte, daß wir uns in der dürftigen Ausbildung vor allem auf das Hochklettern konzentriert hatten und dann hinunterspaziert waren.

Zwei Stunden später stolperten wir wieder durch den Eiswald. Vier Stunden später wankten wir, müde und schlechtgelaunt, ins Lager, zur großen Überraschung von Abdul Ghiyas, der, auf dem Rücken liegend, den Berg durch das Fernrohr betrachtete und Schir Muhammad und Badar Khan über unser Fortkommen auf dem laufenden hielt. Sie alle schienen erfreut, uns wiederzusehen. – Während wir völlig erledigt auf unseren Tee warteten, hielt Hugh mir seine Hände hin.

»Sieh dir das an!« konnte er nur noch ächzen. Sie waren aufgerissen und blutiggeschrammt und sahen aus wie ein seltsames Stück Fleisch in einer Metzgertheke. Das Gestein von Mir Samir ist Granit, der seine beste Zeit schon lange hinter sich hat und sich in größere Stücke auflöst, an deren spitzen und scharfen Kanten man sich die Hände aufschrammt.* Die Lederhandschuhe, die ich an diesem Tag getragen hatte, waren hinüber. Hugh war mit bloßen Händen geklettert. Ich begann, sie ihm zu verbinden, und bald sah er aus, als trüge er Boxhandschuhe.

»Kannst du mir sagen, wie ich damit klettern soll?« fragte er düster.

* Geologisch handelt es sich wohl um plutonisches Gestein – Gneis, Hornblende, Schieferpartikel.

»Morgen ist alles wieder verheilt.«

»Nein.«

»Ich koche«, sagte ich heldenhaft. Jeden Abend, wenn es nicht gerade Irish Stew gab, kochten wir abwechselnd irgendeine primitive Delikatesse. Eigentlich war Hugh an der Reihe. Ich entschied mich für *welsh rarebit*.

Fasziniert schauten die Treiber zu, wie ich die Zutaten für dieses fremdartige Gericht bereitstellte, die Käsedosen öffnete und den Kocher anzündete. Just in dem Moment, als die flüssige Masse die erforderliche Konsistenz annahm, ging der Kocher aus. Er war im Wind immer mal ausgegangen, doch diesmal gab er seinen Geist endgültig auf. Der Brennstofftank war leer. Abdul Ghiyas lief davon und kehrte mit einem Kanister zurück, dessen Inhalt er in den Kocher kippte. Zu spät merkte ich, daß es Wasser war. Badar Khan schleppte (das einzige Mal auf der gesamten Reise, daß er irgend etwas tat, wozu er vertraglich nicht verpflichtet war) einen anderen Kanister herbei, in dem Methylalkohol war, der uns alle in die Luft gejagt hätte. Da der Topf auf dem Kocher rasch abkühlte und das Gelingen des welsh rarebit gefährdet schien, stand ich auf, um selbst nach dem Paraffinkanister zu suchen, und blieb mit meiner Hose im Griff hängen, so daß sich der ganze Inhalt über das Felsgestein ergoß.

In diesem Moment kam Hugh – sauber gekämmt, mit einem frischen Hemd und einem dicken Pullover darüber – vom Bach zurück.

»Fertig?« rief er erwartungsfroh.

»Äh ... nein.«

»Dauert aber lange!«

Sah er nicht, daß wir alle dabei waren, das Zeug von der Erde aufzukratzen?

»Heute mußt du ein bißchen länger warten als sonst. Ich würde lieber ins Bett gehen.«

Wir beide waren fix und fertig. Die Anstrengung, den Grat zu erreichen, hatte uns viel Kraft gekostet. Erfahrene Bergsteiger hätten sich weniger verausgabt. Und nach der mentalen Anspannung, eine unbekannte Wand zu bewältigen, war unser Bedarf für den Tag gedeckt.

Während die Sonne glühend hinter dem Mir Samir versank, hob sich der Wind und heulte von den Geröllhängen herunter. Doch wir drängten uns um das qualmende Feuer, aßen Abdul Ghiyas' scheußliches Brot, sprachen von Pilgerreisen nach Mekka und ähnlichen Dingen und erholten uns langsam. Es hatte zwar kein *welsh rarebit* gegeben, aber wir hatten eine Packung Schweizer Erbsensuppe und eine Dose Apfelpudding vertilgt und eine ganze Büchse Erdbeermarmelade ausgelöffelt.

XV

K.O.

Um mich zu vergewissern, daß es nicht etwa einen leichten Weg gab, auf dem ältere Nuristani ihren Sonntagnachmittagsspaziergang zum Gipfel machten, brach ich am nächsten Morgen auf, um das obere Tal zu erkunden, während Hugh, Abdul Ghiyas und Schir Muhammad, jeder von ihnen entsetzlich beladen, die beiden letzteren gezwungenermaßen, in Richtung Steinbockpfad loszogen. Badar Khan verharrte in seiner üblichen Passivität. Er blieb bei den Pferden, die alle sehr ausgelassen waren, vielleicht dank einer aphrodisischen Eigenschaft des Wermutkrauts, von dem sie noch immer nicht lassen konnten. Er kümmerte sich auch um das Schaf, das die drei Männer gemeinschaftlich (mit unserer Hilfe) für 200 Afghanis dem Kardinal im *aylaq* abgekauft hatten, der mit dieser unglaublichen Summe eine Geschäftstüchtigkeit offenbarte, derer sich ein Kirchenfürst nicht hätte zu schämen brauchen.

Im oberen Teil des Tals wurde das Gras spärlicher, die Felsen rückten näher, und tausend winzige Rinnsale vereinigten sich zu einem größeren Bach. Schließlich hörte unter hohen Felsen das Gras auf, und wilde Pferde preschten ungestüm den Hang hinauf und hinunter, als ich mich ihnen näherte.

Von oben stürzte ein Wasserfall, Regenbogenfragmente produzierend, etwa fünfzig Meter tief in eine Schlucht, die er selbst ausgehöhlt hatte, und landete schließlich in einem tiefen Teich. Auf dem letzten Stück wurde das Wasser von einem großen schwarzen Felsen so weit ins Freie gelenkt, daß man darunter stehen konnte, in ohrenbetäubendem Lärm, im kalten Schatten unter gefrorenen Stalaktiten und Stalagmiten, und durch das Wasser schauen konnte wie durch eine schimmernd fließende Glaswand, die sich im Sonnenlicht auflöste.

Draußen in der Sonne, zwischen Felsen und Wasser, wuchsen Blumen, in den Pfützen Primeln, an den trockeneren Stellen kleine Blumen mit goldenen Blütenblättern und grünen Knöpfen in der Mitte, und in den Felsspalten spitz zulaufende Blumen, pelzig wie Edelweiß. Oberhalb des Wasserfalls war kein Gras mehr, nur noch wenig Erde, einige Primeln und ein kleiner See, klar und leuchtend grün, der den Wasserfall speiste. Rechts dahinter der Mir Samir, der von dort aus wie ein liegender Löwe aussah – der Kopf war der Gipfel, ein ausgedehntes Schneefeld die Mähne. Für unsere Zwecke schien diese Route sinnlos, die Wände waren viel zu steil, die Grate, die die drei kleinen Gletscher von einem weiteren trennten, waren genauso steil und abweisend. Wieder erlebte ich diese wunderbare Situation, völlig allein zu sein, doch diesmal, am Vorabend unseres Besteigungsversuchs, wirkte die Landschaft unwirklich, wie eine Bühne, auf der ein Stück aufgeführt werden sollte – was ja in gewisser Weise auch der Fall war. Ich hoffte nur, es würde eine Komödie sein.

Zurück an unserem Lagerplatz, war von Badar Khan nichts zu sehen; nach dem Geräusch zu urteilen, das aus der Hütte kam, befand er sich im Innern. Ich aß eine wunderbare Pampe aus Kondensmilch, Zucker und etwas Schnee, den ich unten neben dem Wasserfall geholt hatte (unter zivilisierteren Verhältnissen wäre mir davon schlecht geworden), alsdann brach ich mit meinem Gepäck in Richtung Steinbockpfad auf.

Nach zwei Stunden war ich oben. Ich hatte zuvor meine Füße bandagiert und kletterte wieselflink hoch. Hugh erwartete mich, aber von Abdul Ghiyas und Schir Muhammad war nichts zu sehen.

»Sie müssen dir unterwegs begegnet sein«, sagte er. »Wir haben vier Stunden bis hierher gebraucht. Abdul Ghiyas wollte auf halbem Weg umkehren. Ich mußte ihn praktisch hinauf prügeln. Ich glaube, er ist mit den Nerven ganz schön fertig.«

»Vermutlich weil er gesehen hat, wie ich auf dem anderen Gletscher immer wieder hingeflogen bin. Ich kann ihn verstehen.«

Ich erkundigte mich nach Schir Muhammad.

»Er war großartig. Er ist einfach wortlos den Berg hinaufgestapft. Als er hier oben ankam, warf er sein Zeug hin, murmelte einen Abschiedsgruß und kehrte wieder um. Er hatte es eilig, weil er heute abend das Schaf für Id-i-Qurban* zubereiten muß.

* Muslimisches Opferfest.

»Er wird Stunden brauchen. Wir sollten ebenfalls anfangen, uns etwas zu kochen, bevor es dunkel wird.«

Es war fünf Uhr. Obwohl das Felsband, auf dem wir mit all unseren Sachen hockten, in tiefem Schatten lag, war direkt über uns noch ein Stückchen tiefblauer Himmel zu sehen, während im Osten, hinter dem Chamar-Tal und dem Kamm, der uns von Nuristan trennte, der Himmel von einer honiggelben Farbe war.

Bald kam von Nordwest ein bitterkalter Wind auf, der gegen den Grat wütete, darüber hinwegfegte und in unser Biwak blies, daß die Kocher ausgingen und wir uns bibbernd in unsere Schlafsäcke verkrochen und bei einem erneuten Kochversuch die Flammen mit unserem Körper schützten.

In dieser Stunde, bevor alles zu Eis erstarrte, begann der Berg sich aufzulösen; der Wind lockerte die Felsbrocken, die jetzt bedenklich nahe an uns vorbeidonnerten. Während ich mich so eng wie möglich an die Felswand drückte und auf einem Bett aus frischen Steinsplittern darauf wartete, daß mein Kocher etwas Eßbares produzierte, sah ich, daß auf dem Kamm der Ostwand, hundertfünfzig Meter über uns, ein autobusgroßer Felsen balancierte.

»Ist ja ein toller Platz für ein Biwak«, sagte ich mürrisch. »Dieses Trumm da hängt genau über unseren Köpfen.«

»Es ist schon seit Jahrhunderten dort. Denk an das Geld, das du von der Everest Foundation bekommst.«

»Ich habe deutlich gesehen, wie es sich bewegt hat. Wenn dieses Dings runterfällt, werden wir von dem Geld nicht viel haben.«

Sehr viel mehr als irgendwelche potentiellen Geschosse beschäftigten uns aber die Sachen, die tatsächlich herunterfielen. Fünfzehn Meter über uns hatte die Natur eine Felsnase eingerichtet, so daß größere Gesteinsbrocken, die den Berg herunterrumpelten, dort aufschlugen und in hohem Bogen in die Weite flogen und unten auf dem Gletscher landeten. Doch trotz dieses Schutzdachs waren wir einem ständigen Schauer von Steinen ausgesetzt, die so groß wie Hagelkörner, aber sehr viel tödlicher waren.

Daraufhin zogen wir uns die Kapuze über die Ohren, in der törichten Hoffnung, uns auf diese Weise vor Steinschlag und auch vor dem Getöse schützen zu können, und nahmen unsere Mahlzeit ein, eine Wiederauflage des vorangegangenen Abends und unser derzeitiges Lieblingsessen: Erbsensuppe, Apfelpudding in der Dose und Erdbeermarmelade.

Als es dunkel wurde, ließ der Wind ein wenig nach, der Berg gefror, und das fürchterliche Bombardement hörte auf, nur hin und wieder stürzte ein Felsbrocken herab, der so groß war, daß ihn die Kälte nicht halten konnte. Abgesehen von einem dumpfen Rauschen, wie man es hört, wenn man sich eine Muschel ans Ohr hält, war ringsum tiefe Stille.

Doch nicht lange. Bald drang von weither, aus Richtung Nuristan, ein Geräusch wie Geschützdonner, und gewaltige Blitze leuchteten über fernen Gipfeln.

»Nordindien«, sagte Hugh mit jener unglaublichen Bestimmtheit, der zu mißtrauen ich mir angewöhnt hatte. »Pakistan. Gewitter, Monsun möglicherweise. Hundert oder zweihundert Kilometer weiter weg. Zum

Glück. Wenn das Gewitter hierher kommt, dürfte es ein bißchen ungemütlich werden.«

»Das ist es eh schon.«

»Irgendwo habe ich mal gelesen«, sagte Hugh, »daß Gewitter im Gebirge nur dann gefährlich sind, wenn man ein Geräusch wie Bienensummen hört. Aber ich glaube nicht, daß wir uns Sorgen machen müssen. Bis hierher kommt kein Monsun.«

»Wer sagt, daß es ein Monsun ist?«

Bis Mitternacht zuckten Blitze durch Wolken, die wie gigantische Pilze aussahen.* Wir schliefen schlecht; das Atmen bereitete uns Mühe, und unsere Stiefel, die wir in den Schlafsäcken aufbewahrten, damit sie am nächsten Morgen nicht steifgefroren waren, rutschten immer wieder hoch. Einmal wachte ich davon auf, daß die Stiefelspitzen gegen meinen Adamsapfel drückten und ich an einem Lederschnürsenkel lutschte, als wäre es ein Stück Lakritze.

Um zwei Uhr stand ich auf, um den Kocher anzuzünden. Das Gewitter hatte aufgehört. Der Berg war kalt und dunkel und still. Ich war froh, irgend etwas zu tun, nur damit diese grauenhafte Nacht zu Ende ging. Es dauerte eine Dreiviertelstunde, bis das Teewasser kochte, und in dieser Zeit ging der Morgenstern auf.

Um halb fünf, als es gerade hell wurde, brachen wir auf. Mit uns nahmen wir zwei Seile, einige Schlingen, Karabiner, einen Hammer, eine Kollektion verschiedener Haken, eine Thermoskanne Eiskaffee, eine Packung

---

* Später erfuhren wir, daß das Gewitter nicht über Pakistan gewesen war, sondern über Nuristan, etwa zwanzig Kilometer von uns entfernt.

italienischen Nougat, den Höhenmesser und zwei Fotoapparate (eine Kleinbildkamera und eine Box).

Diesmal bewegten wir uns auf einem Felsband über dem Gletscher, einer tiefen, verschneiten Rinne entgegen, die über eine T-förmige Gabelung zum Grat führte und an deren oberem Ende wir eine auffällige Felsspitze sahen, die in Aussehen und Größe einer Burg glich.

Zunächst kamen wir über ein Geröllfeld nur langsam voran. Von weitem hatte es wie ein kleiner Vorgarten ausgesehen, tatsächlich war es so groß wie ein Fußballplatz. Schließlich erreichten wir die Felswand. Alles war hart gefroren, und die Luft schien beim Einatmen zu knistern. Die Felswand war mit einer dünnen Eisschicht bedeckt. Während wir uns, mit der Nase dicht am Fels, nach oben arbeiteten, schien die Zeit überhaupt keine Bedeutung mehr zu haben. Erst als die Sonne auftauchte, zuerst warm, dann heiß auf dem Rücken, und das Eis rasch schmolz, so daß wir plötzlich zwei Wasserkäfern ähnelten, die einen Staudammm hochkrabbelten, erst da erkannten wir, wie schnell die Zeit verging.

Schließlich erreichten wir, wie geplant, das verschneite obere Ende der Rinne. Der Schnee war hier, jeden Tag der vollen Kraft der Sonne ausgesetzt, so oft geschmolzen und wieder gefroren, daß er eher wie Eis war.

»Und was jetzt?«

Eine lächerliche Frage, die wir beide gleichzeitig stellten. Die einzig mögliche Antwort war: weiterklettern, doch der Hang hatte eine Neigung von mehr als siebzig Grad – keiner von uns beiden hatte jemals etwas derart Unangenehmes gesehen.

»Laß uns mal im Buch nachsehen.«

Eine Abbildung zeigte jemanden beim Stufentreten in einer fast senkrechten Eiswand, die sehr viel schlimmer war als das Ding, vor dem wir gerade standen. Derart ermutigt, begann ich also, Stufen zu treten. Was sollte man sonst auch tun. Es war sehr viel anstrengender, als ich gedacht hatte, und die Hitze war grauenvoll; bald beschlug meine Gletscherbrille, so daß ich kaum noch etwas sehen konnte. Ich schob sie auf die Stirn, wurde aber vom reflektierten Licht und den herumfliegenden Eissplittern geblendet.

Nach zehn Metern war mir klar, daß ich nicht weiterklettern konnte. Nicht die Höhe machte mir zu schaffen, sondern die Unsicherheit. In der Takelage eines Segelschiffs zu stehen war ein Klacks dagegen. Ich mußte mich unbedingt sichern, damit Hugh heraufkommen konnte, aber es gab keine Fixpunkte. Versuchsweise probierte ich, was in der Broschüre »Pickelverankerung in festem Schnee« hieß, doch ich erkannte, daß es Mord und Selbstmord wäre, sich und andere mit einem so unzureichenden Anker zu sichern. Hugh sah besorgt von unten zu.

»Nimm einen Eishaken.«

»Du hast den Hammer, und die Haken sind in meinem Rucksack. Ich komme nicht ran. Ich werde versuchen, den Felsen dort zu erreichen.«

Etwa fünf Meter über mir ragte ein kleiner Felsen aus dem Eis hervor. Leider war nicht zu erkennen, ob er Teil des Bergs oder nur ein größerer eingefrorener

Brocken war. Ich ging ein fürchterliches Risiko ein, erreichte den Felsen, setzte mich darauf und rammte meine Steigeisen in das Eis. Der Felsen hielt.

»Komm rauf!«

Hugh kam herauf und kletterte sofort weiter. Es empfahl sich nicht, hier länger zu verweilen.

Der Hang wurde immer steiler, aber auch weicher. Und knapp unterhalb des Grats lag dann richtiger Schnee. Auf dem Grat selbst sahen wir uns mit einem unangenehm gezackten Überhang konfrontiert, doch Hugh stapfte seitlich daran vorbei, während ich, weiter unterhalb, so wie er kurz zuvor im Eis, nervös wartete, ob er eine Lawine auslösen und mich in den Tod schicken würde. Doch schließlich tauchte er weiter oben wieder auf, und bald stand ich neben ihm auf dem Grat und japste wie ein gestrandeter Fisch. Es war halb zehn. Wir waren knapp unterhalb der Burg, der Gipfel war noch immer nicht zu sehen, und wir hatten nicht zwei, sondern fünf Stunden gebraucht.

»Sind spät dran«, sagte Hugh.

»Wir schaffen es schon.«

»Nougat oder Kekse?«

Es war kein Ort für ausgiebige Konversation.

»Heb den Nougat für den Gipfel auf.«

»Wie hoch sind wir?«

Hugh holte den Höhenmesser heraus, der auf seine Weise ein ebenso massives Zeugnis viktorianischer Ingenieurskunst war wie ein gußeiserner Spülkasten.

»Ich würde sagen: 5630«, sagte er schließlich, nachdem er mehrmals kräftig auf das Ding eingeschlagen hatte. »Ich hoffe für uns, daß es stimmt.«

Wir stiegen über den Grat, und abermals war der ganze Ostgletscher und der größte Teil des Westgletschers zu sehen. Und nun tauchte der Gipfel auf, zu dem ein letzter, langer Grat führte.

Zuerst nahmen wir den burgartigen Felsvorsprung von Norden her in Angriff. Er besaß all die Attribute einer exponierten Stelle, dazu kam die atemberaubende tausend Meter abfallende Wand zum Ostgletscher, und außerdem war es bitterkalt. Auch hier, wie überall auf diesem nervenaufreibenden Berg, gab es keine guten Fixpunkte. Bislang hatten wir in den heikelsten Situationen immer ein paar grimmige Witze zustande gebracht, aber jetzt, im Angesicht dieses grauenvollen Felsens ließ uns unser Humor endgültig im Stich.

Oberhalb der Burg hatten wir die Wahl, entweder die kalte und abweisende Nordseite oder die Südseite, ein labyrinthartiges Felsgewirr, ausgestattet mit Felsrissen und Kaminen, die so eng waren, daß dort kein Mensch hineinpaßte. In einem dieser Risse, die einen mächtigen Fels sechs, sieben Meter hoch spalteten, saßen wir schließlich fest und kamen nur mit allergrößter Mühe weiter.

Vor lauter Verzweiflung über diesen verrückten Berg stapften wir manchmal durch den weichen Schnee über den Grat, nur um festzustellen, daß es dort nicht weiterging, und mußten auf demselben Weg wieder zurückkehren.

Doch allmählich wurde der Kamm immer schmaler, und schließlich standen wir auf einer messerscharfen Gratschneide. Vor uns, aber von uns getrennt durch zwei mächtige Überhänge, war der Gipfel, eine verschneite, sanfte Kuppe, so hoch wie Box Hill.* Wir gruben eine Kuhle in den Schnee, um über unsere Lage nachzudenken. Die Sicht war phantastisch. Ringsum Berge, bis an den Horizont; wir schauten auf Gletscher und schneebedeckte Gipfel, die vielleicht noch nie ein Mensch gesehen hatte, höchstens vom Flugzeug aus. Nach Westen und Norden verlief die große Achse des Hindukusch, mit der weiten Biegung nach Süden, vom Anjuman-Paß über die nördlichen Teile von Nuristan. Gegen Ostnordost erhob sich der große schneebedeckte Berg, den wir von der Wand des Ostgletschers aus gesehen hatten, der Tirich Mir, dieser Gigant von 7700 Metern an der Grenze zu Chitral, und nach Südwesten lagen die Berge, die Nuristan von Panjschir trennen.

Unsere eigene Situation war nicht weniger eindrucksvoll. Ein Stein, den man aus der einen Hand fallen ließ, würde auf einem der oberen Gletscher des Chamar-Tals landen, aus der anderen Hand dagegen auf dem Ostgletscher. Hugh gab eine praktische Demonstration. Nachdem er eine Höhe von 5821 Metern ermittelt hatte, fiel ihm der Höhenmesser aus der Hand. Er prallte etwas weiter unten vom Berg ab und flog weit hinaus in das Chamar-Tal.

»Blödes Ding«, sagte Hugh düster. »Hat uns sowieso nicht viel genützt.« Über uns kreisten melancholisch krächzende Geier. »Wir müssen uns entscheiden, wie es weitergehen soll«, sagte er. »Und wir müssen uns absolut sicher sein, daß es die richtige Entscheidung ist, unser Leben hängt davon ab.«

* Erhebung bei Dorking (Surrey), 180 Meter hoch. (A.d.Ü.)

Unter normalen Verhältnissen hätte eine solche Bemerkung pathetisch geklungen. Hier war sie nichts anderes als eine korrekte Tatsachenbeschreibung.

»Wie lange brauchen wir bis zum Gipfel?«

»Vier Stunden, und auch nur, wenn wir unser Tempo beibehalten.«

Es war jetzt halb zwei. Wir waren seit neun Stunden unterwegs.

»Das heißt, halb fünf auf dem Gipfel. Dann der Abstieg, vier Stunden bis zur Burg, und noch einmal zwanzig Minuten zu der Rinne auf dem Grat. Dann wäre es neun Uhr. Dann der Eishang. Glaubst du, wir schaffen es in der Dunkelheit zu unserem Biwak?«

»Die einzige Alternative wäre, auf dem Grat zu übernachten. Aber wir haben keine Schlafsäcke dabei. Das überstehen wir nicht. Wenn du willst, können wir es versuchen.«

Einen kurzen, verrückten Moment erwogen wir tatsächlich, weiterzuklettern. Die Versuchung war enorm: nur noch 200 Meter trennten uns vom Gipfel. Dann beschlossen wir, es sein zu lassen. Wir waren den Tränen nahe. Traurig aßen wir unser Nougat und tranken den kalten Kaffee.

Der Abstieg war fürchterlich. Nun, da uns der Gipfel nicht mehr ansporte, erkannten wir auf einmal, wie erschöpft wir waren. Doch trotz schwindender Kraft und nachlassender Moral war uns beiden klar, daß wir mit allergrößter Vorsicht hinuntersteigen mußten. Hier in der Gegend gab es keine Bergwacht. Wenn einem von uns etwas passierte, es reichte schon ein verstauchter Knöchel, wäre das für beide das Ende. Ständig murmelte ich beim Abstieg: »Jedes Menschen Tod macht mich kleiner, jedes Menschen Tod macht mich kleiner.«*

Und doch spürten wir, so entkräftet wir auch waren, ein ungeheures Gefühl von Kameradschaft. In dieser schwierigen Situation des Aufeinanderangewiesenseins, ausgelöst vielleicht dadurch, daß wir aneinandergeseilt waren und der eine das Leben des anderen in der Hand hatte, empfand ich eine starke Zuneigung zu Hugh, diesem anstrengenden Menschen, der mich in diese Lage gebracht hatte.

Um sechs waren wir auf dem Sattel unterhalb der Burg, genau wie von Hugh kalkuliert. Das Wetter war sehr schlecht. Ein scharfer Wind wehte, und bei Sonnenuntergang war der Berg in ein schauderhaft gelbes Licht getaucht. Mit den aufziehenden Wolken verwandelte sich der Wind in einen heulenden Sturm, der uns mit Hagel und Schnee überschüttete. Wir waren ohne Steigeisen heruntergestiegen. Um die Schulter bei diesem Wind auf dem überfrorenen Schnee zu überqueren, mußten wir sie wieder anziehen. Wir ließen uns an dem Überhang hinunter und verschwanden in einer Rinne auf der Südwand.

Die Südwand war eine trostlose graue Ödnis, und es war die falsche Rinne. Sie war zu breit für einen leichten Abstieg und auf siebzig Metern mit einer Eisschicht überzogen.

Zweimal mußten wir die Steigeisen ablegen und wieder anziehen, aber die Riemen waren gefroren, so

---

* Zitat aus den *Andachtsübungen für Notfälle* von John Donne, geschrieben 1623. (A.d.Ü.)

daß es immer eine Ewigkeit dauerte und wir vor Erschöpfung und Verzweiflung fast losgeheult hätten. Am schlimmsten war, daß Schnee durch die Rinne geweht wurde, so daß man fast nichts mehr sah, und außerdem noch Gesteinsbrocken herabpurzelten. Eines dieser Geschosse traf Hugh an der Schulter, und zwar so heftig, daß ich schon dachte, er werde ohnmächtig. Nach dieser Rinne folgte ein kleiner vereister Kamin, den ich etwa sieben Meter auf dem Hintern hinunterrutschte, bis Hugh mich wieder heraufzog. Dummerweise trug ich meine Steigeisen an einer Schlinge um die Hüfte und saß während der ganzen Rutschpartie auf ihnen. Mir wird bis ans Lebensende eine tiefe, außerordentlich interessante Narbe bleiben.

Mittlerweile war es dunkel geworden. Wir verbrachten eine Stunde in der Felswand, die inzwischen mit einer frischen Eisschicht bedeckt war, eine Stunde, die ich mein Lebtag nicht vergessen werde. Dann waren wir zu Hause. »Zu Hause« war natürlich nur das Felsband mit den beiden Schlafsäcken, etwas Proviant und den Kochern, aber wir hatten seit Stunden an nichts anderes mehr denken können.

Während wir dorthin stolperten, tauchte eine große dunkle Gestalt vor uns auf und zündete ein Streichholz an, worauf wir ein häßliches, vertrautes Gesicht mit einer Warze auf der Stirn sahen. Es war Schir Muhammad, der allerrücksichtsloseste und brutalste Pferdetreiber, der sich auf die Suche nach uns gemacht hatte.

»Ich hab mir Sorgen gemacht«, sagte er einfach. »Also bin ich gekommen.«

Es war neun Uhr. Wir waren siebzehn Stunden geklettert.

Wir brachten kein einziges Wort mehr heraus. Nach einer langen Stunde kochte der Inhalt der beiden Kochtöpfe, so daß wir gleichzeitig Tee tranken und Tomatensuppe aßen – eine schauderhafte Kombination. Anschließend gab es eine Dose Marmelade und zwei überdimensionale Schlaftabletten, die eher für Pferde als für Menschen geeignet schienen.

»Ich bin gegen Tabletten«, waren Hughs letzte Worte, bevor wir beide in ein Koma sanken, »aber ich finde, in dieser Situation ist es gerechtfertigt.«

Um fünf wachten wir auf. Mein erster Gedanke war, daß ich eine Operation hinter mir hatte, eine Illusion, die durch den Anblick von Hughs blutverschmierten, bandagierten Händen, die den oberen Rand seines Schlafsacks umklammerten, noch bestärkt wurde. Meinen Händen ging es wie den seinen zwei Tage zuvor. Seine sahen noch viel schlimmer aus.

Wir brauchten lange zum Anziehen, und Schir Muhammad mußte uns die Hose zuknöpfen, ein schwieriges Unterfangen für jemanden, der keine Erfahrung mit geknöpften Hosenverschlüssen hat. Es war das einzige Mal, daß ich ihn lachen sah. Danach schnürte er auch unsere Stiefel zu.

Kaum hatte ich den ersten Schritt getan, wußte ich, daß meine Füße die Stiefel nicht mehr aushalten würden. Ich beschloß, Schuhe mit Gummisohle zu tragen.

Bei unserem Aufbruch glich das Felsband einer heißen Herdplatte. Schir Muhammad ging voran. Wie ein schwer beladener Ziegenbock stürmte er bergab. Er verlor rasch die Geduld, weil wir in unserem Trauerzugtempo nur sehr langsam vorankamen, und ließ uns weit zurück.

Am oberen Ende des Gletscherfelds blieb Hugh stehen und setzte seinen Rucksack ab.

»Was ist?«

»Seil«, krächzte er. »Hab ein Seil vergessen. Muß es holen.«

»Sei nicht blöd.«

»Brauchen es vielleicht ... bei einem späteren Versuch.«

»Nicht in diesem Jahr.«

Es war sinnlos, mit ihm zu diskutieren. Er stapfte schon los. Daß ich bei dem anderen Gletscher umgekehrt war, um den Karabiner zu holen, hatte einen unmöglichen Präzedenzfall geschaffen.

Das kleine Schneefeld blendete unglaublich. Meine Gletscherbrille steckte irgendwo in meinem Rucksack, aber ich hatte keine Willenskraft mehr, anzuhalten und sie zu suchen. Bald plagten mich stechende Kopfschmerzen. Mit meinen Gummisohlen rutschte ich andauernd aus. Ich merkte, daß ich immer mißmutiger wurde.

An der Moräne wartete Abdul Ghiyas auf uns. Irgendwo in dem Labyrinth auf den unteren Hängen dieses provozierenden Bergs war er an Schir Muhammad vorbeigekommen, ohne ihn zu sehen.

»Wo ist Carless Sahib?« brummte er besorgt.

»Oben.«

»Ist er tot?«

»Nein, er kommt noch.«

»Hast du den Gipfel bestiegen?«
»Nein.«
»Warum ist Carless Sahib nicht bei dir?«

Erst nach einer längeren Pantomime meinerseits begriff er, daß Hugh nicht tot, Opfer meines Ehrgeizes geworden war, und willigte ein, mit mir ins Tal hinunterzusteigen und meinen Rucksack zu tragen.

Doch im Lager warteten wir geschlagene zwei Stunden auf Hugh. Kein Zeichen von ihm. Ich wurde unruhig und machte mir Vorwürfe, nicht auf ihn gewartet zu haben. Die drei Pferdetreiber, die am Feuer saßen und zur Feier unserer Rückkehr eine große mysteriöse Pampe zubereiteten, murmelten unablässig: »Carless Sahib, Carless Sahib, wo ist Carless Sahib?«

Schließlich tauchte er auf, mit seinen aufgesprungenen Lippen und den Bart voll Gletschercreme sah er aus wie der Überlebende eines spektakulären Desasters, was er in Wahrheit ja auch war.

»Wo warst du? Wir haben uns furchtbar gesorgt.«

»Ich hab das Seil geholt«, sagte er, »und mich dann unter einen Felsen schlafen gelegt.«

XVI

NACH NURISTAN

Nach unserer gescheiterten Gipfelbesteigung hätten Hugh und ich uns gern von jenem Organisator verwöhnen lassen, den Hugh zu meiner großen Erheiterung auf unsere Expedition hatte mitnehmen wollen. Wir hätten auch nichts gegen einen Koch gehabt und Vorräte an Schonkost, Brühwürfeln, Zwieback und dünnen Suppen anstelle unserer schweren Rationen, doch wir hatten nichts anderes. Mit Vergnügen bemerkte ich, daß selbst Hugh allmählich des Irish Stew überdrüssig wurde, fragte mich allerdings, wie wir uns wohl ernährt hätten, wenn ich nicht darauf bestanden hätte, Proviantkisten mitzunehmen.

Daß wir den Organisator gut gebraucht hätten, zeigte sich besonders deutlich, als mit den Treibern über den nächsten Abschnitt unserer Reise gesprochen werden mußte; statt sich der wohlverdienten Ruhe hinzugeben, mußte Hugh die halbe Nacht auf sie einreden, uns nach Nuristan zu begleiten.

Abdul Ghiyas und Badar Khan hatten alle möglichen Einwände vorgebracht. Daß der Weg für die Pferde nicht zu bewältigen sei, daß die Bewohner heidnische Götzendiener seien, die uns allesamt umbringen würden, daß wir keine schriftliche Genehmigung zum Betreten des Landes besäßen und daß wir, sollten wir es tatsächlich bis dorthin schaffen, keinerlei Nahrungsmittel finden würden, für uns nicht und für die Tiere nicht. Nur Schir Muhammad, dieser unberechenbare Mann, schwieg. In gewisser Weise war er sehr viel weltläufiger als die anderen, vielleicht war er auch der Meinung, daß er es mit jedem Nuristani, dem er begegnete, würde aufnehmen können.

Als nach stundenlanger Debatte noch immer keine Einigung in Sicht war, platzte Hugh schließlich der Kragen.

»Dann geht doch nach Hause!« rief er. »Geht zurück nach Jangalak und erzählt euren Leuten, daß Newby Sahib und ich allein nach Nuristan gegangen sind – und daß ihr uns habt gehen lassen! Sie werden euch als Weiber bezeichnen!«

Kaum hatte er das ausgesprochen, war klar, daß Abdul Ghiyas und Badar Khan natürlich unter keinen Umständen mitkommen würden. Hugh sah sich genötigt, etwas subtiler vorzugehen.

»Daß ihr nicht mitkommt nach Nuristan, weil der Weg anstrengend ist und weil ihr ein schwaches Herz habt, kann ich vielleicht noch entschuldigen, aber daß ihr die Nuristani, eure Brüder, als heidnische Götzendiener bezeichnet, sie, die unlängst erst zum Islam übergetreten sind und eurer Gebete bedürfen, Sunniten wie ihr und vermutlich sogar bessere – das steht auf einem ganz anderen Blatt.«

Hier legte Hugh eine Pause ein und funkelte die beiden wütend an, um seine Worte wirken zu lassen. Dann fuhr er fort: »Wenn ich aus Nuristan zurückkehre (meisterlicher Kunstgriff) werde ich eine Audienz bei General Ubaidullah Khan verlangen und ihm erzählen, was ihr über die ›heidnischen Götzendiener‹ gesagt habt. General Ubaidullah Khan ist ein einflußreicher Mann.« Und dann fügte er genial hinzu: »Und außerdem Nuristani.«

Die Wirkung war ganz erstaunlich. Sofort war jeder Widerstand gebrochen. Bevor wir, weit nach Mitternacht, schließlich einschliefen, fragte ich Hugh noch, wer General Ubaidullah Khan sei.

»Gibt es meines Wissens nicht. Ich hab ihn einfach erfunden. Aber ich glaube, es wird ganz nützlich sein, ihn zu kennen.«

Am nächsten Morgen um fünf war das Tal von weißen Wolken erfüllt. Während das Erwachen auf dem Steinbockpfad an das Zusichkommen nach einer Operation erinnert hatte, so konnte man beim Aufwachen in einer Wolke das Gefühl haben, tot und im Himmel zu sein.

Nachdem Schir Muhammad und Badar Khan unsere Hosen zugeknöpft und die Stiefel geschnürt hatten und sich der Hauptteil unserer Expedition in Bewegung setzte, ging ich los, um noch Aufnahmen vom *aylaq* und wenn irgend möglich auch von den Bewohnern zu machen. Ich wäre nicht im Traum darauf gekommen, wenn die Mädchen, die mit dem Kardinal in der Hütte wohnten, nicht so großes Interesse an uns gezeigt hätten. Den ganzen Nachmittag, während

Hugh und ich nur apathisch dalagen, hatten sie unverschleiert auf dem Dach gestanden, gelacht und gekreischt und uns sogar zugewunken und sich überhaupt in einer Weise verhalten, die in einem weniger hochgelegenen und weniger abgeschiedenen Ort undenkbar gewesen wäre. Doch als ich den *aylaq* erreichte, ließ sich, ich hatte es schon geahnt, niemand blicken.

Mit einer komplizierten modernen Kamera und bandagierten Händen Fotos zu machen ist, als wollte man mit Boxhandschuhen Spargel essen. Während ich an der Kamera hantierte, trat auch schon Abdul Ghiyas auf den Plan, indem er aus der Hütte trat.

»Sahib, das ist nicht gut«, sagte er mit ernster Miene. »Da ist gegen die Religion.«

Angesichts dieses Widerstands verzichtete ich sogar darauf, den Steinhaufen zu fotografieren, aus dem der *aylaq* bestand, und nachdem wir uns vom Kardinal verabschiedet hatten, der Abdul Ghiyas zur Tür begleitet hatte, folgten wir den anderen, die schon in Richtung Chamar-Paß aufgebrochen waren.

Die Wolken hatten sich inzwischen aufgelöst, und als wir den Chamar-Fluß überquerten, glitzerte das Wasser in der Sonne. Obwohl der Fluß sehr flach war, stellten sich die Treiber beim Überqueren der Furt mächtig an. Genötigt, gegen ihren Willen nach Nuristan zu gehen, waren sie nicht bereit, uns das Vorhaben allzu leicht zu machen.

Jenseits des Flusses war der Pfad schwer zu erkennen. Er zeigte sich nur an Ritzspuren im Gestein und an gelegentlichen Fußabdrücken dort, wo etwas Erde war, in der eine ungewöhnliche Pflanze wuchs, deren pelziger Hut wie eine mauvefarbene Bärenfellmütze aussah. Je weiter wir kamen, desto spärlicher wurden die Spuren, so daß ich allmählich etwas unruhig wurde. Schließlich waren sie so vage, daß man sie überhaupt nur noch erkannte, wenn man ein gläubiger Mensch war. Und so trotteten wir über schwarzes Felsgestein, das nicht anders aussah als der Rest der Landschaft. Der Berg, hinter dem Nuristan lag, erhob sich vor uns wie eine mit spitzen Zacken bewehrte Mauer. Es schien unmöglich, dort hinauf zu kommen, zumal mit den Pferden.

»Glaubst du, daß dies der richtige Weg ist?« fragte ich Hugh, der unbeirrt auf den Berg zustapfte.

»Ich hoffe es. Wenn wir den Weg nicht gleich beim ersten Mal finden, geben die Männer auf.«

Plötzlich stießen wir auf ein paar Pferdeäpfel. Es war, als hätten wir einen Sack Gold gefunden.

»Das ist schon mal ermutigend«, sagte Hugh, während Schir Muhammad sie in einen Sack schaufelte, den er zu diesem Zweck mitführte. »Wenn es nur mehr davon gäbe. Und wenn sie nur nicht so alt wären.«

Wir kamen zu einem versumpften grünen See. Am Ufer Fußspuren mit den üblichen Abdrücken von Autoreifen, herumliegende Holzspäne. Der Besitzer der Füße hatte sich einen Stock geschnitzt. Wir waren auf dem richtigen Weg.

Jetzt begann der Aufstieg. Es war furchtbar heiß. Die glühende Sonne stand hoch am Himmel und wurde von den bleiernen Felsen matt zurückgeworfen.

Der Pfad stieg, hin und wieder von Steinhaufen markiert, in scharfen Spitzkehren bergan. Die Pferde waren nicht besonders begeistert, sie scheuten, stolperten ein paar Schritte vorwärts und wichen dann wieder mit schleifenden Hufen zurück. Abdul Ghiyas und Badar Khan redeten ihnen die ganze Zeit gut zu. Gern hätte ich gewußt, was sie sagten. Vielleicht ermutigten sie die Tiere, die Sache locker anzugehen. Abdul Ghiyas' Gesichtsausdruck bekam etwas Triumphierendes. Schir Muhammad tat überhaupt nichts. Das Schicksal der Expedition stand auf Messers Schneide.

»Wenn die Pferde es nicht schaffen, bleibt uns nur eines. Den ganzen Klumpatsch abladen und eigenhändig rübertragen.«

Zum Glück stieß Badar Khan in diesem Moment, als Hugh diesen unmenschlichen Vorschlag machte, einen Ruf aus und zeigte auf den Berghang, der dreihundertfünfzig Meter hoch vor uns aufragte.

»*Bozi kuhi* [Steinbock], dort!«

»Dort, der *bozi kuhi!*« rief Schir Muhammad.

»Ah, der *bozi kuhi!*« rief Abdul Ghiyas.

Alle drei schirmten die Augen vor dem gleißenden Sonnenlicht mit der Hand ab und verfolgten die Bewegungen des *bozi kuhi* mit den Fingern.

Ich sah weit und breit nur schwarzes Felsgestein.

»Dort ist er«, sagte Hugh und zeigte mit der bandagierten Hand auf den Berg. Mit seinem sprießenden Bart sah er wie ein Kleiner Prophet aus.

»Siehst du ihn wirklich?«

»Ich glaub schon. Ja. Jetzt sehe ich ihn. Dort.« Er nahm meinen Finger und dirigierte ihn. Ich sah noch immer nichts.

»Dort!«

»Wo?«

»Dort! Nein, nicht dort! Dort! Du mußt blind sein!«

Schließlich verlor ich die Geduld.

»Ah ja«, sagte ich. »Jetzt sehe ich ihn.«

»Er bewegt sich nicht«, sagte Hugh.

»Ich kann zwei *bozi kuhi* sehen«, sagte Schir Muhammad.

In der ganzen Aufregung über den Steinbock hatte sich die Lethargie verflüchtigt, die wie eine Wolke über unserem Trupp gelegen hatte. Unter großem Geschrei drängten und schoben sie die bedauernswerten Pferde um die Spitzkehren und den steinigen Pfad hinauf. Oft kam unser Zug ins Stocken, aber wenigstens dachte niemand mehr daran, die Ausrüstung abzuladen und Stück für Stück über den Berg zu schleppen – was in unserer gegenwärtigen Verfassung fast undenkbar gewesen wäre.

In gut zweieinhalb Stunden hatten wir den höchsten Punkt erreicht und machten knapp unterhalb des Passes halt. Es war ein extrem hoher Paß. Ohne den Höhenmesser konnte man es nicht ganz genau bestimmen, aber verglichen mit den Höhen, die wir vom Mir Samir bereits kannten, dürften es zwischen 4800 und 5000 Meter gewesen sein. Der Mir Samir selbst war ungefähr fünf Kilometer Luftlinie entfernt. Wir sahen die ganze Südflanke bis hinauf zum Chamar-Tal. Wir sahen den Steinbockpfad, auf dem wir biwakiert hatten, den burgförmigen Überhang und die ganze Ostwand. Zum erstenmal wurde uns wirklich klar, wie wenig uns bis zum Gipfel gefehlt hatte.

Der Grat, der sich jetzt unmittelbar über unseren Köpfen erhob, sah aus wie ein von Strafgefangenen gebauter Wellenbrecher, ein wüstes Durcheinander von lose aufeinandergetürmten Felsblöcken. Der Durchlaß war so schmal, daß die Pferde, mit viel Nachdruck geschoben, wie fliegende Korken auf der anderen Seite herauskamen.

»Kotal-i-Chamar«, sagten die Männer.

Der Paß. Wir waren auf der anderen Seite. Wir waren in Nuristan.

Wenig hätte gefehlt, und wir wären direkt hineingefallen. Wir drängten uns dicht am Abgrund aneinander, Mensch und Tier, unter uns öffnete sich ein einsames Tal, hier und da eine schmutzige Schneewehe, ansonsten eine öde braune Geröllandschaft, die bis weit in die Ferne reichte und schließlich im Dunst verschwand. Die Berge, die nördlich und östlich davon aufragten, verdeckten jetzt die Schnee- und Eisfelder, die wir vom Mir Samir aus gesehen hatten, und waren von einem eintönigen Khakibraun. Ein bißchen enttäuschend war es schon.

Während des Abstiegs waren zunächst zwei Mann pro Pferd erforderlich: der eine führte, der andere hielt es am Schwanz, um vor den Biegungen zu bremsen; doch sobald wir den Kamm hinter uns gelassen hatten, eilten Hugh und ich allein weiter.

Anderthalb Stunden ging es bergab. Und es wurde immer wärmer. Erste spärliche Vegetation, harte Graskissen. Schließlich stießen wir auf ein weites Tal, das in Nordsüdrichtung verlief, quer zu unserem, grün und offen, mit einem Fluß darin, und auf der Wiese standen friedlich grasende Kühe, Schafe und Pferde. Auf dem Grün waren ein einsamer *aylaq,* eine Hütte und ein paar primitive Ställe ohne Dach. Alles wirkte verlassen, im ganzen Tal kein Mensch.

Nach dem kilometerweiten Geröll versanken unsere Füße im Gras wie in einem weichen Teppich, und der Wind war, nach der stehenden, stickigen Luft im oberen Tal, wie ein kühler Drink. Abgesehen von dem Säuseln des Windes und dem Rauschen des Flusses lag eine ungeheure Stille über dem Ort.

Männer und Pferde waren weit hinter uns. Etwas nervös näherten wir uns dem *aylaq.*

Wir waren noch hundert Meter entfernt, als plötzlich ein Ruf ertönte und wir unsere ersten Nuristani sahen.

Dutzende von Männern traten aus der Hütte und liefen uns entgegen. Man konnte sich gar nicht vorstellen, daß so viele Leute in dieser kleinen Hütte Platz fanden. Sie schienen wie aus einer längst vergangenen Zeit zu kommen und boten ein ungewöhnliches Bild, weil jeder von ihnen anders aussah. Die Männer waren klein und groß, hell- und dunkelhäutig, hatten braune und graue Augen, einige mit langen geraden Nasen hätten als Serben oder Kroaten durchgehen können, andere, mit blitzenden Augen, Hakennasen und schwarzem Haar, sahen wie Juden aus. Wieder andere, wildgelockte Männer, sahen wie Zigeuner aus. Männer mit grauen buschigen Bärten und Schnurrbärten sahen wie Polarforscher aus. Andere, mit einem schmalen Kinnbart, sahen wie frühe Mormonen aus. Einige der größten Männer (über 1,80 Meter), wahre Giganten, glattrasiert und mit Boxernase, sahen aus wie Gardesoldaten auf einem Gemälde von Kennington. Wer keine Kopfbedeckung trug, hatte Stoppelhaare, und die jüngeren, besonders diejenigen mit spärlich entwickeltem Bart, sahen ebenso eigenwillig und altmodisch aus wie die Existentialisten von Saint-Germain-des-Prés; während die Bartlosen so zeitgenössisch aussahen wie Gäste einer Espressobar und fast überall in der westlichen Welt als solche akzeptiert worden wären.

Sie waren außergewöhnlich, und ihre Aufmachung war es nicht minder. Bis auf die Barhäuptigen trugen alle die gleiche flache Chitrali-Mütze, mit der Hugh seit unserer Abreise aus Kabul herumlief, nur waren die ihren größer und noch zerknautschter und von einer Farbe, die an Porridge erinnerte. Wer sie auf dem Hinterkopf trug, erinnerte an eine Bruegelsche Figur.

Sie trugen braune, kragenlose Hemden und darüber weitgeschnittene Westen beziehungsweise eine Art Übermantel ohne Knöpfe. Die braunen Hosen aus einfachem Stoff erinnerten an schlabberige Knickerbocker, die bis zur Hälfte der Wade reichten und locker mit den Bewegungen des Besitzers mitschwangen. Manche Männer trugen eine Art lockere Wickelgamasche, und einige der Jüngeren trugen bunte Halstücher. Alle waren barfuß.

»Das ist ja wie im Mittelalter.«

Es war der einzige Satz, den Hugh noch herausbrachte. Im nächsten Moment hatten sie sich schon, seltsame Rufe ausstoßend, auf uns gestürzt, und ehe wir wußten, wie uns geschah, wurden wir von der Meute zum *aylaq* getragen wie Torschützenkönige vom Fußballplatz.

Draußen vor der Hütte bemerkte ich undeutlich einen Haufen Steinbockhörner und an der Mauer etliche Tierhäute (gewendet, sie sahen wie tote Hunde aus), dann stieß ich mir an der niedrigen Öffnung furchtbar den Kopf – und wir waren im Innern.

Auf der blanken Erde lagen uralte Teppiche aus einem filzartigen Material, mit einem orange-schwarzen Rautenmuster, die man hier für ihre letzten Tage heraufgeschafft hatte. In der Mitte des Erdbodens, in einer flachen Kuhle, schwelte ein Dungfeuer. Darüber, von zwei Felsbrocken gestützt, saß ein Kessel, in dem irgend etwas vor sich hinköchelte. Es gab weder einen Kamin noch irgendeine Maueröffnung, und die Wände waren rauchgeschwärzt.

Wir wurden aufgefordert, uns auf den Boden zu hocken, und dann stellten unsere Gastgeber (als solche stellten sie sich heraus – bis dahin war ihre Haltung uns gegenüber nicht klar gewesen) zwei runde Holztöpfe mit Milch vor uns hin und dazu zwei große Kellen. Die Töpfe, die jeweils etwa zwei Liter faßten, waren vermutlich aus einem Baumstumpf geschnitzt und mit dem gleichen Rautenmuster geschmückt, das ich auf den Teppichen bemerkt hatte. Töpfe und Löffel waren von gigantischen Ausmaßen, für Riesen geeignet.

Wir hatten großen Durst. Hugh langte schon zu.

»Glaubst du, es ist okay?« fragte ich ihn. »Vielleicht haben sie Tbc.«

»Wer?«

»Die Kühe.«

»Wenn wir Tbc kriegen sollen, dann haben wir sie schon«, sagte er. »Außerdem ist es keine Kuhmilch. Ich glaube, es ist eine Mischung aus Ziegen- und Schafsmilch.«

Die Hütte war gerammelt voll mit Männern, die in einer unbekannten Sprache durcheinanderschnatterten. Ich überlegte, ob es vielleicht Baschguli war. Jedenfalls hatte ich diese Sprache noch nie gehört, da die Grammatik des Colonel aber wieder irgendwo in unserem Gepäck versteckt war, bestand keine Möglichkeit, Genaueres herauszufinden.

Nachdem ich einen Liter eiskalter Milch getrunken hatte (die Töpfe waren kurz zuvor aus dem Fluß geholt worden), war mir, als müßte ich im nächsten Moment platzen. Ich setzte meinen Baumstumpftopf ab. Einer der bartlosen Espresso-Boys, der neben mir saß, nahm den Löffel, grunzte »*Bilugh au*« (jedenfalls klang es so) und begann, mich wie einen Greis zu füttern.

Einer der älteren, vollbärtigen Männer, der so etwas wie ein Anführer zu sein schien, sprach Hugh auf Persisch an.

Plötzlich zeigte er nach Norden.

»Nikolai!« sagte er.

»Nikolai, Nikolai!« riefen alle.

»Inghiliz, Inghiliz!« sagte Hugh.

»Nikolai, Nikolai!«

»Mist, ich glaube, sie halten uns für Russen«, sagte er. Er schien sehr beunruhigt.

Die stockende Unterhaltung ging weiter. Es stellte sich heraus, daß wir die ersten Europäer waren, die je über den Paß gekommen waren.[*] Von den Russen hatten sie schon gehört, aber Engländer – das war neu

---

[*] Ich glaube nicht, daß das stimmt.

für sie, mit denen hatten sie noch keine Erfahrungen gemacht.

Wir befanden uns hier auf der Sommerweide der Ramgul-Kafiren, eines Stammes der Siyâh-Pûsch (persisch: »schwarzgekleidet«). Dies war noch immer die Chamar-Region, Tal und Fluß trugen beiderseits der Wasserscheide denselben Namen.

Hier verbrachten die Männer des Stammes ohne ihre Frauen die Sommermonate. Sie kümmerten sich um die Herden, machten Käse und Butter für den Winter und für den Handel mit der Außenwelt, und schickten regelmäßig einen Mann mit den schweren Ziegenfellen, die ich draußen an der Hütte hatte hängen sehen, weit hinunter in die Täler. Die Reise, so etwas wie ein anstrengender Heimaturlaub, konnte je nach Ziel bis zu fünf Tage dauern.

Während dieses Vortrags wurden wir die ganze Zeit durchsucht. Ich merkte, wie neugierige Finger an mir herumtasteten, Taschen aufknöpften und hineinfaßten und sich an meinem Uhrarmband zu schaffen machten.

Wir hatten schon mehrere Päckchen Zigaretten herumgehen lassen, und um die leeren Schachteln entbrannte nun ein Kampf. Es war das Silberpapier, das sie haben wollten. Ihre große Sehnsucht waren jedoch Ferngläser. Meine Kamera erregte großes Interesse, bis sich zeigte, daß es kein Feldstecher war, doch bald fanden sie Hughs Fernrohr und gingen damit nach draußen, um es auszuprobieren.

In einer Welt, die das Staunen verlernt hat, fand ich es sehr angenehm, Menschen zu begegnen, denen man auf so einfache Weise eine Freude machen konnte. Um mich noch beliebter zu machen, gab ich ihnen meine Armbanduhr. Diese Uhr war mein ganzer Stolz (auch mir kann man leicht eine Freude machen) – eine nagelneue Rolex, die ich mir unterwegs in Genf besorgt hatte und die als Schutz vor schlechter Behandlung jeglicher Art bekannt war.

»Sag dem Alten«, sagte ich zu Hugh, »daß sie auch unter Wasser funktioniert.«

»Er glaubt es nicht.«

»Na schön. Dann sag ihm, daß sie selbst dort drin funktioniert«, sagte ich und deutete auf den Kessel, in dem es dampfte und blubberte.

Hugh übersetzte. Der Alte sagte ein paar Worte zu dem jungen Existentialisten, der die Uhr in der Hand hielt. Bevor ich mich versah, hatte er sie in den Topf geworfen.

»Er sagt, er glaubt dir nicht«, sagte Hugh.

»Er soll sie wieder rausholen! Ich glaube es selbst nicht.« Ich beugte mich schon über die Brühe und fischte wie wild mit dem Löffel darin herum.

»Hat keinen Zweck«, sagte ich. »Sie müssen das Zeug auskippen.«

Diesmal sprach Hugh mit etwas mehr Nachdruck zu dem Alten.

»Er lehnt ab. Es ist ihr Abendessen.«

Schließlich angelte sie jemand heraus. Sie war mit einem braunem Schleim bedeckt. Was immer es sein mochte, das Abendessen sah ausgesprochen widerlich aus. Der Retter hielt die Uhr im Löffel. Sie war so heiß, daß man sie nicht anfassen konnte, aber sie ging noch. Alle waren ungeheuer beeindruckt, ich selbst auch. Leider war ihr Retter dermaßen beeindruckt, daß er sich weigerte, sie herzugeben, und hinausging.

»Wo geht er hin?«

»Er will es im Fluß versuchen.«

In diesem Moment erhoben sich draußen erregte Rufe. Unsere Männer waren eingetroffen. Alles stürzte zu ihrer Begrüßung nach draußen.

Sie waren ein melancholischer kleiner Trupp, wie sie am Fuß der Felsen dicht beieinander standen und nervös auf die Hütte starrten, genau wie wir es eine halbe Stunde zuvor getan hatten; nur Schir Muhammad schaute gelangweilt in die entgegengesetzte Richtung.

Erst als man ihnen Baumstumpftöpfe voll Milch brachte, ließ ihre Anspannung etwas nach. Abdul Ghiyas schärfte seinen Leuten aber trotzdem ein, die Hütte keinesfalls zu betreten.

»Es ist besser, wir gehen weiter«, sagte er. »Diese Männer sind Räuber und Mörder. Wir müssen weit weg von hier kampieren.«

»Sie wollen, daß wir hier übernachten«, erklärte Hugh. »Es soll getanzt und gesungen werden.«

Doch es nützte alles nichts. Abdul Ghiyas blieb bei seiner Weigerung.

»Diese Männer sind falsch. Sie werden uns im Schlaf ermorden.« Ich hatte ihn noch nie so entschlossen gesehen.

»Vielleicht ist es besser«, sagte Hugh. »Sie wollen, daß wir unser ganzes Gepäck abladen.«

Der Gedanke, diese Meute in unseren Sachen herumkramen zu lassen, war unerträglich. Wir einigten uns darauf, daß es besser sei, aufzubrechen – und zwar möglichst rasch.

Als die Zeit zum Aufbruch kam, war von Hughs Fernrohr oder meiner Armbanduhr nichts zu sehen.

»Ich will mein Fernrohr wiederhaben«, sagte Hugh zu dem Anführer.

»Und was ist mit meiner Uhr?« fragte ich, als sein Fernrohr schließlich von irgendwoher herbeigeschafft wurde.

»Er sagt, der Mann, der sie hat, ist verschwunden.«

»Dann sag ihm, daß er ihn zurückholen muß.«

Es kam zu einem weiteren Wortwechsel.

»Er sagt, der Mann will sie behalten.« Aus seinem Mund klang es fast, als wäre es ein berechtigtes Ansinnen.

»Unmöglich! Sorg dafür, dass ich sie zurückbekomme! Streng dich an!«

»Streng du dich an! Ich hab wirklich keine Lust, *immer* für dich da zu sein.«

Ich hätte ihm am liebsten eine gescheuert.

»Verdammt noch mal, du verstehst den Mann doch selbst kaum, obwohl du fließend Persisch sprichst. Wie soll ich ihm dann etwas klarmachen?«

In diesem Moment sah ich den Mann, der meine Uhr weggenommen hatte, hinter einer der Mauern des *aylaq*. Ich ging um die Hütte und näherte mich ihm von der anderen Seite und packte ihn bei den Armgelenken. Obwohl er kaum Muskeln hatte, war er bärenstark. Er strahlte eine elektrische Energie aus.

»Tick-tack«, sagte ich, tippte dabei auf mein Handgelenk und nickte heftig mit dem Kopf.

Der Mann lachte. Ich sah ihm in die Augen, etwas Seltsames, Verrücktes lag in ihnen. Von ihm ging eine kaum gezügelte Aggressivität aus, die mir schon bei einigen der anderen aufgefallen war. So, als könnten sie die abscheulichsten Verbrechen begehen und sich im nächsten Moment zu einer kräftigen Mahlzeit hinsetzen. Der Mann war ein Killer. Vielleicht waren sie alle Killer.

Ich sah, daß seine rechte Hand geballt war, und öffnete sie. Meine schöne Uhr lag darin. Er hatte sie in den Fluß gehalten. Sie ging noch immer.

Als wir den *aylaq* verließen, kamen drei weitere Nuristani mit kurzen Schritten, aber unglaublich flink aus dem Tal heraufgeeilt. Alle drei hatten braune Vollbärte, trugen kurze, ausgefranste dunkelbraune, fast schwarze Übermäntel, vielleicht die letzten Zeugnisse der Ehre der schwarzgekleideten Kafiren. Auf dem Rücken trugen sie leere Packsäcke.

»Sie kommen von Ramgul herauf und werden den Platz derjenigen einnehmen, die morgen mit Butter ins Tal gehen«, sagte Abdul Ghiyas.

Niemand entbot uns einen Abschiedsgruß. Einige der Nuristani waren schon aufgebrochen zu ihren Herden im Gebirge, der Rest hatte sich in die Hütte verzogen. Es war charakteristisch für diese Leute, daß ihr rasch erregtes Interesse an Fremden fast ebenso schnell erloschen war.

XVII

TALWÄRTS

Unterhalb des *aylaq* öffnete sich das Tal, bis beiderseits des Flusses ein vierhundert Meter breiter Streifen Weideland lag. Der Fluß schoß nicht mehr flach dahin, wie weiter oben in den Bergen, sondern schlängelte sich, gesäumt von hohen Ufern, tief und still durch die Wiesen. Auf der anderen Flußseite weidete eine große Rinderherde, die langsam in Richtung Gebirge weiterzog.

In diesem Moment kamen zwei Männer auf Ochsen angeritten, die sie mit Holzstöcken antrieben. Sie nahmen nicht die geringste Notiz von uns.

»Es wird Zeit, das Lager aufzuschlagen«, sagte Abdul Ghiyas. Niemand hatte die Energie, ihm zu widersprechen.

»Mir ist egal wo, solange es genügend Felsen gibt, damit notfalls jeder von uns seinen eigenen Fels hat«, sagte Hugh.

Er sah genauso aus, wie ich mich fühlte – blaß und erschöpft. Die letzten Tage waren extrem anstrengend gewesen: unser Rückzug kurz vor dem Gipfel, die morgendliche Überquerung eines mehr als fünftausend Meter hohen Passes, dann die grauenhafte Truppe im *aylaq,* außerdem unsere Wunden und die Beschwerden, die wir uns unterwegs zugezogen hatten – all das überstieg fast unsere Kräfte. Wie Schlachtschiffe, die eine volle Breitseite abbekommen haben, waren wir vorübergehend außer Gefecht gesetzt, bis wir in irgendeinem Hafen vor Anker gehen würden und Zeit hatten, den Schaden zu reparieren.

Abdul Ghiyas stellte jedoch alle möglichen Bedingungen an einen geeigneten Ort, zum größten Teil waren es strategische Überlegungen, die von seinem Mißtrauen gegenüber den Nuristani diktiert wurden, einer Haltung, die ich allmählich zu verstehen begann.

Schließlich entdeckte er einen grasbewachsenen Platz in einer Flußbiegung, der auf drei Seiten von Wasser eingeschlossen war. Auf der Wiese stand ein großer Felsen, der einen gewissen Schutz davor bot, »daß wir von hinten erschlagen werden«, wie es Abdul Ghiyas drastisch formulierte, während auf der Landseite eine Ansammlung von Felsbrocken reichlich uneinsehbares Gelände der Sorte schuf, die Hugh und mich sehr viel mehr interessierte als Fragen der Verteidigung vor einem Feind.

Während wir auf dem Gras lagen und versuchten, uns zum Abladen des Gepäcks aufzuraffen, erschien auf der anderen Seite des Flusses ein graues Pferd, auf dem zwei Männer im Soziussitz saßen. Sie hatten lange, lanzenartige Stöcke dabei. Der Hintermann trug ein rotes Käppchen, der andere die übliche flache Tellermütze. Beim Anblick dieser beiden Männer am Fluß und der grünen Wiese fühlte ich mich ins Mittelalter versetzt. Im Vordergrund noch ein oder zwei karpfenfischende Mönche, und die Szene hätte gut in eine illustrierte Geschichte von England gepaßt. Einen Moment hatte ich Heimweh.

Die beiden Vorüberreitenden starrten feindselig zu uns herüber, bis sie eine Stelle erreichten, wo man auf ein paar Felsbrocken den Fluß überqueren konnte. Hier stiegen sie ab, banden das Pferd an und sprangen, gestützt auf ihre Stöcke, von Felsen zu Felsen und kamen herbei.

Aus der Nähe machten sie auf uns alle einen ausgesprochen unsympathischen Eindruck. Der eine mit dem Käppchen sah wie ein Mörder aus. Neben seinem Stock hatte er auch ein Gewehr dabei, das über der Schulter hing, einen ganz unmittelalterlichen 45er Henry-Martini. Diese Waffe sah trotz ihrer achtzig Jahre sehr gefährlich aus, und der Patronengurt, den er unter seinem Hemd trug, nicht minder.

»Unangenehmer Bursche«, sagte Hugh. »Tot wäre er mir lieber.«

»Dasselbe denkt er von uns. Aber sieh dir den anderen an! Was für einen großen Zinken er hat!«

Der andere war wirklich eine sinistre Gestalt. In London, im dunklen Anzug mit einer Nelke im Knopfloch, wäre er als Geschäftsführer einer dubiosen Firma mit Büro in der Park Lane nicht besonders aufgefallen. Hier, in seiner einheimischen Tracht, konnte er Angst einflößen.

Er hatte lange Zähne, mandelförmige Augen, die er eindrucksvoll rollte, und eine große, unförmige Nase.

Er trug ein rotweiß gestreiftes Hemd und die gleichen Schlabberhosen wie die Männer im *aylaq,* aber der Stoff hatte die Farbe von ausgebleichter Baumwolle. Über der Wade trug er braune Gamaschen, die mit rot-weißen Bindfäden umwickelt waren und in roten Troddeln endeten. Er trug kurze, knöchelhohe Stiefel aus rotgefärbtem Ziegenleder mit Kuhledersohlen und bunten Schnürsenkeln. Um den Hals baumelte ein Zeiss-Fernglas.

Dieser Mann blickte nur zu uns herüber, wenn er sich unbeobachtet glaubte. Er hockte sich neben Abdul Ghiyas, selbst eine merkwürdige Figur in seinem Anorak, von dem er sich nicht trennen wollte, und zischte ihm von Zeit zu Zeit etwas ins Ohr.

»Er ist bestimmt ein Spion«, sagte Hugh. »Die Frage ist nur, für wen er spioniert.«

»Ich dachte, in deinem Beruf weiß man, wie man einen Spion erkennt. Gibt es nicht eine Art Erkennungsmerkmal, wie bei den Freimaurern? Oder ein Abzeichen?«

»Wir geben keine Abzeichen aus.«

Ob Spion oder nicht – es war mir egal. Außerdem fand ich, daß er schlechte Manieren hatte. Ich nickte ein, schlief vier Stunden.

Als ich wieder aufwachte, war die Sonne hinter Wolken verschwunden, die Luft war sanft und das Gras ohne das grelle Licht dunkler. Die beiden Männer hatten sich entfernt und hockten nun hundert Meter weiter oberhalb und sprachen miteinander. Sie hatten ihre dunklen Übermäntel angezogen und sahen auf diese Entfernung aus wie Seminaristen, die einen kleinen Nachmittagsspaziergang unternommen haben. Die sanfte Luft und das grüne Gras erinnerten an Irland.

Hugh hatte ebenfalls geschlafen.

»Dieser Mann mit der Nase gefällt mir nicht«, sagte er, als er aufwachte. »Abdul Ghiyas hat erzählt, daß er wissen wollte, wo wir heute nacht schlafen.«

Wir standen auf, um im Fluß zu baden, gaben das aber rasch auf, als wir feststellten, wie kalt das Wasser war. Als wir zurückkamen, waren die Männer aufgestiegen und ritten das Tal entlang.

»Abdul Ghiyas findet, wir sollen Nachtwachen aufstellen«, sagte Hugh, als es dunkel wurde.

»Willst du Wache stehen?«

»Nein. Mir wäre es lieber, im Schlaf ermordet zu werden.«

»Mir auch.«

»Abdul Ghiyas, keine Nachtwachen!«

Hier, in knapp 4000 Metern Höhe, war es kalt. Nachts wachte ich auf und stellte fest, daß wir in den Wolken waren. Alles war klamm. Auf der anderen Flußseite trotteten Pferde vorüber. Unsere Tiere waren unruhig, der Hengst scharrte mit den Hufen wie eine kleine, klapprige Rosinante.

Am frühen Morgen, als es gerade hell wurde, kam ein Mann in raschem Tempo aus den Bergen herunter. Er war barfüßig und trug Ziegenfelle mit Butter auf dem Rücken.

»*Mandeh nabaschi*. Mögest du nie ermüden«, sagte jeder, als er näherkam und seine Last ablegte. »Mögest du ewig leben«. Worauf er erwiderte »*Ayershah*«.

Der Mann war etwa fünfundzwanzig und trug einen braunen Vollbart. Er sprach etwas Persisch. Er hieß Aruk und berichtete, daß er drei Wochen auf einem noch höher gelegenen *aylaq* gewesen sei, irgendwo in Richtung Anjuman-Paß. Er sah gut aus, hatte aber, wie die meisten Leute, denen wir bislang begegnet waren, den gleichen irren Gesichtsausdruck kaum gezügelter Brutalität. Quer über der Nase verlief eine glänzende weiße Narbe. »Das war jemand mit dem Schwert« war alles, was er dazu sagte.

Als ihm Tee angeboten wurde, holte er seine eigene Tasse hervor. Es war eine schöne, mit Blumenmustern verzierte, alte russische Porzellantasse, die aus der Petersburger Fabrik des Engländers Gardener stammte.

»In Ramgul gibt es viele davon«, sagte er.

Ich hob seine Last an. Es müssen über dreißig Kilo gewesen sein. Das Tragegestell bestand aus zwei gabelförmigen, miteinander verbundenen Weidenstöcken, zwischen denen der Ziegenfellbeutel saß, ein primitiv aussehendes Ding, das an zwei dünnen, geflochtenen Bändern aus Ziegenhaar getragen wurde. Die Holzstäbe auf der Schulter dürften recht schmerzhaft gewesen sein, aber als Polster hatte er seinen zusammengerollten Mantel daruntergelegt. Obendrauf trug er ein Paar *chamus* – die gleichen roten Stiefel, wie sie der andere Mann getragen hatte, die seinen allerdings hellrot ausgeblichen – und einen kleinen Fellbeutel mit getrockneten wilden Zwiebeln.

Er bot an, uns nach Puschal zu begleiten, dem größten Ort der Ramgul-Kafiren. Während die Treiber die letzten Gepäckstücke aufluden, probierte ich Colonel

Davidsons Baschguli-Grammatik an ihm aus, indem ich aus dem Buch las und auf die Dinge zeigte, deren Namen ich wissen wollte.

»*Wetza?*« sagte ich und zeigte auf seine Stiefel.

»*Utzar!*« sagte er.

Das war ermutigend. Ich tippte auf seinen Mantel.

»*Budzun?*«

»*Bezih!*«

Ich zeigte auf mich. »*Manchî?*«

»*Manchî!*«

Mädchen. Ich beschrieb die üblichen Kurven in der Luft. »*Jûk?*«

»*Jug!*« Er lachte.

Tal war *gôl.* Das Chamar-Tal *Chamar b-gôl.* Aber auf Baschguli war Brot *yashi,* und hier sagte man *anjih.* Zwischen den beiden Sprachen gab es Gemeinsamkeiten, keine Frage.

All das dauerte lange. Schließlich las Hugh einen ganzen Satz aus dem Lehrbuch. »Die Kafir-Sprache ist sehr wohlklingend. *Kato wari bilugh aruzwâ essâ.*«

Aruk schüttelte den Kopf. »*Kato dîz bilugh aruzwâ essâ*«, sagte er.

Und dann stiegen wir, Aruk voran, im Eilschritt ins Tal hinunter. Bald hörte das Gras auf, wir passierten eine enge, trichterartige Schlucht und kamen am oberen Ende eines öden, wolkenverhangenen Tals heraus, mächtige Gipfel ragten durch die Wolken und schimmerten in der Sonne. Hier zog Aruk seine Stiefel an und stürmte noch schneller voran. Doch nach einer Weile blieb er stehen.

»Anscheinend hat er's am Herzen«, sagte Hugh.

»Kein Wunder.« Trotzdem fanden wir es enttäuschend, daß dieser Supermann nicht so super war. Er blieb nun alle zehn Minuten stehen. Für uns mit unseren diversen Wehwehchen war das quälend, denn sobald wir uns bewegten, hatten wir sie vergessen, aber wir trugen auch keine vier Kabuli *sir* auf dem Rücken.

Nach zwei Stunden verengte sich das Tal und verwandelte sich in eine Geröllschlucht. Es war das schwierigste Stück unserer Reise, vor allem für die bedauernswerten Pferde. Manchmal verlief der Pfad am Fluß, dann schlängelte er sich wieder über schroffe Felsen. Wir sahen die ersten Bäume, Birken und Wacholder und zersplitterte Stümpfe, vermutlich von Kiefern. Von nun an war der Weg oft von Baumstämmen und Buschwerk blockiert, das der Fluß bei Hochwasser mitgeführt hatte. Am Ufer standen hohe Wacholderbäume, Weiden und blühende Tamarisken, Johannisbeeren und orangefarbene persische Rosenbüsche. Es war windstill, und die roten Felsen reflektierten die Hitze. Wir hielten oft an, um von den kühlen Quellen zu trinken, die aus den Wänden der Schlucht hervorsprudelten. Auf einer Lichtung kamen wir an einem Felsen mit einem Loch in der Mitte vorbei. Wir fragten unseren Führer.

»Als der Emir Abdur Rahman mit den Muslimen kam, wurden die Siyâh-Pûsch hierhergebracht. Man steckte sie mit dem Kopf durch das Loch und fragte sie dann, ob sie den rechten Glauben annehmen wollten.«

»Und wenn nicht?«

»Dann wurde ihnen mit einem großen Schwert der Kopf abgeschlagen.«

»Und was, wenn der Kopf zu groß für das Loch war?«

»Mein Vater hatte einen großen Kopf, aber er wurde Muslim.«

Das sorglose Leben der Kafiren – Wegelagerer, Mörder von Muslimen, Weintrinker, Sklavenhalter, Anhänger des Weltenerschaffers Imra, des Propheten Moni, des Kriegsgottes Gisch und des ganzen Kafir-Pantheons mit seinen sechzehn Hauptgottheiten – fand ein Ende, als Abdur Rahman im Jahre 1895 seinen General Ghulam Haidar Khan beauftragte, die Ungläubigen mit dem Schwert zum Islam zu bekehren (wahrscheinlich die letzte derartige Bekehrung in der Geschichte).

Abdur Rahman hatte nach eigener Aussage die Nase gestrichen voll von den Kafiren. Er hatte die Anführer der Kafiren nach Kabul eingeladen und sie, mit Rupien überhäuft, in ihre Heimat zurückgeschickt. Von dem Geld hatten sie bei den Russen sofort Gewehre gekauft, mit denen sie noch mehr Afghanen umbrachten. (Kaum vorstellbar, daß Abdur Rahman etwas anderes erwartet hatte.) Eine weiterer Grund für Verdruß war die Praxis der Kafiren, ihre Mädchen bei den Afghanen gegen Vieh einzutauschen, und dabei kam es regelmäßig zu Streit über den Wert der jungen Frauen. Hauptgrund für den Einmarsch in Kafiristan war wohl Abdur Rahmans Wunsch, sich eines Feindes im Rücken zu entledigen, und außerdem seine Befürchtung, die Russen könnten die Region annektieren.

Neben diesen staatsmännischen Überlegungen gab es auch noch andere. Abdur Rahman wollte die Kafiren bekehren und damit Anerkennung in der muslimischen Welt finden, aber auch die Handelsroute zwischen Jelalabad und Badachschan über das Kunar-Tal offenhalten, was angesichts des wirklich unerträglichen Verhaltens der Kafiren ausgesprochen schwierig war.

Der Feldzug begann im Winter 1895, wobei besonderer Wert darauf gelegt wurde, ein Entkommen der Kafiren auf russisches Gebiet zu verhindern und die Verluste möglichst niedrig zu halten. Der Emir war zwar stinksauer auf die Kafiren, dürfte aber erkannt haben, daß sie ihm lebend von größerem Nutzen waren. Jeder Soldat seiner drei Armeen, die in Kafiristan eindrangen, bekam zwanzig Rupien täglich, damit er nicht plünderte, was – mitten im Winter und in einem Terrain wie Kafiristan – für die Bewohner ohnehin den Tod bedeutet hätte. Und niemand durfte sich an Frauen vergreifen. Es ging alles furchtbar anständig zu.

Die drei Armeen rückten gleichzeitig vor. Ghulam Haidar Khans Verband, bestehend aus acht Infanterieregimentern, einem Reiterregiment und einer Abteilung Artillerie, marschierte über das Kunar-Tal, griff die Safed-Pûsch-Kafiren bei Kamdesh an und besiegte sie in einer einzigen entscheidenden Schlacht. Die afghanischen Verluste wurden offiziell mit siebzig angegeben, die der Kafiren mit vier- bis fünfhundert. Die Kuhistan-Armee attackierte von Süden, wahrscheinlich über den Alingar, und die Badachschan-Armee (»mehrere Bataillone gut ausgebildeter Truppen aus Panjschir, Andarab und Laghman«) trug ihren Angriff von Norden und Westen vor. Die Kafiren gaben fast kampflos auf, nur die Siyâh-Pûsch-Kafiren des Ramgul-Tals kämpften um jedes Haus, um jedes Dorf, vor allem in der Ortschaft Scheschpûs. Die Invasoren hatten Befehl, die Kafiren lebend gefangenzunehmen (durchaus ungewöhnlich in diesem Teil der Welt), was angesichts des heftigen Widerstands aber kaum zu verwirklichen war. Die Kafiren erlitten schwere Verluste durch Artilleriebeschuß, Hunderte starben in den Flammmen, als sie ihre Dörfer selbst in Brand setzten. Die Überlebenden dieser mit den primitivsten Waffen (Schwertern, Pfeil und Bogen und einigen alten Hinterladern) durchgeführten Operationen wurden gefangengenommen und in die Ebene um Laghman im Kabul-Tal gebracht. Manche wurden auf dem Land angesiedelt, manche durften später heimkehren, und Abertausende der Kräftigsten wurden versklavt. Einige dieser Sklaven blieben bis zur Abdankung König Amanullahs im Jahre 1929 in Kabul.

In England meldeten sich empörte Stimmen. In der *Times* erschienen ein paar Korrespondentenberichte, woraufhin Dr. Lillias Hamilton, Ärztin am Hof des Emirs, eine energische Frau, die die ersten Impfungen in Afghanistan durchgeführt und in Kabul ein Krankenhaus errichtet hatte, einen bemerkenswerten Leserbrief schrieb (*The Times*, 4. April 1896). Ihr Hauptargument lautete, daß es töricht sei, diese Vorfälle nach englischen Moralvorstellungen zu beurteilen.

Auf zahlreiche Proteste von Missionaren antwortete der Emir höflich: »Ich habe keine Christen unter den Kafiren gefunden.«

Die englische Regierung war kaum in der Lage, Abdur Rahman zu rügen. Offiziell hatte man seine

Apanage gerade von 1,2 Milliarden auf 1,6 Milliarden Rupien erhöht. Seine Ernennung zum Emir von Afghanistan war aus englischer Sicht völlig gerechtfertigt, und abgesehen von den wenigen Schrullen, die Lord Curzon aufgefallen waren – etwa mißliebige Personen bei lebendigem Leibe zu häuten, sie als menschliche Kanonenkugeln zu verwenden oder sie im Gebirge in Wasserbottichen erfrieren zu lassen – hatte er nichts getan, was in London Anstoß erregte. Es passierte nichts. Der Vorhang senkte sich über Kafiristan und hob sich wieder über Nuristan, dem Land des Lichts.

Rechts ging ein Tal ab, das steil zum Mir Samir hinaufführte. Einen kurzen Moment sahen wir weit im Westen den Gipfel, entfernt und unzugänglich. Über uns segelte ein Adler.

Hier, an diesem Schnittpunkt zweier Täler, kamen wir zum ersten von fünf mörderischen Flußstegen, über die man auf das andere Ufer wechseln mußte. Jedesmal war es ein gut sieben Meter langer, halbierter Wacholderbaumstamm, der über das reißende Wasser führte und, da er mit der runden Seite auflag, beängstigend wackelte.

Doch am meisten hatten die armen Pferde zu leiden. Sie waren auf der höhergelegenen Wiese richtig glücklich gewesen. Jetzt mußten sie, meist in einiger Entfernung vom Steg, um ihr Leben schwimmen, während Badar Khan und Abdul Ghiyas ihnen vom Ufer aus ermunternd zuriefen. Nicht so Schir Muhammad, dessen kleine graue Mähre sich jedesmal als erste durch das reißende Wasser kämpfte (die anderen Pferde folgten nur ihr), während ihr Herr mit hochgezogenen Beinen im Sattel saß. Warum sein Pferd das wagemutigste war, haben wir nie herausgefunden. Nicht nur ließ er es unbeteiligt und ohne ein Wort der Ermutigung durch die Furt wanken, durch seine Nachlässigkeit entwickelten sich auch grauenvolle Scheuerstellen unter dem Sattel. Erst den letzten Steg, der aus zwei nebeneinanderliegenden Stämmen bestand, konnten die Pferde benutzen.

Hier begegneten wir einem alten bärtigen Mann, der unter einer Weide saß, an seiner Seite zwei kleine Jungen, die Westen mit orangefarbenen Rückenteilen trugen und übergroße haferfarbene Mützen. Der Alte war uns mit seinen beiden Enkeln von Puschal, der Hauptstadt, bis hierher entgegengekommen. Das war der traditionelle *istiqbal,* die Wegstrecke, die von Muslimen zur Begrüßung eines reisenden Freundes zurückgelegt wird. Der Alte war Sultan Muhammad Khan, ein ehemaliger Hauptmann der Königlich Afghanischen Leibwache, der, obschon von Geburt Kafir, diese sympathische Sitte in den Jahren am Hof gelernt hatte. Sobald er durch den unsympathischen Reitersmann von unserem Kommen gehört hatte, war er aufgebrochen, um uns zu seinem Haus zurückzubegleiten.

Nachdem wir eine Weile im Schatten der Weide gesessen hatten, schlug der Alte vor, weiterzugehen.

»Es ist nicht weit«, sagte er.

In der Annahme, es handle sich vielleicht um eine halbe Stunde, brachen wir auf. Es dauerte sieben Stunden. Wir verließen die Schlucht am Zusammenfluß von Chamar und Bugulchi, der unter dem Zentralmassiv des Hindukusch entspringt und in eine so entlegene Ecke von Badachschan führt, daß sie selbst auf unserer Karte eine große leere Fläche war, und betraten den Darra Ramgul, ein langes und schmales Tal, das von zerklüfteten Bergen gesäumt wurde und dicht mit Steineichen bewachsen war. Wir überquerten den letzten Steg, bevor der Chamar auf den Ramgul trifft, und dann ging es zu unserem Schrecken wieder steil bergan, ein ausgedörrtes Tal hinauf, vorbei an Büschen, auf denen stiellose Früchte wuchsen, rot wie Kirschen, aber bitterer, bis wir schließlich zu terrassierten Feldern kamen, auf denen Weizen und Gerste stand, jung und grün. In der Mittagshitze lag alles verlassen da.

Bald hörten auch diese Zeugnisse menschlicher Tätigkeit auf, und der Pfad wand sich endlos durch eine öde Berglandschaft voll zersplitterter und sterbender Wacholderbäume, die aussahen wie die Überreste eines Waldes, der durch Artilleriefeuer vernichtet wurde. Die Hitze war grauenhaft. Hugh und ich hatten einen Riesendurst, aber es gab kein Wasser. Hundertfünfzig Meter unter uns rauschte der Ramgul spöttisch dahin, grün wie die Felder auf beiden Seiten. Nur dem Hauptmann und seinen beiden Enkeln schienen Hitze und Entfernung nichts auszumachen. Sie eilten voraus und warteten bei den heiklen Stellen, ließen uns höflich den Vortritt, und jedesmal standen wir vor dem Abgrund und verbeugten uns lächelnd gegenseitig, bis ich am liebsten geschrien hätte.

Nach vier Stunden ging es steil zum Fluß hinunter, und dort begegneten wir den ersten Frauen in Nuristan.

Alle waren unverschleiert, doch man konnte sich kaum einen Eindruck von ihren Reizen verschaffen, denn sobald sie näher kamen, riesige konische Weidekörbe mit Brennholz auf dem Rücken, zogen sie sich ein Tuch vors Gesicht. In ihren erdbraunen, weitärmeligen Mänteln, die den *bezih* der Männer im *aylaq* ähnelten, sahen sie aus wie hart arbeitende Angehörige eines strengen religiösen Ordens.

An einer engen Stelle zwischen Fluß und steiler Felswand stiegen wir über eine Mauer aus runden Steinen, die so groß waren wie Kanonenkugeln. Ursprünglich muß sie sehr solide gewesen sein, doch inzwischen war sie genauso zerfallen wie die anderen, die die Felder säumten.

»Hier waren die äußeren Verteidigungsanlagen von Puschal«, sagte der Hauptmann, »nach der Eroberung durch die Afghanen wurden die Mauern aber geschleift.«

»Und hier könnt ihr euer Lager aufschlagen«, fügte er hinzu.

»Wird auch Zeit«, sagte Hugh auf Englisch. Er war, genau wie ich, fix und fertig. Von kurzen Pausen abgesehen, waren wir seit sechs Uhr auf den Beinen. Jetzt war es halb fünf, und wir hatten den ganzen Tag nichts gegessen.

Es war eine wunderschöne Stelle, auf einem Feld am Fluß, im Schatten eines ausladenden Walnußbaums, geradezu traumhaft, doch Abdul Ghiyas lehnte ab. Nun, da der Hauptmann für unsere Sicherheit sorgen würde und das Risiko, einem Mordanschlag zum Opfer zu fallen, sich etwas verringert hatte, strebte er nach den Lichtern der Stadt. Wir waren viel zu müde, um mit ihm zu streiten.

Der nächste Ort, der sich anbot, war ein Maulbeerhain, in dem sich etliche Mädchen und junge Frauen aufhielten. Verglichen mit den anderen Frauen in ihrer trostlosen Arbeitskleidung, waren diese hier sehr viel fröhlicher. Sie trugen weiße und rote Hosen, rote Kleider, unter denen der Saum andersfarbiger Unterröcke hervorschaute. Auf dem Kopf trugen sie eine beigefarbene Haube und darunter noch eine Art Baumwollkäppchen, um die Stirn ein Band mit silbernem Schmuck oder Muscheln. Die Arme waren entblößt und mit schweren Messing- oder Goldreifen geschmückt. Schon von weitem konnte man sehen, daß diese barfüßigen Frauen bildhübsch waren.

Manche trugen Kinder in ihren Kapuzen auf dem Rücken. Die ganz Kleinen schliefen in Tragekörben oder Holzbettchen, die an den Ästen hingen. Ein Mädchen saß auf einer Schaukel und schaukelte und ließ juchzend die Unterröcke fliegen. Eine fröhliche Atmosphäre erfüllte diese harmlose Szene.

»Hier«, riefen Hugh und ich sofort.

»Nein«, sagte Abdul Ghiyas und warf dem Hauptmann einen verstohlenen Blick zu. »Dieser Ort ist nicht geeignet.« Es muß ein schwerer Kampf für ihn gewesen sein, in diesem Moment den Ungläubigen mit gutem Beispiel voranzugehen.

»Nicht geeignet«, sagte der Hauptmann, der seinen Heimweg nun ohne uns fortsetzte.

Abdul Ghiyas' Wahl fiel schließlich auf eine ganz grauenhafte Stelle – ein felsengesäumtes Amphitheater, das in alten Zeiten als Kultstätte gedient haben mochte. Der Ort war staubig und übersät mit Exkrementen und zerquetschten Maulbeeren. Millionen von Fliegen, kräftige schwarze Ameisen und, nach Sonnenuntergang, blutrünstige Moskitos suchten uns heim. Die Halbstarken, die uns begafften, während wir langsam unser Lager aufschlugen, der Staub und die schlechte Luft erinnerten mich an Volksfeste auf dem Clapham Common.

Doch sobald sich die Nachricht von unserer Ankunft herumgesprochen hatte, erschienen die Dandys der Stadt. Ein halbes Dutzend der elegantesten von ihnen setzten sich auf einen großen Felsen und beobachteten uns träge. Mit ihren großen flachen Mützen, den bestickten Westen, Silbermünzen und Glücksbringern sahen sie ähnlich affig aus wie Mitglieder der Eton Society. Einer war mit einer Schleuder bewaffnet und schoß von Zeit zu Zeit mit einem Kieselstein nach den Eidechsen, die über den Felsen huschten.

Im Angesicht dieser Stenze und mindestens fünfzig schlichteren Gestalten gingen wir unserer prosaischen Arbeit nach, einen Schritt hierhin, einen Schritt dorthin, wie Schauspieler in einem nicht enden wollenden Stück auf einer Experimentierbühne, bis wir es nicht mehr aushielten und zum Fluß gingen, um uns dort zu waschen.

»Gott, bist du dünn!« sagte Hugh.

Zum ersten Mal seit vierzehn Tagen legten wir unsere Sachen ab. Unsere Körper hatten sich in der großen Höhe, durch unzureichende Flüssigkeitszufuhr und falsche Ernährung bis zur Unkenntlichkeit verändert.

Arme und Beine waren dünn wie Streichhölzer, und die Rippen standen hervor. Wir waren so grauenhaft anzuschauen wie Schiffbrüchige nach ein paar Tagen auf offenem Meer.

»Wenn Dückelmann erst *nach* seiner Ankunft in Nuristan so viel Gewicht verloren hat, dann möchte ich nicht wissen, wie wir in zehn Tagen aussehen.«

»Wenn es so weitergeht wie hier, werden wir es nicht mehr erleben«, sagte Hugh. Er klapperte mit den Zähnen. Ich auch.

Wir standen bis zur Hüfte im Fluß. Eine andere Waschmöglichkeit gab es nicht. Das Wasser war eiskalt, und die Strömung bewegte sich in Kreisen, so daß der Schmutz nicht weiterfloß. Die Seife hatten wir schon verloren.

Im Amphitheater fand unterdessen ein Wettkampf statt – eine Partie *auzil*, die, wie alles, was diese Leute taten, von herkuleischen Dimensionen war. Bei diesem Sport ging es darum, schwere, tellergroße Steine auf ein Ziel schleudern, das etwa eine Cricket-Wurffeldlänge [20 m] entfernt war. Bei besonders guten Treffern erhob sich lautes Beifallsgebrüll.

Die Jüngeren amüsierten sich derweil auf ihre Weise. Sie schlichen sich von hinten an einen Kleineren heran und stießen ihn zu Boden, wo das Opfer eine Weile plärrend liegenblieb, um dann aufzustehen und sich seinerseits jemanden zu suchen, der noch kleiner war.

Während Abdul Ghiyas die Zuschauer abwehrte, die um die leeren Konservenbüchsen kämpften, fing ich an zu kochen. Außerstande, an Irish Stew auch nur zu denken, und um mich an unseren Treibern dafür zu rächen, daß wir an diesem fürchterlichen Ort kampieren mußten, rührte ich eine widerliche Pampe aus Suppe und Schweinefleisch zusammen, die sie aus religiösen Gründen natürlich ablehnen würden.

Kaum hatte sich der Topfinhalt etwas erwärmt, fegte ein Wirbelwind über das Amphitheater, daß die Kocher ausgingen und alles unter einer Staubschicht versank. Ich verzog mich hinter ein paar schützende Felsen, wo es unvorstellbar stank, und kochte dort weiter.

»Dieser Ort gehört anscheinend einem nuristanischen General, der in Kabul lebt«, sagte Hugh beim Verzehren unserer ekelhaften Mahlzeit.

»Wenn ich General wäre, würde ich ein paar Leute zum Saubermachen abkommandieren.«

Am Ende verteilten wir Schokolade unter den Zuschauern, doch es war, als wollte man die Fünftausend ohne ein helfendes Wunder speisen.

Es war einer der schrecklichsten Tage, an die ich mich erinnern konnte. Um vor der Menge zu entfliehen, die keinerlei Anstalten machte, sich zu zerstreuen, und vor den riesigen Moskitos, die mein Blut saugten, verzog ich mich mit meinem Schlafsack auf einen hohen Felsen.

»Wenn was runterfällt, bringen sie dich um!« rief Hugh zu mir herauf.

»Prima!«

»Abdul Ghiyas sagt, wenn du dort oben schläfst, werden sie dich vielleicht im Schlaf umbringen.«

»Das Risiko gehe ich gern ein.«

Hugh schnappte sich seinen Schlafsack und stieg ebenfalls auf meinen Felsen.

»Ich komme auch.«

»Such dir gefälligst einen anderen Felsen! Das ist meiner!«

»Schon gut, schon gut«, brummte er.

Bevor ich einschlief, schaute ich in den Kalender meines Tagebuchs. Ich hatte schon längst jedes Zeitgefühl verloren. Es war der 23. Juli. Seit unserer Abreise aus Kabul waren erst vierzehn Tage vergangen. Es kam mir wie eine Ewigkeit vor.

XVIII

ZIMMER MIT AUSSICHT

Am nächsten Morgen um halb fünf hatte sich schon viel Publikum versammelt, das mit kaum verhüllter Ungeduld auf den Beginn der Vorstellung wartete.

Bald stapften Butterträger, Urlauber vom *aylaq*, energischen Schritts in die Arena. Sie um diese Stunde freundlich zu begrüßen fiel uns nicht ganz leicht.

Das Frühstück war schauderhaft: Tee ohne Zucker, Schokolade, die geschmolzen und wieder erstarrt war, dazu altes Hammelkebab, Reste vom *Id-i-Qurban*, die Abdul Ghiyas für derlei Notfälle aufbewahrt hatte. Brot gab es keines, da Schir Muhammad nachts alles aufgegessen hatte.

Während des Essens kam plötzlich ein starker Wind auf, der von Süden durch das Tal fegte. Wie auf ein Geheimzeichen zerstreute sich die erregte Menge, und junge Frauen, die unsichtbar auf den Feldern gearbeitet hatten, liefen kreischend nach Hause. Ganz offensichtlich stand uns eine Katastrophe bevor.

Bald brach ein heftiges Gewitter über uns herein. Unablässig rumpelte es, und Blitze stießen durch den Himmel. Mit den Gesteinsbuckeln im Hintergrund, den überhängenden Felsen und den sich biegenden Wacholderbäumen erinnerte die Szenerie an ein chinesisches Landschaftsaquarell aus dem dreizehnten Jahrhundert.

Auf Donner und Blitz folgte ein wolkenbruchartiger Regen. Im Schutz eines Felsens rauchten wir unsere letzte Zigarette. Meine Pfeife lag irgendwo auf dem Mir Samir, Hugh hatte seine im Chamar verloren, und ohnehin hatten wir keinen Tabak mehr.

Als der Regen aufgehört hatte, erschien ein Persisch sprechender Bub, der uns eine Einladung in das Haus des Hauptmanns überbrachte. Wir packten alles zusammen und brachen auf, eingehüllt in Dampfwolken, die von den nassen Sachen herrührten, die nun in der Sonne trockneten.

Der kleine Junge gehörte zu der rotznasigen Sorte, die schon durch ihr Auftreten provozieren. Er beschloß auch gleich, uns einen Streich zu spielen, indem er uns durch ein Gewirr von gestrüppüberwucherten Pfaden schließlich zu unserem Ausgangspunkt zurückführte.

Und die ganze Zeit, während wir hinter dem Bengel herstolperten, hatte sich Hugh immer mehr echauffiert.

»Was soll das?« sagte er keuchend und mit hochrotem Kopf.

Der Junge lachte und streckte die Zunge heraus.

»Du verdammter...!« sagte Hugh. »Na warte... Da! ... Da!«

Der Junge gab sich unbeeindruckt. Sein Hintern und seine Ohren schienen aus Gußeisen zu sein. Er trödelte den steilen Weg nach Puschal hinauf, so daß Hugh ihm immer wieder eine langte. Tief deprimiert, voller Abscheu gegenüber Hugh und dem Jungen gleichermaßen, erreichte ich Puschal, den Hauptort der Ramgul-Kafiren.

Da ich ein wenig gelesen hatte über das unabhängige Leben, das die Kafiren vor der Islamisierung geführt hatten, sah ich sofort, daß sich die Wahl dieses Ortes allein strategischen Überlegungen verdankte. Auf einem mächtigen Felsen über dem Ramgul-Fluß türmten sich, wirr ineinander verschachtelt, teilweise zweigeschossige Häuser mit großen unverglasten Fenstern, manche auch mit kleinen Balkonen, die auf Holzträgern über den Fluß hinausragten.

Und da sich keine zwei Häuser auf derselben Ebene befanden, gab es in Puschal auch keine Hauptstraße. Der Weg wand sich gassenartig durch die Ortschaft, viel zu steil selbst für unsere Pferde, die den Fluß vor der Stadt hatten überqueren müssen. Es gab keine Geschäfte und keine Teehäuser, und die Dächer waren, wie im Panjschir, bedeckt mit Aprikosen und Maulbeeren. Inmitten der Früchte standen geisterhaft weiße Gestalten, die uns so verhüllt beobachteten, daß man nicht erkennen konnte, ob es Männer oder Frauen waren.

Der Hauptmann wohnte in Asnar, einen Kilometer hinter Puschal, in einem von mehreren Häusern inmitten von Felsen und Aprikosenbäumen. Das seine war zweigeschossig, mit einem leicht schrägen Dach, auf dem Steine lagen, damit es nicht wegflog. Besitzer war allerdings nicht er, sondern sein Schwiegersohn, der uns entgegenkam, als wir schwitzend den Berg hinaufstapften, und uns ins Haus führte.

Er hieß Abdul Motaleb, wörtlich übersetzt Knecht des Fordernden, und trug, wie einige andere Männer in Puschal, eine weiße Pathanenhose und Turban. Er hatte ein weiches Gesicht, einen schönen Rauschebart und keinerlei Ähnlichkeit mit den Nuristani, die wir bislang gesehen hatten (nicht daß die Nuristani untereinander irgendwelche Ähnlichkeiten aufwiesen).

Das Erdgeschoß bestand zum größten Teil aus Vorratsräumen. Eine steinerne Treppe führte auf eine von Baumstämmen gestützte Terrasse. Über der Tür hingen zwei prächtige Steinbockhörner an der Wand. Wie alle anderen Häuser, die ich in Nuristan sah, machte auch dieses einen unfertigen Eindruck.

Der Türdurchlaß, teilweise mit Gittergeflecht versehen, befand sich etwa dreißig Zentimeter über der Terrasse, so daß er mehr wie ein Fenster aussah.

Im Innern war es sehr dunkel. Gegenüber lag die Küche, aus der ein zartroter Schein kam, man hörte Schritte, die Frau des Hauses entfernte sich. Wir gingen durch ein kahles, kaum weniger dunkles Zimmer, in dem ein kaputtes Bett stand, ein mit Stoffgurten bespanntes Holzgestell, das wie ein indischer *charpoy* aussah, dann durch ein weiteres, völlig leeres Zimmer, dann in ein drittes, mit einem großen, quadratischen Fenster und massiven Holzläden, die nach innen aufgingen. Fensterläden und Doppeltüren waren mit breiten orangefarbenen Streifen verziert. Der Fußboden war nackter Lehm, die Deckenträger waren aus Weiden- und Pappelholz, der Zwischenraum war mit dem Laub von Steineichen ausgefüllt, die massenhaft im Gebirge wuchsen. An der Wand hing ein Henry-Martini-Gewehr, auf dem die Jahreszahl 1906 prangte, und ein *jezail*, ein schwerer afghanischer Hinterlader mit einem anderthalb Meter langen Lauf.

Bald erschien ein Junge, beladen mit Teppichen und Decken, die er auf dem Fußboden ausbreitete. Es war derselbe Bengel, den Hugh so heftig geohrfeigt hatte. Beim Hinausgehen warf er uns einen finsteren Blick zu.

»Mein Sohn«, sagte Abdul Motaleb stolz.

Wenig später tauchte der Junge wieder auf. Diesmal brachte er zwei Schalen voll Aprikosen, von denen er eine vor Hugh hinstellte.

»Greif zu!« sagte Hugh mit vollem Mund. »Ganz hervorragend, diese Aprikosen.«

»Ich glaube, ich nehme lieber welche aus der anderen Schale. So, wie du ihn traktiert hast, sind sie bestimmt vergiftet.«

Unterdessen zog ein weiteres Gewitter über dem Tal herauf, und diesmal regnete es unablässig. Als ich aus dem Fenster schaute, auf den gestiegenen Fluß und die nebelverhangenen Berge, erinnerte ich mich an ein längst vergessenes Kindheitsgefühl: diese Mischung aus Geborgenheit und Verzweiflung, die ich empfand, wenn ich an einem regnerischen Tag aus einem Hotelfenster auf das Meer hinausblickte.

Distinguierte Gäste kamen: neben dem Hauptmann ein robuster alter Mann mit hennagefärbtem Bart und ein Dritter, der mich an den Käppchenträger mit dem harten Killergesicht erinnerte, dem wir im oberen Tal begegnet waren.

Der alte Mann erinnerte sich sehr lebhaft an all die Ereignisse, die sich vor über sechzig Jahren zugetragen hatten.

»Fünfzehn Jahre war ich alt, als uns der große Emir angriff. Seine Armee rückte in drei Kolonnen vor, es war ein langer und erbitterter Kampf, mit Bogen, Speeren und Schwertern und den paar Gewehren, die wir besaßen. Doch es half nichts, am Ende wurden wir geschlagen. Ich wurde, so wie viele andere auch, gefangengenommen und als Sklave nach Kabul gebracht. Fünfundzwanzig Jahre habe ich dort verbracht. Zuerst, solange ich noch jung war, als Diener am Hof des Herrschers, später als Leibwächter, bis der neue Emir, sein Sohn, bei Qala Ghosh ermordet wurde.« (Das war der Emir Habibullah, der während eines Jagdausflugs am unteren Alingar in seinem Zelt im Schlaf ermordet wurde. Ich fragte mich, ob der Leibwächter seinerzeit Dienst gehabt hatte.) »Später durfte ich wieder in meine Heimat zurückkehren.«

»Woran erinnern Sie sich, wenn Sie an das Leben vor der Bekehrung denken, als Sie Kafiren waren?«

»Wir haben Wein gemacht und sind auf Bärenjagd gegangen. Es war eine rauhe Zeit, und ich war ein guter Schwimmer, aber ich denke nicht gern an diese Zeit zurück. Heute wird kein Wein mehr gemacht«, sagte er wehmütig.

Die Ausbreitung des Islam nach Kafiristan scheint den gleichen tödlichen Effekt gehabt zu haben wie John Knox und die Reformation auf Schottland.

Der Hinweis auf das gewalttätige Leben gab dem mörderisch aussehenden Mann die Gelegenheit, das Wort zu ergreifen. Es stellte sich heraus, daß er zwölf Jahre lang einem ehemaligen Premierminister als Leibwächter gedient hatte.

»Habt ihr *ijâzat,* euch hier aufzuhalten?«

»Was für eine Genehmigung?«

»Schriftliche Genehmigung.«

»Ja.«

»Hier werden die Leute auch ohne Genehmigung erschossen«, erklärte er fröhlich und erzählte eine düstere Geschichte von einem Afghanen, der eine Amerikanerin geheiratet und sich mit ihr nach Nuristan abgesetzt hatte. Für beide ging die Sache tödlich aus. Ich war nicht überrascht. Nuristan schien mir nicht geeignet für derlei Zwecke.

»Wenn mir nicht so elend wäre, hätte ich Angst vor diesem Mann«, sagte Hugh.

Abdul Ghiyas, der selbst wie der Tod aussah, beschaffte über Verhandlungen, die zu beschreiben allzu ermüdend wäre, ein Hühnchen, das er mit wilden Zwiebeln und Aprikosen zubereitete, eine Mischung, die sich im nachhinein furchtbar anhört, damals aber sehr gut schmeckte.

Später, um der Menge zu entfliehen, die gekommen war, in unseren Sachen herumzustöbern, gingen wir mit zwei jungen Burschen hinaus in den Regen und machten einen Spaziergang. Es waren ungeschlachte Gesellen, und daß sie ihre Augen rot geschminkt und die Lider mit Antimon gefärbt hatten, machte sie nicht attraktiver. Sie hießen Shajok und Paluk, zumindest hörte es sich so an, aber sie hatten auch einen muslimischen Namen.

Shajok und Paluk gingen uns mit ihrer Kraftmeierei auf den Geist; sie warfen große Steine, kletterten auf Maulbeerbäume und plapperten dumm daher und forderten uns ständig auf, irgendwelche Dinge nachzumachen, die für Menschen in unserer Verfassung unmöglich waren. Neben ihnen fühlten wir uns wie Leichen.

Der Ort schien verlassen. Nirgends zeigte sich ein weibliches Wesen, offenbar hatte man sie vor uns gewarnt. Es gab keine Mädchen mehr, die fröhlich miteinander spielten. Hinter den Bäumen huschten geisterhaft die gleichen Figuren vorbei, wie sie in Puschal auf den Dächern gestanden und gegafft hatten. Es waren Koranschüler aus einem der östlichen Täler, die nach Ramgul gekommen waren, um bei den Mullahs zu studieren.

In diesem Moment sahen wir, wie einer von ihnen, ein rehäugiges, schmollmundiges Jüngelchen, lahm dahergelaufen kam, verfolgt von Akuts, unserem Freund mit der lädierten Nase, und hinter großen Walnußbäumen verschwand.

Später besuchte uns der Hauptmann. In seinem Gabardinemantel und dem Turban, der um eine flache, mit bunten Steinen verzierte *kullah* gewickelt war, sah er sehr fesch aus. Mit ihm war der Impresario gekommen, den wir zuletzt im oberen Tal gesehen hatten. Er trug eine dunkelbraune Chitrali-Mütze, ein weinfarbenes Seidenhemd, Peschawar-*chaplis* und in der Hand einen amerikanischen Karabiner.

In Windeseile sprach sich herum, daß wir seine Waffe bewunderten. Männer mit Gewehren strömten mit Lee-Enfields herbei, wie sie vom britischen Militär verwendet werden, mit korrekt aussehenden Seriennummern, aber mit der Bezeichnung »V.R. 1912«, hergestellt in der Waffenfabrik in Kohat an der Grenze (die Schlösser waren original). Einer hatte ein preußisches Zündnadelgewehr von 1866. Wo er die Munition für dieses Ding herbekam, war mir ein Rätsel, und das galt auch für das lange uralte russische Gewehr und ein kanadisches Ross-Gewehr. Alle Waffen waren in jämmerlichem Zustand, besonders der Lauf.

»Ich dachte, ihr dürft keine Gewehre haben«, sagte Hugh.

»Stimmt«, riefen alle fröhlich, »aber in Nuristan gibt es viele Räuber.«

Abgesehen von der Arbeit auf den Sommerweiden und dem Buttertragen, schienen die Männer wenig zu tun zu haben, denn bis auf das Pflügen wurde die Feldarbeit überwiegend von Frauen besorgt.

»Im Herbst«, sagten sie, »wenn geerntet ist und wir die Pferde vom *aylaq* herunterbringen, spielen wir *buz-kashi*. Wir haben immer eine tote, geköpfte Ziege genommen. Es ist ein sehr starkes Spiel«, sagten sie und grinsten. »Und wir gehen auf die Jagd. Im Winter schlafen wir.«

»Auf dem *aylaq* machen wir Butter und die Buttermilch, die wir dort in den Flüssen aufbewahren, bis sie gebraucht wird. Dann schaffen wir die Milch ins Tal hinunter und kochen sie. Danach wird sie fortgetragen.«

Schon seit einiger Zeit fragten wir uns verwundert, was eigentlich mit diesen Molkereiprodukten geschah, die ständig herumtransportiert, aber offenbar nie gegessen wurden. Niemand bot uns Milch oder Butter an, und es gab auch nie welche zu kaufen.

»Aber was macht ihr damit?« fragten wir.

»Wir haben nicht genug Getreide zum Brotbacken. Wir bringen sie über den Arayu-Paß und den Panjschir hinunter nach Gulbahar und tauschen sie dort gegen Getreide ein.«

Das bedeutete, alles wieder hoch ins Gebirge zu tragen, für uns eine groteske Vorstellung. Ich fragte mich, warum die Weiterverarbeitung nicht oben auf dem *aylaq* stattfand.

»Bekommen die Butterträger Lohn?«

»Jeder Mann trägt vier *sir* (etwa dreißig Kilo), pro *sir* erhält er dreißig Afghanis. Das heißt, für eine kurze Strecke. Wir gehen auch nach Kaschkar.«

Zuerst war uns, als hätten wir Kaschgar gehört.

»Aber das liegt doch in China!« Daß jemand mit dreißig Kilo Butter auf dem Buckel so eine weite Reise unternimmt, erschien uns unvorstellbar.

»Sie meinen Chitral«, sagte der Hauptmann. »Chitral heißt bei ihnen Kaschkar. Es ist eine lange Reise. Von Puschal den Bugulchi hinauf, dann nach Osten über den Suan-Paß in das Land der Kantiwar; dann über das Kanitwo-Tal zu den Presun; weiter ostwärts zur Quelle dieses Flusses und über den Mrami-Paß und den Papruk-Paß zum Baschgul-Fluß; dann wieder nördlich nach Dewane-Baba und von dort nach Kaschkar.«

»Wie lange dauert das?«

»Zwei Tage bis Kantiwar, zweieinhalb nach Papruk, zwei Tage nach Dewane-Baba und zwei Tage über den Semenek-Paß nach Kaschkar.«

»Und was tauschen sie in Kaschkar für die Butter ein?«

»Mützen.« Alle zeigten grinsend auf den Porridgeteller des Alten.

»Verrückt«, sagte Hugh zu mir. »Neun Tage, um Mützen einzukaufen, hin und zurück achtzehn. Warum stellen sie sie nicht hier auf ihren eigenen Webstühlen her?« Bei schönem Wetter standen vor den meisten Häusern Webstühle, auf denen der braune Stoff für Männerhosen hergestellt wurde.

»Wenn du einen *bowler hat* haben willst, machst du ihn doch auch nicht selbst. Du gehst zu Lock's. Die Leute sind in puncto Kleidung halt äußerst anspruchsvoll.«

»Es ist Tradition bei uns, daß die Kappen aus Kaschkar kommen. Das war schon immer so«, sagte der Hauptmann.

»Und die Stiefel (die roten *chamus*, die bei den Ramgulis *utzar* heißen)?«

»Früher«, antwortete jemand, und es klang, als sei das Ewigkeiten her, »wurden sie von unseren Sklaven gemacht. Jetzt werden sie von den Leuten in Kamdesch am Baschgul-Fluß gemacht.«

Ich wollte wissen, ob sie manchmal in ihre alte Religion zurückfielen. Doch Hugh stellte ihnen alle möglichen Fragen zum Thema Steuern, er fand das wohl interessant. Anders als die Tadschiken in Panjschir zahlten sie keine Steuern auf ihre Tiere, nur auf Bodenbesitz. »Zwei Afghanis pro *jarib*« (etwa 0,1 ha).

Und Militärdienst? »Nur fünf von zweihundert Mann werden eingezogen, aber viele melden sich freiwillig. Wir sind zeitlebens Soldaten gewesen.«

Bevor der alte Mann, der in Kabul Sklave gewesen war, aufbrach, wandte er sich an Hugh: »Sag deinem Freund, morgen stirbt ein alter Mann. Es wird Arbeit geben für sein kleines Buch und auch für seinen Fotoapparat.«

Wir schliefen schlecht. Unsere Luftmatratzen hatten kleine Löcher, und der Boden war hart. Außerdem stellten wir fest, daß wir beide Dysenterie hatten.

Vor Tagesanbruch wurden wir von Abdul Motaleb und Aruk geweckt, die uns ihre Mützen verkaufen wollten. Sie nötigten uns, mit ihnen zu feilschen, obschon uns die Zunge am Gaumen klebte und wir kaum die Augen aufbekamen. Was sie dafür haben wollten, war lächerlich. Die Dolche, die Hugh aus England mitgebracht hatte, interessierten sie nicht. Sie wollten Hughs Fernrohr haben. In Anbetracht der langen Reise, die für den Kauf dieser Kopfbedeckungen notwendig war, schien ihre Forderung nicht völlig übertrieben.

Erleichtert, dem Haus und diesen endlosen Verhandlungen entkommen zu können, gingen wir mit zwanzig anderen Männern, allesamt in ihren besten Sachen, zum Begräbnis. Sie trödelten dahin, während ihre Frauen, den Rücken tief gebeugt, auf den Feldern arbeiteten oder an uns vorbeiwankten, beladen mit vier *sir* Butter, die sie zu einer Kochstelle schafften.

»Ein Ochse wird geschlachtet«, sagte Abdul Ghiyas. Die Stimmung war ausgelassen, es ging überhaupt nicht zu wie bei einer Beerdigung.

Der Pfad am Fluß war der reinste Selbstmord. Ich trug Turnschuhe, das einzige, was meine Füße verkrafteten. Gedankenverloren trat ich in eine Pfütze, rutschte aus und landete, wie durch ein Wunder unverletzt, drei Meter unterhalb des Pfads auf einem kleinen Felsvorsprung, der etwa fünfzehn Meter über den Fluß hinausragte. Vierundzwanzig Gesichter, die meisten bärtig, schauten zu mir herab und schienen überrascht, daß ich noch lebte.

Während man mich wieder hochhievte, tauchte ein Mullah auf.

»Die beiden dürfen nicht mit zur Beerdigung«, rief er, auf uns zeigend, und verkündete noch ein paar unschöne Dinge über Christen im allgemeinen.

Wir hatten nicht die Kraft, uns mit ihm anzulegen. Wir ließen die anderen weiterziehen, überquerten lieber den Fluß auf einem Tamariskensteg und setzten uns unter einen Walnußbaum.

Dort hatten wir einen seltenen Moment Frieden. Schmetterlinge flatterten durch die Luft, Schwärmer, Zitronenfalter, Bläulinge, Distelfalter. Hugh ratterte die Namen herunter, an die er sich aus der Schulzeit erinnerte. Hinter uns hämmerte ein Specht ein Loch in eine Eiche. Weiter flußaufwärts glitten zwei Eisvögel dahin.

Auf dem gegenüberliegenden Ufer war ein kleines Dorf (Lustagam) so in eine Felswand hineingebaut, daß die Häuser wie Höhlen aussahen.

Von einem großen Gesteinsbrocken verdeckt, konnten wir die Leute beobachten, die auf dem Pfad vorübergingen, ohne selbst gesehen zu werden – ein seltenes Privileg in Nuristan. Es waren fast nur Frauen. Sie schleppten pyramidenförmige Weidenkörbe, voll beladen mit Brennholz, daß ihre Hände vor Anstrengung zitterten.

Die älteren Frauen trugen das Haar in der Mitte gescheitelt, die jüngeren hatten einen hübschen Pony. Schwer zu sagen, in welchem Alter sie anfingen zu verblühen. Die abgearbeitet Aussehenden waren vielleicht Mitte Zwanzig.

Puschal, wohin wir wenig später zurückkehrten, war bis auf ein paar steinalte Frauen und kleine Kinder völlig verlassen. Da alle Haustüren verschlossen waren, betraten wir eine niedrige, türlose Steinhütte. Es war das öffentliche Waschhaus. Auf dem Boden stand ein ausgehöhlter, in mehrere runde Becken unterteilter Baumstamm, in den das Quellwasser sprudelte. Diese Technik schien nicht besonders überzeugend, da die hinterste Wäscherin das schmutzige Wasser der anderen abbekam.

Allmählich kehrten die Puschalis von der Beerdigung zurück. Nicht einen, sondern drei Ochsen hatten sie geschlachtet und dazu Gewehrsalven abgefeuert. Es war ein grandioser Tag. Die Gesichter der Männer glänzten ein wenig vom fettigen Essen, aber sie boten ein eindrucksvolles Bild. Sie trugen gestreifte und karierte, meist rote Hemden, darüber noch europäische Westen, die mit Dutzenden zusätzlicher Perlenknöpfe versehen waren, und Amulette und Talismane neben

Ordensmedaillen, deren Inschriften durch jahrelanges Polieren fast weggescheuert waren. Vielleicht stammten die Medaillen aus Indien, niemand wußte genau, woher sie kamen. »Mein Vater hat sie mir geschenkt«, sagten die Besitzer nur.

Die Chitrali-Mützen waren mit bunten Glasperlen geschmückt, die roten Halstücher fesch gebunden, die Wickelgamaschen mit schwarzen und lila Bändern verziert. Alle Männer trugen blaßblaue Baumwollhosen.

Sobald sie meine Kamera bemerkten, posierten sie sofort wie die Pfauen. Prachtvolle Gruppenfotos wurden aufgenommen.

Auf dem Rückweg nach Asnar begegneten wir zwei eigentümlich aussehenden Männern mit blondem Bart und blassem, fleckigem Gesicht. Sie trugen ein weißes Gewand, wie die Koranstudenten, aber von einer anderen Art. Ihr Händedruck war feucht, doch als ich sie fotografieren wollte, schrieen sie laut auf und stürzten Hals über Kopf davon.

»Eigentlich müßten *wir* weglaufen«, sagte Hugh, als diese beiden ungewöhnlichen Erscheinungen aus dem Blickfeld verschwunden waren. »Hat uns gerade noch gefehlt.«

»Was meinst du?«

»Lepra. Die beiden hatten Lepra.«

Bis auf Schir Muhammad hatte inzwischen jeder von uns Dysenterie. Wir mampften Sulfonamidtabletten, aber selbst die halfen nichts. Uns ging es nicht besser, sondern zunehmend schlechter.

Erst nach einem besonders anstrengenden Ausflug in das Maisfeld wurde mir der Grund dafür klar.

»Du weißt doch, diese kleinen Hütten, die sie über den Flüssen bauen«, sagte ich. Draußen vor unserem Haus, direkt über dem Fluß, aus dem sie das Trinkwasser holten, war so eine Hütte, hübsch und klein. Hugh gefiel sie besonders gut. Man hatte dort einen schönen Ausblick.

»Und?«

»Ich habe herausgefunden, wozu sie da sind. Kein Wunder, daß wir immer kränker werden.«

»Glaub ich nicht.«

Ich bat ihn, es sich genau anzuschauen. Mit einem grauenhaften Lächeln kam er wenig später wieder herein.

»Du hast recht. Ich verstehe es trotzdem nicht. Du trinkst nur abgekochtes Wasser, aber dich hat es genauso erwischt wie uns.«

»Abdul Ghiyas nimmt es für die Suppe.«

»Aber durch Kochen werden die Bakterien abgetötet.«

»Dieses Zeug muß man schon lange kochen, bis irgendwas abgetötet wird. Wenn die Bakterien so zäh wie die Kinder sind, braucht man Schwefelsäure.«

»Uns bleibt nur eines«, sagte Hugh. »Wir müssen weg hier, morgen früh brechen wir auf.«

Es war ein Rätsel, wie die Kinder im Ramgul-Tal die ersten fünf Lebensjahre überlebten. Inzwischen hatten sich draußen auf dem Balkon ein paar versammelt, kümmerliche, unterernährte Geschöpfe, die bedenklich nah am Abgrund entlangwankten, fünf Meter über scharfen Felsen, und einander den Kopf in den Bauch rammten. Einmal unterstellt, daß sie diesen Sport tagtäglich ausübten, mußte die Sterbeziffer ziemlich hoch sein. Dennoch habe ich nie einen schweren Unglücksfall gesehen.

Man konnte sich überhaupt nicht vorstellen, daß aus ihnen jemals die robusten Giganten wurden, wie das ihre Väter waren, oder die Schönheiten, zu denen sich die Mädchen entwickelten, jedenfalls bis zu ihrem fünfzehnten Lebensjahr.

Wie Abdul Ghiyas sagte, der in einem seltenen Moment des Vertrauens ein altes Sprichwort zitierte: »Der wertvollste Besitz, den ein Mann sich erträumen kann, ist ein Pferd aus Qatagan und eine junge Kafir-Sklavin.«

Die Kinder hatten überall offene Wunden, aber das war bei allen anderen Leuten nicht anders. Und im Laufe der Zeit sahen auch wir so aus, angegriffen von einer abscheulichen, kleinen, gelben Fliege, die Löcher in uns bohrte, gewissermaßen einen Brückenkopf für größere, dreckigere Fliegen anlegte. Diese Fliege konnte, wie ein Kampfflieger, der aus der Sonne heraus angreift, einen blinden Fleck erkennen und sich unbemerkt auf der Nase niederlassen. Aus irgendeinem Grund, den nur sie selbst wußten, fanden sie speziell Hughs Nase attraktiv. Sie bedeckten sie mit Kratern, die ihm etwas eigentümlich Verlebtes gaben, was ihm sehr wohl bewußt war.

An diesem unserem letzten Abend im Dorf feilschte ich mehrere Stunden mit dem Impresario um eine komplette Männerausstattung. Schließlich einigten wir uns. Gleichzeitig schloß Hugh mit dem Hauptmann einen Deal: Zwei kostbare Gardener-Teetassen sollten für ein Seidenhalstuch aus Meschhed und einen Satz Spielkarten den Besitzer wechseln.

Während diese Verhandlungen stattfanden, lagen Aruk und ein Rüpel mit einem roten Halstuch in einer dunklen Ecke und befummelten sich. Uns alle erfüllte diese demonstrative Zuneigung mit Abscheu, besonders den Hauptmann.

»Wenn es unbedingt sein muß, dann raus mit euch!« brüllte er im Kasernenhofton. Die beiden verzogen sich nach draußen. Später kehrte der rotbehalstuchte Rüpel zurück und legte sich zum Schlafen in eine Ecke. Die Nuristani besaßen die eigentümliche Fähigkeit, an jedem Ort einzuschlafen, ganz egal, in wessen Haus sie gerade waren.

Um drei Uhr morgens wurden wir von großem Krach vor dem Haus und mehreren gewaltigen Schüssen wach. Wir liefen auf die Plattform. Draußen war die Hölle los. Hunde bellten, Leute liefen mit Fackeln umher und brüllten aufgeregt, auf der Plattform stand Abdul Motaleb, der aus seinem Henry-Martini in das Maisfeld feuerte, so schnell er nachladen konnte, und aus dem Feld erhob sich wildes Geraschel.

»Was ist los? Was ist *itz*?« Ich hörte immer nur »*itz itz itz itz.*«

»Ein Bär. In dem Maisfeld ist ein Bär.«

Im nächsten Moment war es ganz ruhig im Feld. Kein Geräusch mehr.

»Der *itz* ist tot«, verkündete Abdul Motaleb.

»Geh runter und schau nach«, sagte Hugh zu ihm, »wenn du so sicher bist.«

Das Feld, auf dem der Mais drei Meter hoch stand, sah am nächsten Tag aus wie von einem Wirbelsturm heimgesucht. Eindrucksvolle Fußspuren, aber kein Bär. Von Schlaf konnte in dieser Nacht keine Rede mehr sein. Um vier begann Hugh, im Dunkeln herumzutappen. Ich fragte ihn, was er vorhabe.

»Unsern Aufbruch vorbereiten, was sonst.«

Da ich wußte, daß es am Zeitpunkt unseres Aufbruchs nichts ändern würde, genoß ich noch eine Stunde den vergleichsweisen Komfort meines Schlafsacks. Bemerkenswert an Nuristan schien mir auch, daß man im Freien unablässig von Insekten gepiesackt wurde, im Innern der Häuser aber keine Tierchen zu sehen waren.

Trotz meiner Unlust aufzustehen, war ein früher Aufbruch möglich. Doch es sollte nicht sein. Abdul Ghiyas zog los, um sich im Fluß zu waschen, aber es mußte wohl eine Art Ritual gewesen sein, denn er kehrte erst nach zwei Stunden zurück. Hughs Stiefel, die er tags zuvor zum Reparieren weggegeben hatte, waren um acht noch immer nicht da. Fast rasend vor Ärger wegen dieser Mißlichkeiten, lief er barfuß auf und ab und beauftragte schließlich Badar Khan, sich auf die Suche nach den Stiefeln zu machen – doch auch er kam nicht wieder.

Als sich alle schließlich wieder eingefunden hatten, erschien im Moment unseres Aufbruchs ein Bote des Hauptmanns mit dem Meschhed-Halstuch und den Karten.

»Die Frau des Hauptmanns will sich nicht von ihren Teeschalen trennen«, sagte er und flüsterte Abdul

Ghiyas etwas ins Ohr. Abdul Ghiyas machte ein ernstes Gesicht.

»Sahib«, sagte er, »die Frau des Hauptmanns sagt, wenn die Schalen Asnar verlassen, *wird sie ihn nicht mehr versorgen.*«

XIX

KATASTROPHE AM MUNDUL-SEE

Begleitet von Abdul Motaleb, einem Mullah (einem erstaunlich sanftmütigen Ramguli, deren Mullahs sich ansonsten extrem feindselig aufgeführt hatten) und dessen Enkel, einem zehnjährigen Knaben, zogen wir los, durch Lustagam und vorbei an einem Begräbnisplatz voll unbehauener Steine, auf deren Oberkante hölzerne Objekte lagen, die wie überdimensionale Babybettchen aussahen. Ich wollte Hugh bitten, sich bei Abdul Motaleb zu erkundigen, ob dies ein Relikt der alten Religion sei, doch er schnaufte nur und schwieg grimmig. Er hatte einen schwierigen Morgen durchgemacht, und im Grunde meines Herzens fühlte ich mit ihm.

Der Mullah und der Knabe gingen voran. Um seinen Enkel zu erheitern, schoß der Mullah von Zeit zu Zeit mit einer Steinschleuder auf Eidechsen. Er konnte sehr viel besser schießen als die jungen Männer in Puschal.

Ein paar Kilometer hinter Lustagam stieß von Osten her ein steiles Tal auf den Ramgul. Es führte zum

Kulam-Fluß, der irgendwo am oberen Ende des Wanasgul, eine Tagesreise entfernt, im Gebiet der Kantiwar entspringt.

»Momentan haben wir Ärger mit den Kantiwar«, sagte Abdul Motaleb. »Sie behaupten, die Weiden am oberen Ende des Tals gehören ihnen.«

Hier verabschiedete er sich von uns.

Hier wie überall im Tal wurde das Wasser des Ramgul so kunstvoll in die umliegenden Felder geleitet, daß sich die Bewässerungsanlagen der Tadschiken im Panjschir dagegen ziemlich primitiv ausnahmen. Hier wurden Bewässerungsgräben um Felswände herumgeleitet, bis zu zehn Meter über dem Fluß, in ausgehöhlten Baumstammhälften, die wie ein Viadukt einer Modelleisenbahn von großen Steinen getragen wurden; auf der anderen Seite des Hindernisses gab es hochkomplizierte Verzweigungen, von denen zwei oder drei hölzerne Leitungen abgingen.

In Patchah, einem größeren Dorf auf einem spitzen Felskamm, versammelten sich die Einwohner auf den Dächern ihrer etwa vierzig Häuser, beobachteten uns und stürmten dann herunter und schlossen sich uns an.

Kurz hinter dem Dorf kamen wir zu einem mächtigen Felsen, der aus den Feldern am Fluß aufragte – das war Sang Neweschteh* (auf Kafir Pschtreal). Auf dem glatten unteren Teil stand eine unleserliche Inschrift.

»Hier steht«, sagte der Mullah. »Während der Herrschaft des großen Emir Abdur Rahman Khan Ghazi im Jahr 1313 [nach christlicher Zeitrechnung 1895]

* Persisch: Beschrifteter Fels. (A.d.Ü.)

wurde ganz Kafiristan von ihm erobert, und die Bewohner nahmen die wahre und heilige Religion des Islam an.« Und salbungsvoll fügte er hinzu: »Rechtschaffenheit und Tugend haben gesiegt, die Unwahrheit ist verschwunden...«

Außerdem gebe es noch eine andere Inschrift, sagte er. Im gleißenden Sonnenlicht konnte das alles mögliche sein, vielleicht auch nichts, wie Hugh und ich fanden.

»Was steht da?« fragte Hugh. Er hatte sich vom mißglückten Tagesbeginn erholt.

»Das ist in Kufi geschrieben. Timur ließ diese Inschrift anbringen, als er im Jahr 800 [1398 nach christlicher Zeitrechnung] auf dem Weg nach Indien hier vorbeikam.«

Ob Timur, der grausame Mongole, den Ramgul erreichte oder ob es einer seiner Generäle war, ob es, neben derjenigen Abdur Rahmans, überhaupt eine Inschrift gibt, ist meines Wissens nicht eindeutig geklärt. Solange der Sang Neweschteh nicht von einem Fachmann in Augenschein genommen wird, kann auch über eine zweite Inschrift nur spekuliert werden. Fest steht, daß Timur von Westen her nach Kafiristan vordrang. Seine ungewöhnliche Methode der Bergüberquerung und seine Bemerkungen über den Charakter der Kafiren sind so interessant, daß es mir lohnend erscheint, hier kurz darauf einzugehen.

Im März 1398, nachdem Timur* in Samarkand einen Vizekönig eingesetzt und zur Verteidigung der Stadt eine Garnison zurückgelassen hatte, »stieg ich

* Wie er in seinen Erinnerungen *Malfuzat-i-Timuri* schreibt.

in einem günstigen Moment auf mein Pferd und lenkte es nach Hindustan«.*

Mit seiner Armee überquerte er bei Termez auf einer Pontonbrücke den Oxus und gelangte schließlich nach Andarab, dem Tal vor dem Panjschir. Dort klagten die Leute: »Die ungläubigen Kator und die Siyâh-Pûsch fordern Tribut und erpressen uns Jahr um Jahr, und wenn wir den geforderten Betrag nicht abliefern, töten sie unsere Männer und führen unsere Frauen und Kinder in die Sklaverei.«

Timur, zu einer Strafaktion entschlossen, ließ einen Teil seines Heeres bei seinem Sohn Prinz Schah Ruch (der nämliche Prinz, der von Herat so begeistert war und die Türme baute, die zu fotografieren mir auf so dumme Weise mißglückt war), überquerte den Hindukusch und gelangte zu einem Ort, den er »Paryan« nennt (das heutige Parwan, am Fuß des Bajgah-Passes, unweit von Gulbahar am südlichen Ausgang des Panjschir, wo wir unsere Tour begonnen hatten). Der andere Flügel seines Heeres war bereits über den Chawak-Paß nach Panjschir vorgedrungen. Timur schreibt, er habe eine Streitmacht von zehntausend Mann** unter Prinz Rustam und einem General mit dem schönen Namen Burhan Aghlan Jujitar gegen die Siyâh-Pûsch im nördlichen Kafiristan entsandt.

Nachdem er angeordnet hatte, Pferde, Kamele und alles überflüssige Gepäck in Chawak zurückzulassen,

---

* Der folgende Abschnitt stützt sich weitgehend auf Elliott/Dowson, *History of India*, London 1871 (Bd. III).
** Die Angaben zur Truppenstärke dürften orientalisch übertrieben sein.

begann er, die Berge der »Kator«* zu übersteigen, jenen Gebirgszug, der Panjschir von Nuristan trennt und den wir über den Chamar-Paß überquerten. Die Wetterverhältnisse waren miserabel. Es lag viel Schnee, doch tagsüber wehte ein heißer Wind, so daß man tief einsank und nur bei Nacht marschieren konnte, wenn der Schnee wieder gefroren war. Von den Kafiren war nichts zu sehen, alle hatten sich in unzugänglichen Berghöhlen versteckt und die Eingänge zur besseren Tarnung mit Schnee verkleidet. Einige Fürsten, die – eigensinnig wie britische Offiziere, die sich nicht von ihrer Bettrolle trennen – weiterhin ihr Pferd mitführten, waren nur unter Zwang bereit, ihre Pferde zurückzuschicken.

Dort oben gab es für Timurs Soldaten keine andere Möglichkeit, als die verschneiten und vereisten Hänge auf dem Hintern hinunterzurutschen. Timur selbst hatte sich einen eigenen Bastkorb anfertigen lassen, an dessen Ecken jeweils ein fünfzig Meter langes Seil befestigt war.

»Da ich diese Expedition gegen die Ungläubigen führte«, schrieb er, »und entschlossen war, keine Unbill zu scheuen, nahm ich also in diesem Korb Platz.«

Im Laufe der Jahrhunderte stößt man immer wieder auf den unausgesprochenen Wunsch, daß er besser nicht gekommen wäre. Der Korb wurde bis zur vollen Seillänge heruntergelassen, dann wurde für den Korb und die Seilmannschaft eine Plattform in den Schnee gehauen, und diese Prozedur wurde fünfmal wiederholt, bis Timur unten angelangt war.

* Wahrscheinlich über den Darra Hazara.

Wahrscheinlich befand er sich nun im oberen Alischang. Bald erreichten sie einen Stützpunkt der Kafiren, der selbstverständlich verlassen war. Die Kafiren lagen auf der nächsten Anhöhe, die Mongolen griffen an, doch die Kafiren leisteten drei Tage Widerstand, bis man sie vor die Wahl stellte – Tod durch das Schwert oder Übertritt zum Islam. Sie entschieden sich für das zweite. Timur soll hocherfreut gewesen sein. Einige Kafiren ließ er in prunkvolle Gewänder kleiden und schenkte ihnen die Freiheit. Solche Beispiele von Edelmut sind bei ihm selten.

In derselben Nacht trugen die Kafiren einen massiven Angriff auf seine Stellung vor, hundertfünfzig Mann wurden gefangengenommen und – kaum verwunderlich – auf der Stelle hingerichtet.

Am nächsten Tag griffen Timurs Truppen von allen vier Seiten an und töteten die restliche Bevölkerung, Männer und Frauen, überantworteten sie, wie Timur es brutal nennt, »dem Haus der ewigen Verdammnis«. Aus ihren Schädeln wurden in den Bergen Türme errichtet. Er ließ eine Inschrift anbringen, um jedem Vorbeikommenden kundzutun, daß er dieses Land im Monat Ramadan/Mai 1398 betreten habe.

Von Burhan Aghlan Jujitars Armee im Norden gab es keine Nachrichten. Er hatte in einer vorangegangenen Schlacht nicht besonders geschickt operiert, so daß Timur das Vertrauen in die Fähigkeiten seines Feldherrn verloren hatte. Als Timur träumte, daß auch sein eigenes Schwert zerbrochen sei, sah er darin ein schlechtes Omen. Er schickte Muhammad Azad, einen seiner jüngeren Generäle, mit 300 Tadschiken und

100 Tataren zu einem Erkundungsunternehmen in das Siyâh-Pûsch-Land. Nach einer furchtbaren Reise gelangte Muhammad Azad zu der feindlichen Festung, die Burhan Aghlan Jujitar angeblich belagerte, und stellte fest, daß die Siyâh-Pûsch sie verlassen hatten und auch von den eigenen Leuten niemand zu sehen war.

Folgendes war passiert: auch Burhan Aghlan Jujitar hatte die Festung verlassen vorgefunden, aber seine Truppen waren in einen Hinterhalt der Kafiren geraten. Er selbst konnte fliehen, während seine Soldaten geschlagen wurden. »Sie tranken den süßen Trank des Märtyrertodes.« Nun war es Muhammad Azad, der mit seinen vierhundert Mann zum Gegenangriff antrat und die Kafiren vernichtend schlug, alle Waffen und alles Beutegut zurückeroberte.

Timur schreibt, er habe einen leichteren Rückweg aus Kafiristan gefunden. Nach achtzehn Tagen erreichte er das Fort Khawak. Burhan Aghlan Jujitar, dem es nicht gelungen war, mit zehntausend Mann die Kafiren zu besiegen, fiel in Ungnade, während Muhammad Azad, mit vierhundert Mann siegreich, geehrt wurde.

Daß Timur in Alischang war, dürfte ziemlich sicher sein. In der Gegend selbst ist diese Legende jedenfalls weit verbreitet. Noch 1837, als Masson nach Najil kam, schrieb er:

»Ihr Malek Osman erfreut sich dank seiner langen Herrschaft und Erfahrung großen Ansehens in seinem abgelegenen Tal und darüber hinaus. Er rühmt sich, wenn nicht von Alexander dem Großen, so doch vom Emir Timur abzustammen. Auf die Frage, wie ein so geringer Mensch eine so stolze Abstammung in

Anspruch nehmen könne, erwiderte er, daß er sich nur ein Auge ausstechen und ein Bein verstümmeln müsse, dann wäre er Timur. Einer Legende zufolge soll sich Timur eine Frau aus diesem Land genommen haben.«

In diesem Moment kamen die Leute von Patchah hinzu, die uns bis zu diesem Felsen gefolgt waren. Einige Männer trugen spitze Käppchen. Mit ihren Steinschleudern und ihrem wilden Aussehen konnte man sich mühelos vorstellen, daß im nächsten Moment Timur höchstpersönlich auftauchte.

Das Land wurde nun grüner, viel mehr Bäume wuchsen. Es gab zwei Sorten Maulbeeren, die gewöhnliche und die Königsmaulbeere, genannt *schahtut*. An einem okulierten Baum wuchsen beide Sorten. Wir vergaßen unsere Schwierigkeiten, hingen wie die Affen an den Zweigen und streiften die saftigen *schahtut* ab. Unser Mullah hockte ganz oben. Neben den Maulbeeren gab es Pflaumen, kleine Äpfel, weich und ziemlich geschmacklos, und eine Schlehensorte namens *yakma*.

Bald überholten wir einen Mann, der mit einem großen Salzbrocken auf einem Tragegestell bergab stapfte. Er führte uns auf schmalen Pfaden durch dicht bewaldetes Land, vorbei an klappernden Wassermühlen und über grasbestandene Lichtungen, auf denen Waldhimbeeren und Butterblumen wuchsen. Es war wie ein Sommertag in England, allerdings einem längst verschwundenen.

Mittags kamen wir nach Jena Khel, wo nur ein paar einsame Häuser standen. Ein Apfelgarten mit kreisförmig angeordneten Steinen sah aus wie ein altertümlicher Versammlungsort.

»Wir sind hier im Bezirk Raro«, sagte der Mullah. »Hier hält der *alaqadar* von Laghman, der für diesen Teil der östlichen Provinz zuständig ist, Gericht. Er untersteht dem Naib ul Hukumah, dem Gouverneur, einem Pathanen.«

Beobachtet von Scharen von Kindern, die zum Teil blaue Augen und Gesichter wie Slowenen aus dem Hinterland von Triest hatten, warteten wir auf die Pferde.

Ich fragte Hugh, was es zum Lunch gab. Es war der übliche Scherz, der immer funktionierte.

»Ich hätte gern Lachs, kalte Wildpastete, zwei Flaschen Elsässer Wein, ein Baguette und frische Butter.«

»Es gibt kalte Fleischpastete, kaltes Irish Stew, wenn du den Anblick noch verträgst, und eine Dose schauderhaften Marmeladekuchen – die Sorte ohne Marmelade – und wenn du noch immer Hunger hast, gibt es einen von diesen schlaffen Äpfeln dort.« Ich zeigte auf das viele Fallobst.

Die allerletzte Proviantkiste war bald leer. Irgendwo steckte ein offizielles Merkblatt, gedruckt auf leprös gelbem Papier.

»Wertvolle Nahrungsmittel!« stand da für die Soldaten. »Nicht verderben lassen!« Und ganz unten, quer, in fetter Schrift: »Nicht an Fliegen verfüttern.«

»Wenn wir bei Monte Cassino bloß diesen Kuchen statt Bomben abgeworfen hätten, die Deutschen hätten bestimmt kapituliert«, sagte Hugh kauend.

Erfreut stellte ich fest, daß er sich allmählich für Essen interessierte.

Am späten Nachmittag waren die Wälder wie von Herbstlicht erfüllt. Aus Unmengen von Stockrosen stieg das Gesumm unzähliger Bienen auf. Im Schutz der Mauern der wenigen Häuser wuchsen an Spalieren Weintrauben, die allerdings noch grün waren. Die grauenhafte gelbe Fliege war aus irgendeinem Grund plötzlich verschwunden. Mit der Wiedereinführung der Winzerei wäre dieser Ort ein Paradies gewesen. Für uns zählte diese kurze Stunde zu den zauberhaftesten Momenten der ganzen Reise.

Doch das Idyll endete rasch. Immer höher wand sich der Pfad, bis wir wieder in der Bergödnis waren. An manchen Stellen war der Weg von den Unwettern der letzten Tage regelrecht fortgespült worden, und der ursprünglich weiche Lehmboden war jetzt scharfkantig und steinhart. Nachdem wir siebzehn Felsgruppen umrundet hatten – für sieben, acht Kilometer brauchten wir mehrere Stunden – erreichten wir Gadval, das Dorf des Mullahs. Wie alle anderen Dörfer, an denen wir vorbeigekommen waren, klebte es an einem Felsen, und wie in Puschal, hingen die unerläßlichen Häuschen über dem Wasserlauf, der durch den Ort floß.

Das Haus des Mullahs mit einer grasbewachsenen Fläche davor, auf der wir kampierten, befand sich direkt über dem Fluß.

Unten im Fluß stand ein Mann mit entblößtem Oberkörper und warf ein Fischnetz in das Wasser, während ein Junge mit einer langen Stange aufpaßte, daß es nicht in den Steinen hängenblieb.

»Ich dachte, die Nuristani essen keinen Fisch«, sagte Hugh.

»Kafiren nein, Nuristani ja«, sagte der Mullah.

»Merkwürdig«, sagte Hugh. »Südlich des Hindukusch gibt es keine einzige Forelle, aber auf der nördlichen Seite, in Richtung Oxus, gibt es in jedem Fluß riesige Forellen.«

Zum Essen machte er eine dicke Suppe aus einem halben Dutzend verschiedener Schweizer Packungen, die aufgegangen waren. Alles, was wir an Proviant noch besaßen, war inzwischen plattgedrückt. Dummerweise bestand Hugh darauf, daß auch Abdul Ghiyas davon aß, der, im Gegensatz zu uns anderen, von der Abreise aus Puschal nicht profitiert hatte. Abdul Ghiyas klagte über Schwindelgefühle. Mir ging es ähnlich.

Hugh sagte irritiert: »Ich schmecke nichts Eigenartiges.«

Sobald er seine Portion aufgegessen hatte, die sehr groß war, da niemand anderes etwas abhaben wollte, nahm er sich eine große Schüssel *mast* vor, die aus dem Haushalt des Mullahs stammte; ich suchte nach den Alka Seltzer (eine der wenigen Tröstungen, die wir noch besaßen, nachdem uns der Tabak ausgegangen war).

Inzwischen war es dunkel geworden. Während ich, beobachtet von einer Versammlung ernst dreinschauender älterer Männer, in meinen Sachen nach den Alka Seltzer herumkramte, ging Hugh mir mit seiner Esserei weiter auf den Geist.

»Was möchtest du jetzt essen?«

»Nichts! Laß mich in Ruhe!«

»Na gut, ich werd dich nicht weiter fragen«, sagte er, »Ich komme jedenfalls um vor Hunger.«

Sehr viel später wurde heißer Fisch aufgetragen. Der Name klang wie *mahseer* oder vielleicht *machli* (das Hindi-Wort für Fisch), da der Kopf abgetrennt war, konnte man aber nicht erkennen, was es war. Es sah köstlich aus, doch ich hatte keinen Appetit, stocherte im Schein einer Taschenlampe nur lustlos darin herum, bis er kalt geworden war und nicht mehr schmeckte.

Am nächsten Tag zogen wir weiter. Die Leute trugen nun andere Kleidung, nicht mehr die eigentümliche Tracht der Hochgebirgstäler, sondern weiße Turbane und dünne Pluderhosen, und sahen überhaupt etwas zivilisierter aus.

Dagegen wurde der Weg immer schwieriger. Häufig blockierten Felsbrocken den Pfad, und mancherorts, wo der Felsen direkt aus dem Fluß aufragte, kletterte man nicht darüber, sondern ging auf wackeligen Holzstegen außen herum.

An solchen Stellen mußten die Pferde durch den Fluß waten, von einer Sandinsel zur nächsten, oder auf dem anderen Ufer entlang, wo kleine Weiden wuchsen, begleitet von Abdul Ghiyas, Badar Khan und dem Mullah (nachdem wir die Nacht in seinem Garten verbracht hatten, wollte er uns unbedingt noch etwas begleiten). Schir Muhammad ging mit uns auf dem rechten Ufer weiter, ohne sich um sein Pferd zu kümmern, das nach besten Kräften den anderen hinterher trottete.

Fünf Stunden später kamen wir zum Linar-Tal, das zum Arayu-Paß führt und der Weg der Butterträger nach Panjschir ist. Während wir mitten im Fluß standen, bis zur Hüfte im reißenden Wasser, und auf den runden, glatten Steinen immer wieder abrutschten, wurden wir von einem älteren Mann überholt, der in einem Holzkäfig einen Kampfhahn transportierte. Nachdem er das Ufer erreicht und den Käfig abgestellt hatte, kehrte er wieder zurück, um uns weiterzuhelfen, als wären wir alte Damen. Der Mann, der zu einem Hahnenkampf unterwegs war, zeigte uns die gekrümmten Sporne des Vogels. Sie waren messerscharf.

Wir mußten lange auf unsere Pferde warten. Sie hatten über einen sechshundert Meter hohen Felsen klettern müssen. Als sie schließlich durch den Fluß wateten, sahen wir, daß Abdul Ghiyas völlig staubbedeckt und verdreckt war. Er brachte kein Wort mehr heraus.

»Sein Pferd ist über einen Felsen gestürzt«, sagte Badar Khan, »und er saß darauf.«

Abdul Ghiyas sah sterbenselend aus. Gezwungen, in diesem anstrengenden Terrain zu Fuß zu gehen, und in seinem Anorak vor sich hinbrütend, bot er ein Bild des Jammers. Auch Schir Muhammad war kurios anzuschauen – die Baumwollhose hochgekrempelt, so daß man seine Säbelbeine sah, und die Füße in schnürsenkellosen, viel zu großen Bergstiefeln, die etliche Nummern zu groß waren. (Ich hatte sie ihm vermacht, nachdem ich beschlossen hatte, den Rest der Tour in Turnschuhen zurückzulegen.)

Wir stiegen hinunter in eine tiefe Talmulde voll schulterhohem Gestrüpp und kamen in ein geheimnisvoll düsteres Kindheitsparadies. Der Pfad, der sich oberhalb einer steilen Felsmauer entlangzog, war völlig überdacht von Bäumen und so überwachsen von Vegetation, daß man ihn nicht sah, sondern nur unter den Füßen spürte. Die Sonne schimmerte, und alles war so grün und kühl, daß man sich wie unter Wasser fühlte.

Und auf einmal traten wir in helles Sonnenlicht, waren auf einer Anhöhe über einem Dorf, das sich zwischen farnbewachsenen Felsbuckeln schmiegte. Weit unten schlängelte sich der Fluß, jetzt breit und behäbig, durch grüne Felder, bis er in einen See mündete, der auf drei Seiten von Bergen eingeschlossen war. Das war der Mundul-See. Mit den eigentümlichen Felsen im Vordergrund, dem sich windenden Fluß und den Bergen dahinter sah die Landschaft wie eine Zeichnung von Leonardo aus.

Eilig liefen wir den Pfad hinunter, um möglichst bald am Wasser zu sein.

Am Fluß, der hier hundert Meter breit war, stiegen wir über einen Erdwall und kamen auf eine mit Butterblumen übersäte Wiese. Hier sah es aus wie in einer Meeresbucht. Es gab Strand und in der Flußmündung Sandbänke. Weit draußen im See, an einer seichten Stelle, wuchsen zwei einsame Weiden, und durch das Schilf am Ufer schwappte totes Wasser. Durch das Tal wehte ein kühler Wind, der das Schilf bog und das Wasser kräuselte.

Für uns beide war es ein wunderschöner Moment, dessen Zauber aber sofort verflog, sobald die Dörfler, anhänglich wie die Kletten, uns eingeholt hatten. Auf dem anderen Ufer kamen Badar Khan und der Mullah mit den Pferden, Abdul Ghiyas war zu einer Überquerung nicht imstande und Schir Muhammad nicht willens gewesen.

»Wenn der Mullah keine Furt kennt, müssen sie wieder umdrehen«, sagte Hugh. »Ich glaube nicht, daß es hier eine flache Stelle durch den Fluß gibt.«

Doch, o Schreck, bevor wir es verhindern konnten, saß der Mullah, ohne ein Wort der Ankündigung, schon auf Schir Muhammads Pferd, nahm Abdul Ghiyas' Pferd beim Zügel, stieg in den Fluß und begann, mit den beiden herüberzuschwimmen.

Bislang hatten die Pferde beim Überqueren eines Flusses immer festen Boden unter den Beinen gehabt, und wir hatten jedesmal sorgfältig darauf geachtet, daß nur der untere Teil des Gepäcks naß werden konnte.

Jetzt mußten wir entsetzt mit ansehen, wie unsere gesamte Habe (ausgenommen, was Badar Khans Tier trug) – Fotoapparate, Filme, Notizbücher, Kleidung, ganz zu schweigen von den Vorräten an Mehl und Irish Stew – im Wasser versank.

Hugh war erst wie gelähmt, dann rief er dem Mullah zu, er solle umkehren, doch zu spät, der Mann war schon fast auf der anderen Seite angekommen. Hugh wandte sich nun an Badar Khan, doch dieser kluge Mann hatte nicht die Absicht, einen Fluß zu durchqueren, von dem er nicht wußte, wie tief er war.

Als der Mullah stolz und lächelnd das andere Ufer betrat, glaubte ich, Hugh werde ihm den Hals umdrehen. »Verschwinde!« brüllte er wütend. »Und so was will ein Mullah sein! Eine Schande!« Es war schrecklich, immerhin hatte er uns gastfreundlich aufgenommen, doch ihm nicht böse zu sein fiel wirklich schwer. Nur meine unzulänglichen Sprachkenntnisse machten, daß ich nicht mit einstimmte. »Und ihr auch!« rief er den zwölf Dörflern zu, von denen sich einer als Dorfvorsteher von Mundul herausgestellt hatte, dem Dorf, aus dem wir kamen. »Verschwindet!«

Um ihnen in unserer Agonie zu entkommen, liefen wir, bis zu den Knien im Wasser, durch einen Sumpf und zogen uns auf eine kleine Landzunge zurück, die in den See hineinragte. Bald kamen Abdul Ghiyas und die Pferde nach, und wir schlugen hier unser Lager auf. Schir Muhammad zeigte sich nicht. Wäre er gewesen, wo er eigentlich hätte sein sollen, nämlich mit seinem Pferd auf dem anderen Flußufer, wäre die Katastrophe zumindest nicht in diesem Umfang passiert. Er versteckte sich irgendwo unter den Eichen, die am Ufer standen, um zu warten, bis sich der Sturm gelegt hatte.

Wir wurden nicht lange in Ruhe gelassen. Bald löste sich der Dorfvorsteher von der kleinen Gruppe, die den Mullah umringte wie Rugbyspieler einen Mitspieler, der sich eine neue Hose anzieht, und stapfte durch das seichte Wasser auf uns zu.

»Verschwinde!«

»Wir kommen!«

»Verschwinde! Was wollt ihr machen? Der Mullah hat einen Fotoapparat im Wert von zwanzigtausend Afghanis ruiniert, nicht zu reden von all den anderen Sachen.«

»Wir leben hier«, antwortete der Dorfvorsteher, »und gehen, wohin wir wollen.«

»Ihr seid keine Mohammedaner!« Das war Abdul Ghiyas, der die Mullahs im Ramgul-Tal selbst für seinen Geschmack übertrieben fromm gefunden hatte.

Bevor Hughs Stimme schließlich versagte, griff er auf seine probate Waffe zurück: »Wenn ihr uns nicht in Ruhe laßt, sage ich es General Ubaidullah Khan in Kabul, dann könnt ihr was erleben.«

Trotz dieser Drohung stiegen alle Mann den nächsten Hügel hinauf und näherten sich uns von hinten bis auf ein paar Meter, hockten sich hin und grummelten – nur der arme Mullah nicht, der allein in seiner Agonie am Wasser saß.

Dieses Desaster führte kurioserweise dazu, daß sich die allgemeine Stimmung hob, so daß Schir Muhammad nicht den verdienten Rüffel erhielt, als er seelenruhig in unser Lager schlich, wie wenn nichts passiert wäre.

Alles war naß, mit Ausnahme einer Kamera, die durch einen unglaublichen Zufall im letzten Moment in einem der Gepäckstücke gelandet war, die Badar Khans Pferd trug. Daß einer der Filme es überleben würde, schien unwahrscheinlich. Alle Packungen waren durchnäßt, und wir brauchten lange, um sie zu leeren.

»Was ist eigentlich mit Badar Khan?« fragte ich, als die letzte Filmpackung geleert war und wir unsere Schlafsäcke zum Trocknen aufhängten.

»Laß ihn noch ein bißchen zappeln, und den Mullah auch. Irgendwann müssen wir uns mit dem Mullah wieder vertragen, aber ein bißchen schmoren sollte er schon noch.«

Nachdem wir dem Mullah verziehen hatten, zogen wir unsere Sachen aus und wateten durch den Fluß. Das Wasser reichte uns bis zum Hals, aber der Boden war fest, und wir brachten das gesamte Gepäck in zwei Touren hinüber, unterstützt von zwei Kulam-Kafiren, die mit einer Butterlieferung auf einem abgelegenen Weg über das Gebirge gekommen waren.

Die ganze Zeit saß Badar Khan am Ufer und beobachtete uns, ohne einen Finger zu rühren. Er ritt hinüber, ohne sich auch nur nasse Füße zu holen.

Während wir ins Lager zurückkehrten, schlug das Wetter um. Der Wind legte sich, schwarze Wolken bildeten sich über dem See, und von den Bergen kam ein warnendes Rumpeln. In den Wäldern flatterten die Tauben erschrocken auf, traurig krächzende Krähen kreisten über den Bäumen. Plötzlich waren Massen von Fliegen da, und große Fische tauchten an der Wasseroberfläche auf. Zum ersten Mal seit unserem Abstieg aus dem Gebirge bauten wir wieder das Zelt auf. Die Dorfbewohner kehrten raschen Schritts heim.

Nachdem das Gewitter vorbei war, entfalteten die Insekten hektische Aktivität. Unser Lagerplatz glich einer Umgehungsstraße. Horden von Ameisen, die nicht bereit waren, sich von ihrer Route abbringen zu lassen, kletterten unnachsichtig über uns hinweg.

Gegen Abend klarte es auf, und wir brachen zu einer Erkundung des südlichen Seeufers auf, zusammen mit dem Dorfvorsteher, der zurückgekommen war und mit dem wir uns ebenfalls versöhnt hatten – armer Kerl, er hatte überhaupt nichts getan.

Der Teil des Sees, an dem wir kampierten, war etwa einen Kilometer lang und dehnte sich nach einer scharfen S-Kurve zu einer Fläche von fast zwei Kilometern

Länge und vierhundert Metern Breite aus. Weit im Süden verlief ein Bergzug quer zum Tal.

»Als der König [Zahir Schah] letztes Jahr hier angeln und jagen wollte, schickte er seinen *mir-i-schekari* [der oberste Wildhüter], der feststellen sollte, ob eine größere Gruppe von Leuten hierher kommen konnte. Der *mir-i-schekari* kam mit Pferden von Parian über den Arayu-Paß hierher, fand den Weg aber zu schwierig für einen König.«

»Das ist unser Rückweg, über den Arayu«, sagte Hugh. »Aber warum kommt der König nicht von Süden?«

»Weil es dort mit Pferden ziemlich schwierig ist. Von hier bis Nangaraj im unteren Alingar führt der Weg drei Tage durch das Gebiet der Paschai.«

»Kann man die Reise auch im Winter unternehmen?«

Der Dorfvorsteher zog das Hemd von der Schulter, so daß man eine vielleicht dreißig Zentimeter lange Wunde sah, von der Schulter zum Ellbogen.

»Das war letztes Jahr im tiefsten Winter, als viel Schnee lag. Ein schwarzer Bär war das, groß wie eine nuristanische Kuh. Ich bin den Alingar hinuntergegangen. Ich war viele Tage unterwegs bis zum Krankenhaus in Kabul.«

Kurz vor Einbruch der Dunkelheit kamen zwei Kormorane angeflogen und landeten auf einer Sandbank im See. Wir fanden es erstaunlich, daß es hier Kormorane gab.

»Ich glaube, ich werde einen Artikel für das *Royal Central Asian Journal* schreiben, über die Kormorane, die wir auf dem Mundul-See gesehen haben«, sagte Hugh, nachdem wir uns in unser enges Zelt gezwängt hatten. »Nur sehr wenige Europäer sind je hier gewesen.«

»Dann wird bestimmt irgend jemand einen frostigen Leserbrief schreiben, in dem steht, daß der See sehr wohl bekannt ist und daß Kormorane dort überhaupt keine Seltenheit sind.«*

Im Laufe der Nacht stieg der See infolge des Gewitters um einen Meter an. Nach einem erfolglosen Angelversuch mit einem häßlichen französischen Kunstfisch, den ich am Ende auch noch verlor, verbrachte ich den Vormittag auf einer der Sandbänke. Es war ein Ort, wie man ihn vom Zug oder vom Schiff aus sieht, der aber unerreichbar scheint. Am Nachmittag ging ich in ein Tal, das nach Westen führte, eine tiefe Schlucht zwischen hohen Felsen, geröllübersät. Einen Kilometer weiter, an einem reißenden Bach, führte ein Steg zu kleinen Feldern am Fuß eines der Felsen. Hinter dem Mais versteckte sich eine winzige Bude, abgesehen vom *aylaq* weiter oben das einsamste Anwesen, das ich bis dahin gesehen hatte.

Es schien verlassen. Abgesehen von dem Insektengebrumm tiefe Stille ringsum. Im Haus war niemand, aber die Werkzeuge der Bewohner lehnten am Felsen: ein hölzerner Handpflug, ein Spaten mit einem langen Griff sowie mehrere Hacken. Die Leute waren beim Dreschen gewesen; überall lag Spreu, und auf der Erde

---

* Hugh schrieb diesen Artikel später tatsächlich, und kurioserweise kam es genau zu dieser Reaktion.

lagen Dreschflegel, lange Stangen mit beweglichen Schlegeln. Die ganze Zeit hatte ich das unheimliche Gefühl, beobachtet zu werden.

Am nächsten Tag, es war der 29. Juli, der zwanzigste Tag unserer Reise, brachen wir auf in Richtung Arayu.

XX

ÜBER DEN ARAYU

Bevor wir unseren Lagerplatz am Mundul-See verließen, kam es zu einer Diskussion darüber, welche Route wir nehmen sollten. Hugh war für den Weg am Fluß, Abdul Ghiyas für den Weg über die Berge.

Schließlich entschieden wir uns für die Bergroute, mußten aber irgendwann weit oben über dem Tal feststellen, daß der Weg nicht mehr weiterführte. Daher brauchten wir bis Mundul drei Stunden statt dreißig Minuten. Dreimal mußte das Gepäck abgeladen werden, und Schir Muhammads Gaul versetzte mir dabei einen Tritt in den Bauch. Ich wußte gar nicht, daß Pferde nach der Seite treten. Einen Moment fragte ich mich, warum ich Forschungsreisender geworden war.

Wieder überquerten wir, unter großen Mühen, den Linar, dort, wo wir dem Mann mit dem Vogelkäfig begegnet waren, und wandten uns westlich in die Schlucht in Richtung Arayu und England. Bald merkten wir, daß die Schlucht unpassierbar war.

»Du weißt, was das bedeutet«, sagte Hugh. »Über die Berge!«

Wir stiegen sechshundert Meter hoch, bis der Fluß einem schmalen Band glich, gingen durch eine ausgedörrte, unkultivierte Ödnis, in der nur Steineichen wuchsen und die Erde nichts als pulverisierter Fels war.

Den ganzen Tag wand sich der Pfad auf und ab, einmal dreißig Meter über dem Fluß, dann wieder dreihundert, hinauf und hinunter wie eine Fieberkurve in einer Witzzeichnung.

Mittags, als es unerträglich heiß war, erreichten wir Warna. Zwei, drei Häuser standen dort, vor allem aber gab es dort einen Wasserfall und ein Fleckchen Gras. Hier las niemand die Maulbeeren auf, und die Luft war erfüllt vom fauligen Geruch der zertretenen Beeren, die knöchelhoch unter den Bäumen lagen.

Abdul Ghiyas kaufte einem stinkenden alten Mann ein Huhn ab und salzte es zum Kochen ein. Wir teilten uns zwei Dosen Apfelpudding. Obwohl wir sehr weit von England entfernt waren, erfaßte so etwas wie Abschiedsstimmung unsere Gruppe.

Der Alte beschloß, uns das Tal hinauf zu begleiten, wodurch sich unsere Strapazen noch erheblich steigerten. Noch nie in meiner kurzen Bekanntschaft mit Asien war ich jemandem begegnet, tot oder lebendig, der so stank wie dieser Alte. Ich wußte nicht warum, aber irgendwie erinnerte er mich an den Krimkrieg.

»Er ist Tadschike«, erklärte Abdul Ghiyas, als wäre das ein mildernder Umstand. »Vor zwanzig Jahren kam er mit ein paar Händlern über den Paß, und sie haben ihn wohl sitzen lassen. Seit dieser Zeit lebt er hier.«

»Wenn er vor zwanzig Jahren schon so gestunken hat, kann ich es ihnen nicht verdenken«, brummte Hugh.

Wir stiegen nun das Tal hoch. Die andere Seite lag im Schatten, es gab Wasserfälle dort und alte Schneereste. Abdul Ghiyas ging es schlecht. Uns fiel auf, daß er bei jeder sich bietenden Gelegenheit Flußwasser trank. Wir sagten ihm, daß er sterben würde, wenn er so weitermachte.

Ich träumte von all den kühlen Getränken, die ich in meinem Leben getrunken hatte. *Ginger beer*, das ich als Kind getrunken hatte, schäumendes Lager, Worthington vom Faß, Muscadet, in einem Fluß gekühlt, literweise Pimms, Kübel mit Eiswürfeln ...

Die Sonne wurde nun von Wolken bedrängt, aber nicht ganz verhüllt, so daß sie uns wie durch ein Vergrößerungsglas auf den Kopf brannte. Und die ganze Zeit verströmte der grauenhafte Alte diesen üblen, verwesungsartigen Gestank.

»Mein Gott, wenn er bloß verschwinden würde«, sagte ich schließlich.

Hugh reagierte noch heftiger.

»Wenn es keine Zeugen gäbe, weißt du, was ich dann tun würde? Ich würde ihn in den Abgrund stoßen.«

Schließlich ging die Sonne unter, es wurde kühler, und bald erreichten wir Linar. Am Dorfrand stand ein prächtiger Maulbeerbaum, üppig beladen mit *schahtut*.

Als der einzige von uns, der noch bei Kräften war, und zur Strafe für sein Verhalten am See wurde Schir Muhammad beauftragt, zurückzubleiben und einen Korb voll zu sammeln. Das letzte, was wir von ihm sahen, war, wie er in den Ästen herumturnte wie ein großer, ziemlich alter Schuljunge.

Im Dorf hielt Abdul Ghiyas inne. »Eine Tante von mir wohnt hier«, sagte er. »Wir sollten in Linar übernachten.«

In diesem Moment erhob sich wütendes Geschrei aus der Richtung des *schahtut*-Baums. Offensichtlich war Schir Muhammad erwischt worden.

»Vielleicht ist es doch besser, weiterzugehen«, sagte Abdul Ghiyas nur.

Sämtliche Bewohner von Linar beobachteten unseren Zug durchs Dorf. Sie machten einen wilden und unabhängigen Eindruck. Abdul Ghiyas in seinem Anorak erregte aus irgendeinem Grund ihr Mißfallen. Uns anderen ließen sie in Ruhe, doch ihn buhten sie quasi aus.

Allmählich wurde es kalt. Ein paar Kilometer weiter ging es steil bergab, und wir stießen auf ein anderes Tal, Makhin Kadao, durch das ein eisiger Wind fegte. Hier blieb Abdul Ghiyas stehen.

»Es wird Zeit, das Lager aufzuschlagen.«

Es war verrückt, ausgerechnet an diesem zugigen Ort. Wortlos warf Hugh seinen Eispickel auf die Erde und stieg allein in das Tal hinauf. Dort hockte er sich an den Fuß eines Felsens und wandte uns den Rücken zu. Ich muß sagen, daß er in diesem Augenblick meine Sympathie hatte.

Während wir, etwas unentschlossen, mitten in der Schlucht standen, kam Schir Muhammad den Berg heruntergestolpert. Seine Nase blutete, und er hatte ein eindrucksvolles blaues Auge. Offensichtlich war er erwischt worden. Die Besitzerin, eine alte Frau, hatte ihren Sohn und ihre beiden kräftigen Töchter herbeigerufen. Sie hatten ihn ziemlich verprügelt. Auch den Korb hatte Schir Muhammad eingebüßt, aber er hatte noch sein Hemd voll *schahtut,* sie waren allerdings schon ein bißchen zerdrückt.

Fluchend scheuchte ich diese jämmerliche, unwillige Schar vor mir her, die Linar-Schlucht hinauf. Mir fiel es in diesem Moment nicht schwer, mich in eine Stinklaune hineinzusteigern. Urplötzlich erfaßte mich jene Abscheu vor einem fremden Lebensstil, die jeden Reisenden in entlegenen Gebieten der Welt von Zeit zu Zeit überkommt. Ich sehnte mich nach frischen Sachen, nach Menschen, die so dachten wie ich und auf deren Wort man sich verlassen konnte. Ich sehnte mich nach einem heißen Bad und einem Drink.

Der Pfad erhob sich sofort dreihundert Meter aus der Schlucht. Sooft wir zu einem ebenen Stück Erde kamen, auf dem zwei Männer ohne Pferd Platz hatten, schlug Abdul Ghiyas vor, dort zu bleiben. Es ging ihm sehr schlecht, doch wir mußten weiter, bis ein geeigneter Platz gefunden war.

»Sahib! Hier!«

»Nein! Weiter!«

Nach einer langen Stunde kamen wir zu einem schönen Ort, nahe am Fluß, und frisches Quellwasser gab es auch.

»Abdul Ghiyas!«

»Sahib?«

»Wie wär's denn damit? Ist doch gar nicht schlecht, oder?«

»Der Alte sagt, ein Stückchen weiter gibt es noch etwas Besseres.«

Der Alte, der im frischen asiatischen Wind etwas abkühlte, stank nun nicht mehr so entsetzlich.

Nach Einbruch der Dunkelheit – zwölf Stunden waren wir inzwischen unterwegs – kamen wir schließlich an den Ort, den der Alte empfohlen hatte. Zu Recht, die zusätzliche Anstrengnug hatte sich gelohnt. Fast im selben Moment traf Hugh ein. Er schien bester Laune zu sein. Die Männer aßen ihr köstliches Huhn, wir aßen eine grauenhafte *bacon-and-eggs*-Pampe aus der Dose und Apfelpudding und ein paar Maulbeeren, die die Schlacht von Linar überlebt hatten. Nach diesem bescheidenen Mahl ging es Hugh sehr schlecht.

Badar Khan und Schir Muhammad, die noch etwas Tabak besaßen, aber keine Pfeife mehr (die war kaputtgegangen), konstruierten eine Pfeife aus Mutter Erde: sie gruben ein Loch in den Boden, das als Kopf diente, und verbanden es durch einen unterirdischen Gang mit einem kleineren Loch, das als Mundstück diente. Sie drückten den Mund auf die Erde und machten furchtbare Sauggeräusche. Es war ein abstoßendes Spektakel.

Am 1. August frühmorgens erreichten wir Achagaur, das letzte Dorf in Nuristan.

Die Männer von Achagaur trugen allesamt dicke, ärmellose gestrickte Pullover mit schwarz-weißem Würfelmuster. Sie schenkten uns flüssige Butter und Brot, wir revanchierten uns mit Irish Stew. Hier wurde noch immer ein Kafir-Dialekt gesprochen.

»Wir sind Koreisch-Kafiren«, sagten sie, »von der arabischen Halbinsel, wir sind vom Stamm des Propheten, genau wie die Leute in Linar.«

»Wann seid ihr hierhergekommen?«

»Können wir nicht sagen. Wissen wir nicht.«*

Wir erkundigten uns, auf welche Weise sie mit den Leuten im Panjschir Handel trieben.

»Wir treffen uns mit ihnen hinter dem Arayu an einem verlassenen Ort. Sie bringen uns Salz, und wir geben ihnen dafür Butter.«

Hier, hinter den letzten Häusern, erinnerte das Linar-Tal überhaupt nicht an das Chamar-Tal. Da die Talsohle mit Steinen bedeckt war, gab es kaum Gras, also auch nur wenig Vieh oder Schafe. Aus der letzten bewohnten Hütte dort oben, die dem Hirten gehörte, krochen Leute hervor, die selbst fast wie Tiere aussahen.

Linkerhand, in Richtung Panjschir, bog das Tal ab und verwandelte sich in eine riesige, von Gipfeln verstellte Sackgasse. Direkt vor uns, weiter oben, sahen wir den Arayu-Paß, durch den sich ein schmaler Pfad fädelte. Die Vorstellung, daß dies die wichtigste Butterroute von Nuristan nach Panjschir war, hatte etwas Ernüchterndes.

Inzwischen waren wir alle krank, selbst Schir Muhammad. Unsere Karawane bewegte sich deshalb eigentümlich weit auseinandergezogen über den furchtbaren Hang, Wind und Sonne ausgesetzt und den pfeifenden Murmeltieren, die sich in großer Zahl zeigten.

* Das war Unsinn. Sie sahen wie Rajputen aus und waren es auch – Abkömmlinge der Keruch-Rajputen im Indus-Tal.

Eine gewisse Rücksichtslosigkeit hatte sich in unserer Gruppe bemerkbar gemacht. Niemand wartete, wenn der eine oder andere, grün im Gesicht, hinter einem der ungenügend schützenden Felsen verschwand, und wer zurückgefallen war, mußte zusehen, wie er nachkam.

Der eigentliche Anstieg begann um Viertel vor zehn und dauerte drei Stunden. Die letzten hundert Meter ging der Weg, mit kleinen Steinhäufchen markiert, durch eine Moräne. Doch alle Strapazen lohnten sich. Wieder einmal, wie schon im Chamar-Tal, standen wir auf der großen Wasserscheide des Hindukusch-Massivs. Links stürzte der Kamm über schneebedeckte Hänge direkt in einen Gletschersee hinunter, rechts waren die Gipfel glatter, runder. Vor uns ragte der Mir Samir auf.

Hier am Arayu, einem der abgeschiedensten Orte der Welt, über den sämtliche Winde Asiens hinwegfegten und wo die Berge aussahen, als würden die Knochen der Welt hervorbrechen – hier war mir, als tauchte ich aus einem Land auf, das mehr oder weniger unverändert fortbestehen wird, ganz gleich, von welchen Katastrophen der Rest der Welt heimgesucht würde.

Wir stiegen in nördlicher Richtung hinunter, folgten den Steinhaufen und später dem Wasserlauf, ringsum die kaltgelben Berge, die wie Wachtposten dastanden.

Erst am Nachmittag machten wir Pause. Ich hatte trotz allem furchtbaren Hunger. Hugh mit seinem sensiblen Magen war etwas heikel.

»Du bist mit Kochen dran«, sagte er. »Ich möchte grünen Tee und zwei gekochte Eier haben.«

»Und ich will eine anständige große Mahlzeit.«

Der Wind brüllte. In viereinhalbtausend Metern Höhe Wasser zu kochen ist eine langwierige Operation, wenn man nichts als festen Brennstoff hat. Während ich darauf wartete, daß das Wasser zu sprudeln begann, brutzelte ich mir in dreißig Sekunden zwei Eier und verspachtelte einen ganzen Apfelpudding, kalt.

Hugh sah sterbenskrank aus, war aber fuchsteufelswild. Zuerst dachte ich, er platzt gleich vor Wut.

»Nicht zu fassen! Haut einfach rein! Du denkst nur an dich! Wirst du *mir* irgendwann mal was Anständiges kochen?«

»Du wolltest gekochte Eier haben. In dieser Höhe gibt es nichts Komplizierteres. Koch sie dir in Zukunft selbst und alles andere auch!«

Ich lief allein über das grüne Gras, das Tal hinunter.

Trotz dieser lächerlichen Reiberei erfüllte mich ein ekstatisches Glücksgefühl, wie ich es selten erlebt hatte. Die Gegenwart war unglaublich schön, die Zukunft vielversprechend. Ich dachte an meine Frau und die Kinder, ich dachte an das Buch, das ich schon geschrieben hatte, ich dachte sogar an die Everest Foundation und den Zuschuß, dessen Gewährung hier oben hundertprozentig sicher schien (es wurde nichts daraus – man kann es ihnen kaum verdenken).

Ich stieg wieder hinunter, vorbei an hohen, kalten Felswänden, die schon im Schatten lagen, vorbei an den ersten Nomadenzelten, immer weiter hinunter, zwei Stunden lang.

Schließlich kam ich auf einer großen grünen Wiese heraus, durch die sich ein Bach wie eine Spiralfeder wand. Die Sonne ging gerade unter, das Gras, eben noch kräftig leuchtend, hatte seine Farbe verloren, der Himmel war perlfarben.

Unterhalb der Bergwand auf der linken Seite waren vier Felsen, jeder zehn Meter hoch und fünfzehn Meter lang, darin hineingebaut Steinhäuser und Ställe eines *aylaq*. Weißgekleidete Frauen und Kinder standen auf den Dächern und sahen zu, wie die Herden langsam von den Bergen herunterkamen. Im Bach kämpften zwei Ochsen miteinander.

Bevor ich zum *aylaq* ging, wartete ich auf Hugh.

»Weißt du was, ich hatte auf dem Weg hierher ein ganz verrücktes Gefühl«, waren seine ersten Worte. »Als ob es in Zukunft nie mehr etwas geben würde, worüber man sich Sorgen machen müßte.«

»Es wird an der Höhe liegen.«

Die Nacht war bitterkalt. Der Wind heulte über die Geröllfelder, aber wir aßen Reispudding (der Reis stammte vom Dorfvorsteher, unsere eigenen Vorrräte waren erschöpft), und obwohl das Wertmutkraut so stark qualmte, daß einem die Augen tränten, waren wir zufrieden mit der Wahl unseres Ortes.

Den ganzen nächsten Tag hielt sich dieses ungeheure Glücksgefühl. Wir stiegen bergab, bis spät in den Nachmittag, immer mit den großen knochenfarbenen Bergen auf beiden Seiten und Tälern, überladen mit den Geröllmassen der Gletscher, die in Regionen von Firn und Eis führten und zu Felsen, die so steil waren, daß dort kein Schnee hängenblieb.

Wir kamen zu Maisfeldern und zu dem Dorf Arayu, in dem es von aggressiven Hunden und mürrischen

Tadschiken wimmelte, deren Lehmhütten an die Behausungen ägyptischer Fellachen erinnerten.

Dann folgte eine mächtige, von roten Felsen gesäumte Schlucht, in der es Höhlen gab, in denen wir vor der Mittagssonne Schutz suchten. Aber nicht lange. Der Pfad nach Parian und Schahnaiz führte hoch über die kahlen Berge. An der Wasserscheide wandten wir uns noch ein Stück nach Norden und stiegen dann ins Tal hinunter, in ein letztes schmales Tal, wo der Wind uns die Gischt des Flusses ins Gesicht trieb. Es war der Parian, wir waren im oberen Panjschir. Wir hatten es geschafft.

Wir überquerten den Fluß auf einem Steg und gingen weiter in Richtung unterer Panjschir.

»Schau mal«, sagte Hugh, »das muß Thesiger sein.«

Aus der großen Schlucht, in der der Panjschir donnerte, kam uns eine kleine Karawane wie die unsere entgegen. Hugh hatte den Namen eines englischen Reisenden genannt, eines bemerkenswerten Relikts des viktorianischen Zeitalters, eines Mannes, der fließend Arabisch sprach, eines sehr tapferen Mannes, der zweimal das Leere Viertel durchquert und, bis auf ein paar Wochen im Jahr, sein ganzes Leben unter primitiven Völkern verbracht hatte.

Wir waren seit einem Monat unterwegs. Wir waren alle ziemlich geschafft, die Pferde waren schlechtgelaunt, weil die Treiber sich nicht um sie kümmerten, und ihre Rippen standen hervor, weil sie auf Pfaden gegangen waren, die nur für Maultiere geeignet waren, und sie hatten unzählige Flüsse durchschwommen, die mit glatten, fußballgroßen Steinen gefüllt waren. Die Treiber hatten keinen Tabak mehr, und sie sehnten sich nach ihren Frauen; es gab keinen Zucker mehr für den Tee, keine Marmelade, keine Zigaretten, und ich las den *Hund von Baskerville* schon zum dritten Mal. Wir alle litten an chronischer Dysenterie. Das ekstatische Gefühl, das uns in größerer Höhe erfaßt hatte, verschwand wieder. Wir waren kein sehr fröhlicher Verein.

Thesigers Karawane war nun auf gleicher Höhe. Seine Pferde hielten auf dem scheußlichen Pfad inne. Sie trugen große Holzkisten mit der Inschrift »British Museum« und schwarze Metallkästen (wie sie im Büro meines Anwalts stehen, mit der Aufschrift »~~Russel-Jones~~« oder »Nur Bischof von Chichester«).

Die Gruppe bestand aus zwei finster aussehenden Stammesangehörigen in knöchellangen Mänteln, einem frierenden tadschikischen Koch, der aufgrund einer eigentümlichen Mutation rotblonde Haare hatte und für Zentralasien unpassend gekleidet war – einengende, spitze braune Halbschuhe und schicke Socken mit Haltern, aber ohne Hose; dem Dolmetscher, einem schwermütig dreinblickenden Afghanen der Mittelschicht, dem vor Erschöpfung ständig die Augen zufielen, er trug dunkel getönte Brillengläser, einen Zweiteiler und einen amerikanischen Hut mit unzählig vielen Nähten; und schließlich Thesiger selbst, einem hochgewachsenen, hageren Mann mit einer auffälligen Nase und buschigen Augenbrauen, fünfundvierzig und zäh wie Leder, in einem alten Tweedjackett, wie es von Eton-Schülern getragen wird, mit einer dünnen grauen

Baumwollhose, weichen persischen Slippern und Wollschal.

»Jungs«, sagte er, »ihr bleibt die Nacht bei uns. Wir werden ein paar Hühner schlachten.«

Wir versuchten zu erklären, daß wir nach Kabul mußten, daß wir unsere Post lesen wollten, doch unsere Männer, die immer behauptet hatten, kein Englisch zu verstehen, weigerten sich, in der Dunkelheit weiter durch die Schlucht zu stapfen. Sie hatten mit den Pferden schon kehrtgemacht und waren unterwegs in das nächste Dorf, das aus ein paar ärmlichen Hütten bestand.

Bald saßen wir auf einem Teppich unter Maulbeerbäumen, umringt von der gesamten Bevölkerung, und Thesigers gesamtes Gepäck war hinter uns aufgebaut.

»Verstehe kein Wort hier«, sagte er munter. »Kenne den Koran zu großen Teilen auswendig, aber Persisch spreche ich nicht. Na ja, im Grunde auch nicht notwendig. He, du!« rief er dem Koch zu, der erst am Tag zuvor in seine Dienste getreten war und noch nie einen anderen Engländer gesehen hatte. »Mach uns grünen Tee und jede Menge Huhn und Reis – drei Hühner!«

»Den Dolmetscher zu bemühen ist völlig sinnlos«, fuhr er fort. »Der arme Kerl hat ein Gerstenkorn, deswegen haben wir heute nur dreißig Kilometer geschafft. Hat keinen Sinn, sich am Anfang zu große Entfernungen vorzunehmen, zumal er sich nicht wohl fühlt.«

Die Hühner kamen. Sie waren uralt. Im Dämmerlicht sahen sie wie Flugsaurier aus.

»Sind sie teuer?«

»Britanniens Ruhm ist unermeßlich«, erklärte der Dorfvorsteher sehr geschickt.

»Das heißt, sie sind teuer«, sagte der Dolmetscher, der sich aufgerafft hatte.

Bald tauchte der Koch wieder auf und gestikulierte verzweifelt.

»Drück dich klar aus, ich versteh dich nicht. Du willst Zucker? Sag's doch gleich!« Thesiger holte einen großen Schlüsselbund hervor, wie der Verwalter einer vornehmen Villa. Den ganzen Abend öffnete und schloß er Kisten, so daß ich aufschlußreiche Blicke in den Inhalt eines Forschergepäcks werfen konnte – ein Fernrohr, ein Netzunterhemd, *Die Kartause von Parma*, *Du côté de chez Swann*, ein paar Angelhaken und die Afghanistankarte (1:1 Mio.) – aber nicht aufgeweicht wie meine, sondern sauber in Einzelteile zerlegt und auf marmorierten Karton aufgezogen.

»Der Koch wird sich noch den Tod holen«, sagte Thesiger. »Hat keinen Mantel, und seht euch seine Füße an! Auf zweieinhalbtausend Meter sind wir hier. Wie hoch ist der Chamar-Paß?« Viertausendachthundert, sagten wir. »Besorg dir einen Mantel und Stiefel, hast du gehört?« rief er in Richtung des Lagerfeuers.

Nach zwei Stunden kamen die Hühnchen. Sie waren zäh wie Gummi, nur der Reis und die Sauce schmeckten. Halb verhungert, kämpften wir in der Dunkelheit mit den Knochen.

»England geht vor die Hunde«, sagte Thesiger, während Hugh und ich dalagen und die King-Size-Zigaretten des Dolmetschers rauchten, unsere ersten seit zwei Wochen. »Hier, dieses Hemd, hab es drei Jahre, geht schon jetzt aus dem Leim. Mit den Schneidern genau das gleiche. Gull and Croke haben mir für das Atlas-Gebirge eine Whipcordhose gemacht. Kostete sechzehn Guineen – zwei Wochen später war ein Loch drin. Sechs Gewehre habe ich für meine Führer gekauft, bekanntes Fabrikat, zwanzig Guineen pro Stück, absoluter Schund.«

Er erzählte von seinen Arabern.

»Ich gebe ihnen Pulver für Würmer und so weiter.« Ich erkundigte mich nach Operationen. »Ich nehme Finger ab, Amputationen kommen oft vor, sie haben Angst vor ihren eigenen Ärzten, die sind nicht sauber.«

»Wirklich? Sie trennen Finger ab?«

»Jede Menge«, sagte er verträumt, denn es war schon sehr spät. »Gott ja. Erst vor kurzem habe ich ein Auge entfernt. Dolle Sache.«

»Kommt, wir hauen uns hin«, sagte er.

Der Boden war wie Eisen, aus dem spitze Felszacken herausstanden. Wir bliesen unsere Luftmatratzen auf. »Mein Gott, was seid ihr nur für Schwächlinge!« sagte Thesiger.

INHALT

Vorwort von Evelyn Waugh 7
Vierundzwanzig Aufnahmen von E. Newby . . *nach* 12

    I *In der Modebranche* 13
   II *Tod eines Modeverkäufers* 17
  III *Geburt eines Bergsteigers* 33
  IV *Hotel Pera Palace* 53

Die Karte zum »Spaziergang im Hindukusch«.
Faksimile der Erstausgabe von 1958. . . . . . *vor* 61

    V *Der sterbende Normade* 61
  VI *Wilde Fahrt* 77
 VII *Ein wenig Protokoll* 102
VIII *Im Panjschir-Tal* 129
  IX *Ein Spaziergang in der Sonne* 148
   X *Eingewöhnung* 168
  XI *Annäherung von Westen* 183
 XII *Erste Runde* 200
XIII *Umgehung* 222

XIV	Zweite Runde	237
XV	K.O.	245
XVI	Nach Nuristan	262
XVII	Talwärts	279
XVIII	Zimmer mit Aussicht	299
XIX	Katastrophe am Mundul-See	319
XX	Über den Arayu	340

ERIC NEWBY wurde 1919 geboren. Er arbeitete in einer Werbeagentur, heuerte auf einem finnischen Viermaster an, kämpfte im Zweiten Weltkrieg mit einer U-Boot-Spezialeinheit vor Sizilien, geriet in deutsche Kriegsgefangenschaft, nahm einen Job in der Londoner Modebranche an und wurde zu einem der erfolgreichsten Reiseschriftsteller der englischen Literatur.

Die Werke:
The Last Grain Race (1956),
Slowly Down the Ganges (1966),
Love and War in the Appenines (1971)
und *The Big Red Train Ride* (1978).

EIN SPAZIERGANG IM HINDUKUSCH
von Eric Newby ist im Februar 2002
als zweihundertsechster Band der *Anderen Bibliothek*
erschienen. Das englische Original, *A Short Walk
in the Hindu Kush*, stammt aus dem Jahr 1958;
es wurde bei Secker und Warburg in London verlegt.
Die deutsche Übersetzung ist Matthias Fienbork
zu verdanken. Das Lektorat lag in den Händen
von Ulrike Streubel.

Dieses Buch wurde in der Korpus Bulmer Antiqua
von Wilfried Schmidberger in Nördlingen gesetzt
und bei der Fuldaer Verlagsagentur auf 100 g/m² holz-
und säurefreies mattgeglättetes Bücherpapier
der Papierfabrik Schleipen gedruckt.
Den Einband besorgte die Buchbinderei G. Lachen-
maier, Reutlingen. Ausstattung und Typographie
von Franz Greno.

1. bis 8. Tausend, Februar 2002.
Von diesem Band der *Anderen Bibliothek*
gibt es eine handgebundene Lederausgabe
mit den Nummern 1 bis 999; die folgenden
Exemplare der limitierten Erstausgabe werden
ab 1001 numeriert.
Dieses Buch trägt die Nummer:

5178 ✷